权威·前沿·原创

皮书系列为
"十二五""十三五"国家重点图书出版规划项目

青年蓝皮书
BLUE BOOK OF
YOUTH

中国青年发展报告
No.3

THE DEVELOPMENT REPORT ON CHINESE YOUTH
No.3

阶层分化中的联姻
Marriage in Social Stratification

廉　思等／著

社会科学文献出版社
SOCIAL SCIENCES ACADEMIC PRESS（CHINA）

图书在版编目（CIP）数据

中国青年发展报告.3，阶层分化中的联姻／廉思等
著．－－北京：社会科学文献出版社，2017.11
（青年蓝皮书）
ISBN 978 - 7 - 5201 - 1588 - 9

Ⅰ.①中…　Ⅱ.①廉…　Ⅲ.①青年－研究报告－中国
－2015－2016②青年－婚姻问题－研究报告－中国－
2015－2016　Ⅳ.①D669.5②D669.1

中国版本图书馆 CIP 数据核字（2017）第 250257 号

青年蓝皮书

中国青年发展报告 No.3
——阶层分化中的联姻

著　　者／廉　思　等

出 版 人／谢寿光
项目统筹／邓泳红　桂　芳
责任编辑／桂　芳　张雯鑫

出　　版／社会科学文献出版社·皮书出版分社（010）59367127
　　　　　　地址：北京市北三环中路甲 29 号院华龙大厦　邮编：100029
　　　　　　网址：www.ssap.com.cn
发　　行／市场营销中心（010）59367081　59367018
印　　装／北京季蜂印刷有限公司

规　　格／开　本：787mm×1092mm　1/16
　　　　　　印　张：16.75　字　数：223 千字
版　　次／2017 年 11 月第 1 版　2017 年 11 月第 1 次印刷
书　　号／ISBN 978 - 7 - 5201 - 1588 - 9
定　　价／69.00 元

皮书序列号／PSN B - 2013 - 333 - 1/1

研究机构简介

青年纪工作室由知名青年问题研究专家、中国青少年研究会副会长、对外经济贸易大学教授、博士生导师廉思同志牵头，并集聚中国社会科学院、中共中央党校、北京大学、清华大学、中国人民大学、对外经贸大学等研究机构的知名学者，与来自国家部委、群团组织的工作人员，新华社、人民日报社等媒体从业者，百度、阿里、腾讯等互联网公司的研究人员、技术团队，共同组成拥有政治学、社会学、经济学、法学、统计学、教育学、历史学等多学科背景、兼具理论深度与实践经验的高水平研究队伍。

青年纪工作室将坚持学术创新应服务于政府决策和青年发展的价值观，鼓励研究人员自由探索长期悬而未决的青年领域重大课题或青年持续关注的热点问题，强调客观的分析与公开的学术讨论，尤其支持产生高水平的理论和实用研究成果。力图构建中国实证经验和青年知识体系的大数据库平台，为中国青年政策完善和青年成长成才提供智力支持。

一　成立背景

青年纪工作室始于 2007 年，一群热爱研究、不停探索的年轻人聚在了一起，也就是工作室的前身——廉思教授研究团队。

我们于 2007 年首先发现大城市中存在"大学毕业生聚居"现象，并组织了针对这一现象的最早调查。2009 年 9 月，出版《蚁族——大学毕业生聚居村实录》一书，首次提出并定义"蚁族"概念。自此，一个新的群体——"蚁族"，正式进入公众视野，登上中国的话语平台。2010 年，出版《蚁族Ⅱ——谁的时代》一书，继续引发媒体的持续关注。2011 年，对 40 岁以下高校青年教师群体进行了全国首次抽样调查，并于 2012 年推出了首部系统反映当代中国青年知识分子生存现状的著作《工蜂——大学青年教师生存实录》，提出了高校青年教师的新称谓——"工蜂"，引起中国知识界的强烈共鸣。2014 年，在总结归纳大城市青年返乡的特点后，我们提出"洄游青年"概念：这些返乡青年像洄游鱼群一样，在另外一个环境中经历成长的特定阶段后，选择回到家乡或二线、三线城市继续生活工作。借用生物学上的"洄游"现象来描述城镇化背景下中小城镇返乡青年的迁移性成长经历，此概念一经提出，立即引发社会的高度关注。

我们的研究成果相继荣获"教育部人文社会科学优秀成果奖""北京市哲学社会科学优秀成果奖""文津图书奖""华语传媒图书大奖""中国图书势力榜非文学类十大好书"等多个国家和省部级奖励和荣誉。

二 特色优势

青年纪是集追踪、生产、收集、整合、分享青年数据和故事于一体的云平台，通过青年纪，可以长期置身于青年文化之中，和青年建立信任，走进青年生活，联结影响当代青年的新想法和新趋势。

1. 小数据研判青年特质

青年纪的研究，既不同于传统的定性描述青年态度，也不同于用大数据一般描述浅层现象，而是着重用"小而准"的数据深度解读青年特质。与大数据相比，小数据是以分析为中心而感知的数据集合体，具有突出的个性特征和多源异构性。对于特定小数据的分析和处理，更能体现研究对象的个性、关系以及趋势等方面的信息。因此，青年纪的研究成果，充分挖掘小数据的深度价值，并熟练在政治语言、学术语言和青年语言之间根据场景进行切换，一经推出，立即得到社会各界的高度关注，所创造的"蚁族""工蜂""洄游"等概念亦得到青年的认可和喜爱。

2. 多学科协同创新成果

研究是分专业的，但生活是统一的，对社会现象要有全面的认识和理解。中国当前的问题是复杂的、多元的，多学科交叉合力是认识中国问题的重要途径，要做到这一点，需要团队的力量。青年纪研究人员分别来自不同高校、不同机构、不同专业，文理兼顾，协同创新，加强对问题的攻关，促进学科间的融合。同时，青年纪通过组织结构扁平化提升研究效率。根据研究对象性质的不同和研究进程的不同阶段，确定团队成员的具体任务和分工职责。在思想相互撞击、相互交融、高度整合的过程中，资源共享、互信互学、共克难关、创出精品。

3. 深度进入青年圈层

青年纪是不一样的研究者集合，我们并不只是将青年当作研究对象，更是作为青年的朋友进行全面而深入的参与。我们不只向青年提问，也跟青年交朋友。要理解不同的青年群体，首先要走进他们的圈子，成为"圈内人"，才能揭示对个体而言真正相关的、有影响力的到底是什么因素。青年纪长期置身于青年文化之中，和青年一起玩耍、一起生活、一起聊天、一起感受。相比其他研究机构，青年纪可以更深入地走进青年的私密关系空间，探索青年的真实生活。

4. 扎实持续的基础研究

青年纪并不是每次接到新项目才开始研究青年。长期专注于青年研究，使我们积累了大量广泛而深入的青年知识库，可以更准确地解读青年。青年纪长期深入地观察青年的行为，因此能够筛选、解读和挖掘青年最真实、最核心的焦虑和向往，了解青年行为背后的驱动力，知晓到底是什么在影响青年。每当接手新的研究课题，青年纪都可以根据自己的积累，迅速理出更相关和更深度的研究方向。多年的基础研究使得青年纪始终站在青年文化研究前沿，因此可以用更少的时间，进行更加深入的探索。

5.科学先进的分析工具

十年的数据积累之后，青年纪实现了数据收集、整理、分析的全程电子化，并充分发挥资料整理、标签、关键词搜索特长，为政府部门提供更为丰富的机器学习、建模分析、史料挖掘、深访记录等支持。并可实现以下三个目标：（1）针对结构化数据，通过大数据分析算法，能够对数据进行分类、聚类、推荐、强化学习等处理；（2）针对网页数据，通过页面爬取，提取主要内容，实现话题聚类与热点话题发现；（3）将主体以及他们之间的联系充分表达出来，构建知识网络，形成知识图谱。

主编简介

廉 思 男，北京市人，祖籍燕赵。教授，博士生导师。法学博士，政治学博士后。"蚁族"概念首创者，"工蜂""洄游"新概念提出者。美国芝加哥大学社会学系访问学者，全国青年岗位能手。

国家"高层次人才特殊支持计划"（青年拔尖人才）首批入选者，教育部"新世纪优秀人才支持计划"入选者，北京市"四个一批"理论人才，北京高校"青年英才计划"首批入选者，青年纪工作室首席专家。主要研究领域为社会管理、政府治理、创新创业、青年发展等。

兼任全国青联常委，共青团中央学校部副部长，中国青少年研究会副会长，中国青年人才专委会副理事长，中国青年科技工作者协会常务理事，中国青年志愿者协会常务理事，中国社会学会青年社会学专委会常务理事，中央统战高端智库特聘研究员，团中央中国特色社会主义理论体系研究中心专家委员会委员等。

先后在《人民日报》《光明日报》《学习时报》等重要报纸及各种杂志发表论文近百篇，主持国家社科基金项目、教育部哲学社会科学研究项目、中央政法委委托项目、文化部委托项目、国家保密局委托项目、中国科协委托项目、共青团中央重点课题、霍英东青年教师基金等国家和部级课题数十项，以及北京、湖北、广东、浙江、辽宁等省级课题三十余项，并受邀担任北京市党建工作顾问、北京市委专家委员会成员、北京市政府特邀建议人及全国十余所高校的客座教授和兼职教授等。

周宇香　女，广西桂林人，青年纪工作室研究人员，中国人民大学社会与人口学院博士。主要研究方向为人口学、人口社会学，具体包括婚姻家庭、生育、性别等。先后参与教育部人文社会科学重点研究基地重大项目、国家社会科学基金项目、北京市社会科学基金项目以及国家卫生计生委等国家部委委托项目等10余项课题，在《中国人民大学学报》《人口研究》《中国人口科学》等核心期刊上发表论文6篇，参与编写著作3部。

　　范文婷　女，江苏常州人，青年纪工作室研究人员，西南交通大学公共管理与政法学院教师，中国人民大学社会与人口学院博士。主要研究方向为人口社会学，具体包括青年群体、婚姻家庭与人口老龄化。先后参与教育部人文社会科学重点研究基地重大项目、国家社会科学基金项目及国家部委和国际组织委托项目等10余项，在《人口研究》《青年研究》等核心期刊上发表论文7篇，参与编写著作3部。

摘　要

本书是《中国青年发展报告》的第三部，旨在关注当代中国大城市的青年婚恋问题，全景展现当代中国青年的婚恋观和婚恋行为，试图从多个角度剖析青年婚恋问题的成因、现状、趋势及解决途径，尝试为相关政府部门和群团组织的工作提供决策参考，发挥蓝皮书的智库作用。

结婚成家是青年继续社会化道路上最为重大的任务之一，也是青年从原生家庭走向新的家庭的分水岭。改革开放以来，随着中国社会结构的转型和经济社会的发展，中国社会价值观念和家庭观念不断变化，中国青年的择偶标准、择偶方式、婚姻观念和婚姻状况等也在不断发生变化。大城市青年在为择偶忙碌，交友难、婚恋难已成为社会关注的热点问题。青年的择偶与婚姻问题也成了理论工作者和实务工作者普遍关注的焦点问题之一。

当代的"80后""90后"青年群体是在经济社会文化转型的背景下成长起来的一批人，他们的婚恋观念、婚恋状态与其父辈相比，具有显著不同的时代特征。此外，在现代化的进程下，家庭也面临着转型，家庭规模小型化、家庭结构核心化、家庭关系以亲子关系为轴心转向以夫妻关系为轴心。因此，转型期的青年在面临工作、生活等方面的挑战时，不仅需要来自父母、亲朋好友的关心和情感宣泄，更需要来自婚恋方面的情感支持，作为一个具有完全独立人格的社会行为体，除了本能的亲情血缘依赖外，还会寻求完整的属于社会行为体本身的个人感情依赖，比如婚恋依赖。但随着男女性别比例的逐渐失调、婚龄人群的结构分化，交友难、婚恋难从"个人困扰"逐渐演

变成广受关注的社会问题。若受到这一困扰的群体不断增多，形成一定规模，带来的后果和影响就会超过"个人困扰"的范畴，演变成影响人口安全和社会稳定的"公共问题"。

对于北京这样的特大型城市而言，人口迁移流动现象频繁，人口规模大、人口结构复杂，青年群体差异大，与其他中小城市相比，北京青年人的婚恋问题往往更为突出，具有一定的典型性。

为全面且深入地了解大城市青年群体的婚恋状况，2016年，受共青团北京市委员会委托，对外经济贸易大学廉思教授课题组采用焦点组讨论法、问卷调查法、深入访谈法等多种研究方法在北京展开调研。问卷维度划分与问题设计均扎根于文献研究、小组座谈的相关材料，通过组织渠道，依据科学抽样的原则，在不同区域、不同界别的青年中发放问卷。调查对象为在京居住半年以上、20~36周岁、大专以上学历的青年人口，调查内容主要包括人口信息、家庭信息、婚恋观念、住房状况等。将调查人群分为未婚无恋爱对象、未婚有恋爱对象、已婚、离婚尚未再婚四类，共收回有效问卷5965份。同时，在抽样调查样本中选取了部分具有典型性的青年进行深入访谈，质性研究是为了丰富定量数据的内容。

全书所用实证数据均基于此次调查，共分为三个部分，第一部分为总报告，从整体上论述了北京青年的婚恋行为和婚恋观念，是对全书观点的概括与总结；第二部分为专题篇，在实证分析的基础上，结合人口学和社会学理论，对青年婚恋问题的形成机理及状况进行深入探析；第三部分为访谈篇，通过对典型访谈案例资料进行汇编，从感性维度更立体地呈现当代大城市青年的婚恋问题。

第一部分为总报告。首先，从宏观层面综合分析了当代青年的婚恋观念与行为，剖析了北京市青年的婚恋状况与特征。其次，从北京青年的婚恋观念现状、婚恋观念的影响因素、婚恋观念与行为的联系三个方面，分析了北京青年的婚恋全貌，并在此基础上总结了北京青年在婚恋过程中的鲜明特征。最后，从倡导积极向上的婚恋观、创造人群沟通的可能性、尊重青年意愿组织相亲交友活动、规范婚恋网站等方面提出了政策建议。

第二部分包括五篇文章。其中，《从结构与主体互动视角解读体制内青年婚恋难问题》一文从结构和主体互动层面对北京市体制内青年的婚恋问题进行研究，发现北京市体制内青年在社会经济要素（受教育程度、职业、收入）方面存在高度的同质性，户口、房车资产情况等结构要素虽不是影响青年是否进入恋爱状态的核心因素，却是影响青年是否进入婚姻状态的重要因素，且择偶偏好是影响婚恋状态的重要因素。

《情归何处？——大城市青年对门当户对的看法与婚配现实》分析了青年人群在婚配过程中对门当户对的看法和婚姻匹配问题，并发现：当代青年十分重视婚配中的门当户对，但对门当户对的理解比父辈或传统社会更为多元，受教育程度的提高是影响当代青年与父辈存在差异的重要因素之一。青年婚恋匹配无论在出生地、户口等先赋性条件抑或在教育背景、职业等自致性条件上都表现出较高的同质性，且在先赋性条件上的同质程度要高于在自致性条件上的同质程度。拥有相似阶层的青年更可能具有相似的价值观、人生观，因此青年在观念上追求价值层面的匹配和在婚恋行为上追求物质层面的匹配并不矛盾。

《"自我文化"下"90后"单身青年择偶观探析》一文则是基于贝克个体化理论中的"'自反性'生活－自我文化－生平轨迹冲突"概念框架，以"90后"单身的"自反性"生活下的自我建构为逻辑起点，分析北京单身青年择偶观念，探究个体化进程中"90后"青年的择偶观念形成的原因。研究发现在"自我文化"下，单身青年的择偶困境主要表现在个体自我建构的目标与社会系统强加的责任不断存在对话与冲突上，如择偶标准的代际差异、理想与现实配偶的矛

盾、强烈需求与行动拖延等。

《从恋爱到婚姻的时间距离》一文根据调查数据，分析了北京已婚青年与配偶从相恋到初婚所经历的时间及其影响因素。结果表明，北京青年平均经历 28.82 个月（2.4 年）的恋爱期后结婚，受教育程度较高的男性青年，恋爱时间更长，且无论是男性还是女性，通过相亲的方式恋爱可有效地缩短恋爱的时间，使青年群体更快地进入婚姻。

《大城市青年的结婚压力及其性别差异》一文研究发现，约57.95%的北京单身未婚青年承受着结婚带来的心理压力，男性与女性之间并不存在显著差异。分性别来看，对于接受过高等教育的男青年来说，收入确实会影响对结婚压力的感知，但是存在溢时作用，即当年龄增长时低收入带来的结婚压力会增加；此外，家庭特征也会影响北京男青年的婚姻压力，"农村务农家庭"青年的结婚压力明显更大。与其他受教育程度较低的女性相比，研究生学历的女性更有可能感受到结婚压力，且压力值随着年龄增长明显增加。与男性相同的是，女性最大的婚姻压力来自父母。

第三部分有六篇调研访谈实录，包括《我的"奇葩"婚姻》《艺术家的婚恋观》《"曾经沧海难为水"》《婚姻是爱情的坟墓》《婚姻这杆秤》和《京二代的婚姻路》。这六篇访谈是从课题组几十篇访谈中选取出来的，是对调研所收集定性资料的呈现，能够比较典型地反映当代大城市青年的婚恋观念。访谈实录的目的是尽可能真实地展现北京青年对婚恋问题的看法及婚姻情感经历，为婚恋研究提供更鲜活的质性材料。

2017 年 4 月，中共中央、国务院在《中长期青年发展规划（2016～2025 年)》中提出要切实服务于青年婚恋交友，支持开展健康的青年交友交流活动，重点做好大龄未婚青年等群体的婚姻服务工作。青年的婚恋问题已经上升到国家层面。

自序：悄无声息的婚恋革命

廉　思

　　这本书是"青年蓝皮书"的第三本，在前两本蓝皮书中，我们的课题组围绕着当代中国青年高度关注的问题进行了深入的探讨。第一部蓝皮书的副标题是"城市新移民的崛起"，聚焦青年阶层流动的第一个关键词——"户籍"，讲述的是在大城市生活工作但没有取得大城市户口的年轻人，包括白领、蚁族和农民工。第二部蓝皮书的副标题是"流动时代下的安居"，聚焦青年阶层流动的第二个关键词——"住房"，讲述的是大城市青年的居住焦虑和住房分层。第三部蓝皮书的副标题是"阶层分化中的联姻"，聚焦青年阶层流动的第三个关键词——"婚恋"，讲述的是大城市青年的婚恋困境。我们试图通过这些青年阶层跃升中的不同关键词，来揭示转型中国社会中一代青年人的群像。

　　其实，在刚接到"北京青年婚恋问题研究"这个课题时，作为项目负责人，我的内心是忐忑的。我始终认为，社会学解决的不是个人问题，而是带有规律性的群体问题。就像当年研究"蚁族"时一样，如果是个体生活遇到困境，那不应是社会学研究的领域，需要去求助成功学和心灵鸡汤。只有像"蚁族"那样具有相似特点的大量低收入大学毕业生聚居在一起，才能进入社会学研究的范畴。同样，婚姻问题如果谈及个案，那是心理学家和婚恋专家探讨的问题，社会学关注的婚姻，一定是有大量共性的婚恋现象或新趋势的出现。

　　那么实际情况是怎样的呢？最新数据显示，2017年上半年全国

共有558万对新婚夫妇，结婚率比上年同期下降7.5%，而2017年上半年有185万对夫妻离婚，离婚率比上年同期上升10.3%。中国离婚率前十的城市分别是：北京、上海、深圳、广州、厦门、台北、香港、大连、杭州和哈尔滨。离婚率最高的是北上深广，竟然与一线城市的排名完全吻合！在日常生活中，无论是王宝强离婚案，还是WePhone开发者苏享茂自杀事件，无论是婚姻问题进入《国家中长期青年发展规划（2016～2025年）》，还是共青团中央、民政部、国家卫生计生委三部门联合发文《关于进一步做好青年婚恋工作的指导意见》，都引起了社会各界的广泛关注。可见，当代中国青年的婚姻关系正在发生天翻地覆的变化，这种变化并没有大张旗鼓地宣示它的到来，而是悄无声息地走到每个人的生活圈子里，让身处其中的你不经意间会发现早已"换了人间"。

人类结婚无疑是为了组成家庭，而"家庭"这一形式是人类需要共同生活的最佳诠释。纵观不同历史时期、不同民族信仰，是家庭而非个人，构筑了人类社会经济体系的基石，这符合人类发展的需求。正如生物进化学家所指出的，群居生活为最早期的人类社会成员创造了竞争优势，因为群居意味着安全与保护、获得食物，以及繁衍后代的机会。因此，通过婚姻关系组成家庭的结合形式也就成为一种必然的选择。

如果我们把历史拉长就会发现，与动物相比，人类的生命周期十分奇特。在人类早期的形态——智人物种中，就已经出现家庭的形态。家庭能够成为人类的一种核心的组织形态，是源于基本的生物事实：人类的后代在出生后的很长一段时间里无法自食其力。这是因为人类食物的采集方式比动物要复杂得多，需要一整套社会系统来维持，后代需要学习的知识和技能也就复杂得多。人类后代的学习不仅是为了获取食物和住处，还为了学会将来在社会中所需的各种能力。这就导致人类的学习时间比动物长得多。断奶后的人类后代不仅需要成年人继续抚养，还需要成年人对其传授一二十年的知识。因此，人类的后代在较长的时间内都需要喂养、教育和保护，也就是说人类需要投入大量的精力和时间去照顾他们的后代。

因此，人类这种生存方式的特点，使得照顾后代不仅是母亲的责任，更需要父亲的参与。人类抚育后代的复杂性和长期性，使得人类的男性必须同女性一起紧密地照看他们的后代和训练他们的后代，才有可能让他们的后代在这个世界存活下去，使基因得以传递。

为了保证男性能参与到保护和照顾后代的漫长过程之中，就必须使他们安心。而安心的核心在于让男性能够十分确定他哺育的后代就是他自己的孩子，否则他对孩子的长期投入和付出可能就是在帮其他男性传递基因。这就需要一个男性与一个女性保持稳定的交配行为和长期的伴侣关系。这种长期稳定的行为关系——婚姻，既可以让男性确定自己是孩子的父亲，也可以保证其能够承担起长期养育自己后代的责任。可见，人类复杂的生存系统产生了一套生活组织方式来使物种繁衍。人类在长期的进化演变中，逐渐采取了婚姻和家庭的方式，这是自然选择的结果，更是人类发展的需要。

而动物就不同了，它们的食物采集方式相对简单，对于生存技能的要求也比人类简单得多，投入的时间和精力要远远少于人类，因此大多数动物的雄性不会对他们的后代进行照顾，照顾后代的责任都落在了雌性身上。在黑猩猩的系统中，一个雌性个体一旦进入发情受精期，为了怀孕就可能会在一个短暂的时间里与多个成年的雄性黑猩猩进行交配，这样的结果就是，雄性黑猩猩无法得知群体中哪个幼崽是自己的后代，也就不会对群体中的幼崽付出太多精力。但是对于黑猩猩种群来说，其实没有多大损失，群体的幼崽所需的生存技能只需要妈妈教授就足够了。因此，在黑猩猩物种中，没有发展出稳定的伴侣关系，也没有婚姻的结合形式，更无须采取一夫一妻制的家庭组织形态。

可见，人类的交配系统是建立在雄性和雌性结伴合作的基础之上，凭借着两性的合作以完成共同抚养后代和形成长期纽带的任务。合作的形态是家庭，合作的纽带则是婚姻。婚姻，这种人类特有的组织形态，其实质反映出人类社会组织的一个关键性特征——人类的雄性和雌性如果想让他们的孩子（他们的基因）能够存活下来，就必须在很长的一段时间里结成稳定的关系，彼此合作着一起抚养孩子。

可见，婚姻对人类的意义是极其重大的，它使得人类繁衍生息、绵绵不绝，最终成为这个星球上最强大的物种。阿里斯多芬曾说：宙斯也害怕人类团结起来的力量，而将人们分裂成一半。据说，在分裂之前，每个人都有四只手、四条腿和一张双面脸，同时集合了男性与女性的特征。而今，我们每个人都不是一个完整的个体，除非能够找到命定的另一半，否则将注定孤单。这个神话故事的世俗意义表明，婚姻已经成为我们个人身份建构不可分割的一部分。

虽然理论上丘比特之箭可以射中每一个人，但爱情和婚姻都不是盲目的。在婚姻这种神圣的仪式背后，是复杂的社会关系网络和悠久的历史文化基础。婚姻是社会和文化的产物，几千年来，婚姻一直是增加资本、构建联盟、组织分工的主要手段，它甚至是人类建立所有关系的基石。人们通过婚姻获得最重要的东西——家庭。家庭所具有的两个主要功能是社会网络功能和个人需要功能，前者涉及家庭和社会的关系，后者包括家庭成员个体的生理需要和情感需要。

随着时代的变迁，人们对于婚姻的理解也在发生变化。在十九世纪，即便是最发达的国家，人们也认为每个人都应当结婚，如果一个人没有结婚，社会往往给予严厉的谴责。以前，人们认为理想的婚姻形式应该是丈夫投身公共领域，领回工资供养家庭，扮演"养家糊口的人"或者"优秀的供养者"角色，而妻子则成为"家庭主妇"，全力照顾家庭成员和操持家务。而随着女性地位的提升、房屋面积的增加、通信方式的变革及人类寿命的延长，人类的婚姻关系发生了巨大的变化，当代人更强调双方共意的爱，一起为家庭付出。我们比过去拥有了更多的自由，婚姻的内涵和外延也随之更加多样化，如异性夫妻、同性夫妻、单亲家庭、混合家庭、单身家庭、有或者没有孩子的同居配偶等都已屡见不鲜，这反映了个人选择的多样性。当代婚姻比传统婚姻更有弹性和想象力，也更能适应一个多变的世界。

当代中国青年，其婚恋观的变化，更为特殊且剧烈。这是因为在世界历史上，从未有哪个国家像中国这样，在如此短时间之内完成如此深度的市场化进程、如此大规模的城镇化进程，同时还要面临网络化和全球化这两大新变量的考验。这些变化也会对中国青年的婚恋观念产生深刻影响。为全面且深入地了解中国一线城市青年的婚恋状况，我们启动了北京青年婚恋状况调研。调研结果显示，一方面，当代青年人的婚恋观念、婚恋行为与其父辈相比，已经具有鲜明差异的时代特征。另一方面，我们也不能小觑中华文化的巨大惯性力量。父母对子女婚姻的控制虽在消退，但影响仍在，中国传统的婚恋观仍在潜移默化地发挥作用。因此，当前中国青年婚恋进程正处于传统与现代并存的一个阶段，这个阶段有三个突出特点。

1. 个人主义的兴起

改革开放以来，我国社会结构发生重大变迁，国家逐渐对社会松绑，从原先对生、老、病、死、工作、生活全面负责的状态中逐渐撤出，这一过程也势必要求个体承担更多的责任，对自己的行为负责。与此同时，个体开始追求与之相应的权利也变得理所当然，个体利益越来越受到重视和尊重。随之而来的是，人们在价值观层面的自我主体意识和自我利益正当性也越来越强。"追求自己的幸福"、"坚持自己的选择"成为很多年轻人的生活原则。尽管这一观念被接受的程度会因人而异，但这个进程越来越快已是不争的事实。尤其是近年来，城镇化、网络化、市场化、全球化的叠加影响，正将这一趋势迅速扩大。在个体化崛起的过程中，国家在其中扮演中心角色的志愿服

务、义务劳动、集体活动和其他形式的组织化活动的边际效用逐渐递减，取而代之的是各种以兴趣和爱好为核心的新型私人圈层。组织化社会强调国家意识形态的中心地位，个人要服从于集体，而当代青年提倡个性和强调在非正式的社会空间情境中的个人需求。相应地，青年人公共生活和社会交往的中心已经从体制内的大公共空间（如广场、礼堂、青年宫）转到了围绕某一主题的小型物理空间，比如密室逃脱、三国杀、乐跑、穿越，以及想象性的虚拟空间，如主播平台和直播间等细分的场景。这实际上是满足了当代青年一种新型的"小而美"的社会交往需求。这种"小而美"建立在一种高度的世俗性和个体性之上。它与任何"崇高"、"伟大"、"理想"、"英雄"都无关。"小而美"所反映的是青年一种特定的生活状态。"小而美"恰恰是对"大"与"强"的切割与隔离，唯其"小"，才能成就其"美"。

这种"小而美"的生活态度也会折射到青年的婚恋观中来。课题组曾询问参加大型相亲活动的青年人对于婚恋交友活动的看法，他们都表示，大型相亲活动自己并不喜欢，也不想参加。他们更喜欢有固定主题的小圈子社交，当然组织者可以限定来参加相亲活动的都是未婚的青年人。有受访者甚至开玩笑地和我们说："能不能让我们年轻人在自然而然的环境中自然而然地产生感情？青年的爱情可不是在婚恋市场里生造出来的。"小众多元的价值观受到青年的推崇和珍视。可见，在婚恋问题上，我们要反思当前的相亲方式是不是受到青年真心的认同和喜爱。在活动的组织上，我们也要进行"供给侧改革"。

我们必须面对个体崛起所带来的一系列挑战，在婚姻方面表现最突出的就是独居时代和不婚时代的到来。在北欧许多国家里，独居现象比较普遍①。独自居住不仅是人们认可的现象，很多时候甚至是青

---

① 独居人口比例最高的前四位国家分别是：瑞典、挪威、芬兰和丹麦，在这些国家，几乎40%～45%是独居者。

年欣赏、重视甚至追求的生活方式。城市扩大了个人的视野，为个人提供了"社交进化"的可能，并令每个人可以自由地超越对于失去婚姻的恐惧，能依据个人兴趣爱好加入任何新兴的社会群体或亚文化。个人独处的私人时间令人们能重获力量，并产生投身社会公益的兴趣。

中国的独居现象也越来越普遍，"空巢青年"、"剩人社会"等概念的兴起，背后就反映了青年生活方式的变化。调研中很多青年人认为，独居的经验将令他们变得更为成熟和独立自主。追寻成功与快乐并不依赖于将个体与他人相连，个人最主要的义务在于对自身负责，而非对伴侣或者孩子负责。可见，当代中国青年对个人主义的热衷已经超乎我们的想象。

个人主义的兴起成为一种具有革新力量的社会现象，它改变了人们对自身及婚姻关系的理解，它影响着城市的建造和经济的变革，它甚至改变了人们成长的方式。当这种个人主义的价值观得到越来越多青年人认同的时候，当我们已有的社会群体经验无法再为生活提供保障时，我们将何去何从？个人主义兴起所引发的婚恋观变革，有可能会改变人类社会关系的质量与特性，进而导致更多的婚姻和心理问题。

2. 传统婚姻观的颠覆

社会流动性的增加，带来居住选择、职业选择的多元，然后是事业发展方向的多元、生活方式的多元，最终导致价值观的多元。其直接后果就是道德标准的崩塌和传统权威的消亡。在许多具体的生活个案中，人们发现找不到有一个所有人都认可的关于是非善恶的唯一标准。父辈们所认同的很多道德标准在青年中崩塌了，形成了新的伦理标准，在婚姻关系上也有所体现。如对试婚行为的理解、对同性婚姻的包容等都是价值观变迁的结果。

在此次调研中发现，对近年来为买房而假离婚的社会现象，就有

不同的评判标准。"假离婚"可规避一些房产限购限贷方面的政策，并降低贷款利率、购房税费等，其初衷虽是从降低家庭支出的角度出发的，但也颠覆了传统上人们对婚姻的认识。调研结果显示，只有25.82%的青年表示既不理解这种行为，自己也不会这么做；有46.76%的青年表示理解，但自己不会这么做；表示不理解但会这么做和理解并会这么做的青年有27.43%。与此对应的是，假离婚在年长者中遭到绝大多数人的反对，年长者认为"没有所谓的'假'离婚一说，当到民政局办理离婚手续的那一刻，就已经是'真'离婚了。"但是青年人则认为，这样理解离婚太过时了，离婚的定义如今已然发生变化：原来是感情不好才离婚，现在是感情好才离婚。如果有青年现在离婚，很可能是感情很好，而不是感情很差。

同时，基于不同利益的群体之间的价值观撕裂度越来越大。青年由于收入差别大、工作性质不同、生活方式迥异，以及各自的知识结构、思想认知、生活经历、利益诉求不同而形成不同的价值观念，对历史和现实的理解日益分化，差异日趋显著，有的完全对立，有的互不相容。一些婚恋事件也表明，对于同一个社会现象，不同阶层的青年表现出了迥异的价值判断。

在王宝强离婚案件中，大量的年轻人表达了对于马蓉和宋喆的愤怒，网络上的帖子大多是从道德评价和传统礼教角度对两人进行的抨击。在这几乎千夫所指的批判声中，也可以间或听到一些不同的声音，这些发声者大多是具有较高知识层次或归国留学的青年，他们的核心观点可以归纳为三点：①王宝强给马蓉的公开信中提到："宣布与妻子马蓉解除婚姻关系"。在离婚手续尚未办理的情况下，怎么能单方面宣布解除婚姻关系呢？王宝强这种话语和态度反映了其夫权思想严重，封建色彩浓厚。②王宝强给马蓉发信离婚，私下沟通即可，为什么要选择在网上公开发布？信中谈到的一些内容严重伤害子女的情感，让孩子以后如何面对社会的各种议论，长大后怎样看待自己的母亲？③马蓉和宋喆的行为是否有悖道德，旁人无权评价。感情最复杂，也最隐晦。王宝强、马蓉、宋喆三人之间，到底是真爱至上，还是家庭至上，每个人都有不同的评判标准，除了当事人外，谁也没有权利做出审判，更不允许借用舆论进行道德绑架。可见，对于很多中产青年来说，夫妻平等、保护隐私、真爱至上，是看待这一现象的原则，这就与中国传统道德伦理产生了严重冲突。其实这样的例子在我们的日常生活中比比皆是。我们传统观念中对婚姻关系有高度共识的一些价值准则正在被不同的群体重新定义，什么是真爱？什么是婚姻？什么是夫妻？什么是家庭？不同的人给出了不同的答案。

千百年来，人们结婚的一个重要理由是，单个人仅靠自身力量去做每件事，将无法生存下去。这种传统的价值观念，随着工业革命的到来，发生了彻底的改变。如今，整个世界正在经历一场新的婚姻革命，而这场革命的主导者就是青年。在这场革命中，一种全新的道德标准也流行开来——青年们开始认同，寻找真爱与维护家庭是同等重要的事情。随着这一新价值观的兴起，很快建立了"无过失离婚"的相关标准。在以前，如果某人对自己的婚姻不满意而意欲离婚，他必须为此做出合理的说明。如今则完全相反，如果某人对自己的婚姻不满意，他必须提出理由来说服自己维持这段婚姻。越来越多的青年人开始以婚姻是否能促进个体发展和个体成长来评判婚姻纽带的健康和牢固与否。对传统观点的颠覆，也给我们提出了一个新问题：我们到底该如何定义自己和另一半的关系？

3. 阶层壁垒的强化

此次调研显示，当代青年对于"门当户对"的理解更倾向于双方人生观和价值观的匹配，而非家庭社会经济地位的相似。在观念上，青年人更看重非物质因素，对家庭经济地位等物质因素反而不看重。这种情况与现实中青年的婚恋行为之间有较大出入。此次调研表明，无论是在婚前还是婚后，青年在实际婚姻行为上，都十分看重户

籍和房产的作用，而户籍和房产是衡量家庭社会经济地位的重要指标。我们在婚恋观念上看到青年强调价值观念的一致性，但在婚恋行为上却看到青年追求家庭社会经济条件的匹配性。

如何来解释这种看似矛盾的现象？从社会学的视角出发，我们的社会地位影响着我们对所爱的人的认识。受社会经济地位的影响，每个人都可能成为我们配偶的可能性被大大地降低了。现实的情况是，当我们谈婚论嫁时，一些社会规则限制了我们的选择：我们只能选择那些我们能够联系上的人，受家庭、朋友和我们所属组织观念的影响，我们更容易被与我们相似的人所吸引。

比如，就住房而言，匹配于许多中产阶级的经济条件，如果不能为子女从小准备一间单独的卧室，那就是自己的无能和失职。家庭中单独卧室的普遍化，会对一个人的价值观念产生深远影响。经历了拥有私人卧室和大量独处时间的成长期后，青年人更容易形成自己独立的思想，这种思想也会在他长大后的恋爱结婚中体现出来。可以说，住房对一个人婚恋观的影响在很小的时候就埋下了种子。

在中国，住房对婚恋的影响更大。房产相当于城市的股票。大城市的房产，相当于涨停板的股票。住房价格的不断上涨在青年中也形成了两种完全不同的财富分配效果——"有产"的青年，即使不努力不奋斗，财富也会自动增加；"无产"的青年，即便再优秀再努力，工资的涨幅和房价的涨幅之间的差距也会越拉越大，拥有房产的机会越来越小。因此，如果没有家庭资源的支持，青年在北上广深等一线城市越来越难获得一套房产。此次调研显示，在已拥有住房的北京青年中，父母资助的比例占到了 66.53%，父母的经济支持对于青年获得房产起到了很大的作用，这种作用也将映射到其婚恋关系上来。家庭资源导致的住房获得使得代际分化现象不断累积，阻碍了底层青年通过自身努力获得更高社会经济地位，也导致了青年婚恋决策的一系列后果。

人的价值观形成当然是教育的结果，但更是家庭社会经济地位综合作用的结果。青年在婚恋中强调价值观念的吻合，但价值观念是以家庭条件、教育背景等为基础的。最终的匹配结果可能是来自较高社会阶层的青年和具有相似经济条件的人结合，来自较低社会阶层的青年也和具有相似背景的人婚配，整个社会陷入同质阶层相互结合的循环，即所谓的"阶层内婚"现象。追求非物质匹配的婚恋观念和看似追求物质匹配的婚恋行为并不是矛盾的，而是阶层分化的自然结果。

在阶层分化的循环过程中，住房、户口和婚姻成为中国阶级身份构建及符号区隔的综合反映，是阶层内聚和排斥的主要形式。在北京这样的一线城市，"什么样的房子住什么样的人"已经演变为"找什么样房子的人结婚就是选择过什么样的生活"。因此，作为婚姻关系的基础，住房和户口这些"硬"指标已经成为衡量对方经济条件和家庭状况的重要维度，进而成为双方价值观匹配的基础。不同阶层的青年正在依据户籍（城市、区县、学区）和住房（户型、面积、位置）等因素来建构婚姻上的"区隔性"，并以这种"区隔性"来进一步确认自己的伴侣。家庭条件优越的青年通过这些硬指标，在寻找伴侣的时候就可以与其他阶层青年区隔开来。

因此，不同阶层的群体越来越多地通过以"户籍"、"住房"为标志的"门当户对"的婚姻来增强其阶层的内聚性和身份排斥性。这不是个人或群体有意为之的结果，而是自然选择的结果。自己筛选的"结婚候选人"，都是在同一社会阶层、相似经济水平的，与自己有相近的人生观和价值观，进而形成了同一社会阶层、经济阶层的"通婚圈"。同一阶层正在通过户籍、住房、婚姻形塑自己的阶层边界，以阶层内婚为目标的择偶标准，表明整个社会结构的开放性进一步降低，阶层壁垒正在强化。

我记得小时候，人们将取得身份证作为成年的标志。后来，人们

又将恋爱结婚作为成年的标志。而现在，人们则将拥有一套自己的住房作为成年的标志。成人礼的价格越来越高，以至于奢侈到很多青年人"无法"成年了。因此，从青年的视角来考察户籍、住房和婚姻，就不能仅算经济账，还要算社会账，要站在群体心态、社会流动和国家发展的层面上进行系统思考：当前的户籍制度是压抑了青年人的发展，还是促进了青年人的发展；住房制度是给青年人以向上流动的希望，还是浇灭了他们对美好未来的向往；婚姻的最终选择是真爱至上，还是物质至上。人的一生有时很短暂，但有时也很漫长。漫长得让我们会产生自我怀疑——究竟什么才是适合自己的生活方式？究竟什么才是自己认可的价值追求？

户籍、住房、婚姻，这三个词是所有中国青年一生都绕不开的节点，是我们每个人都必须要回答的问题。人在一生中要不断变换自己的生活状态：单身、恋爱、结婚、分居、离婚、再婚、丧偶，最终回归独自一人。在每个状态中，户籍、住房、婚姻三个变量都在发生复杂的变化，进而对一生产生不可估量的影响。但无论结果如何，在前行的道路上，我们并不孤单，我们都是同道中人。对幸福生活的追求是我们奋斗不竭的动力，我们都需要从人生的痛苦和磨难中不断学习和成长。

目 录

Ⅲ　访谈篇

皮书数据库阅读 **使用指南**

总 报 告

General Report

B.1

当代中国大城市青年婚恋问题调查报告

——来自北京市的实证分析

廉 思 周宇香 范文婷*

摘 要: 本报告关注北京青年的婚恋问题,所用数据主要来自课题组2016年开展的"北京青年婚恋状况调查"。本报告将北京青年分为未婚无恋爱对象青年、未婚有恋爱对象青年、已婚青年、离婚且未再婚青年四个群体,从北京青年的婚恋状况与特征、婚恋观念等方面,分析了北京青年的婚恋全貌,并在此基础上总结了北京青年在婚恋过程中的鲜明特征。研究发现,处于不同

* 廉思,对外经济贸易大学公共管理学院教授,博士生导师,研究方向为社会管理、政府治理、创新创业、青年发展等;周宇香,中国人民大学社会与人口学院博士,研究方向为婚姻家庭、生育、性别等;范文婷,西南交通大学公共管理与政法学院教师,研究方向为青年群体、婚姻家庭与人口老龄化等。

婚恋状态的青年，具有不同的特征，其中未婚且无恋爱对象的青年面临较大的结婚压力，虽然青年在婚配观念上强调非物质因素的重要性，但房产、户口等物质因素在现实婚姻中仍发挥着重要作用。针对研究结论，报告从倡导积极向上的婚恋观、创造人群沟通的可能性、尊重青年意愿组织相亲交友活动、规范婚恋网站等方面提出了政策建议。

关键词： 北京青年　婚恋问题　婚恋观念

一　研究背景

（一）关注北京青年婚恋问题的意义与重要性

结婚成家是青年继续社会化道路上最为重大的任务之一，也是青年从原生家庭走向新的家庭的分水岭[①]。改革开放以来，随着中国社会结构的转型和经济社会的发展，中国社会价值观念和家庭观念不断变化，中国青年的择偶标准、择偶方式、婚姻观念和婚姻状况等也在不断发生变化。全国妇联中国婚姻家庭研究会、中国社会工作协会婚介行业委员会和百合网联合发布的《2010 年中国人婚恋状况调查报告》显示中国约有 1.8 亿适龄青年在为择偶忙碌，交友难、婚恋难已成为社会关注的热点问题[②]。青年的择偶与婚姻问题也成了理论工作

[①] 风笑天：《城市在职青年的婚姻期望与婚姻实践》，《青年研究》2006 年第 2 期。
[②] 沈涛、李先勇、袁方城：《武汉青年婚恋交友状况调查报告》，《中国青年研究》2012 年第 3 期。

者和实际工作者普遍关注的焦点问题之一①。

当代的"80后""90后"青年群体是在经济社会文化转型的背景下成长起来的一批人，他们的婚恋观念、婚恋状态与其父辈相比，具有鲜明的时代特征。此外，在现代化的进程下，家庭也面临着转型，家庭规模小型化、家庭结构核心化、家庭关系从以亲子关系为轴心转向以夫妻关系为轴心。因此，转型期的青年在面临工作、生活等方面的挑战时，不仅需要来自父母、亲朋好友的关心和情感宣泄，更需要来自婚恋方面的情感支持，作为一个具有完全独立人格的社会行为体，除了本能的亲情血缘依赖外，还会寻求完整的属于社会行为体本身的个人感情依赖，比如婚恋依赖。但随着男女性别比例的逐渐失调、婚龄人群的结构分化，交友难、婚恋难从"个人困扰"逐渐演变成广受关注的社会问题。若受到这一困扰的群体不断增多，形成一定规模，带来的后果和影响就会超过"个人困扰"的范畴，演变成影响人口安全和社会稳定的"公共问题"②。

对于北京这样的国际大都市而言，人口迁移流动频繁，人口规模大、人口结构复杂，青年群体差异大，与其他中小城市相比，北京青年人的婚恋问题往往更为突出，具有一定的典型性。最近一项网络调查显示，北京是全国十大单身聚集地之一。他们的婚恋状况不仅会影响个体的生活质量，也会在很大程度上影响他们所在城市的社会稳定和人口安全。

基于上述考虑，本报告拟重点剖析北京市青年人口的婚恋状况及存在的问题，了解和分析北京青年择偶标准、婚恋状态、家庭生活

---

① 风笑天：《谁和谁结婚：大城市青年的婚配模式及其理论解释》，《广西民族大学学报（哲学社会科学版）》2014 年第 4 期。

② 杨筠、傅耀华：《我国婚姻挤压与人口安全问题研究：视角与范式》，《天府新论》2015 年第 1 期。

等，为政府应对"青年婚恋难"问题提供一定的政策参考与实证依据。

（二）研究方法

为全面且详细地了解北京青年的婚恋状况，我们采用多种研究方法结合的混合策略研究法，这些研究方法包括焦点组座谈法、问卷调查法、深入访谈法等。

1. 焦点组座谈法

课题组组织了12场小组座谈，就婚恋话题与不同年龄和界别的青年展开对话，以求全面动态地了解北京青年对目前自身婚恋状况的看法，最大限度地搜集与本研究相关的一手资料，形成了研究的初步框架，为问卷调查和深入访谈打下基础。

2. 问卷调查法

为获取北京青年婚恋状态的最新数据，了解不同青年群体的择偶观念及婚恋状态，本研究进行了以 20～36 岁[①]人群为主的抽样调查。问卷设计由课题组负责，维度划分与问题设计均扎根于文献研究、小组座谈的相关材料，通过北京团市委及青年联合会的组织渠道，依据科学抽样的原则，在不同区域、不同界别的青年中发放问卷。本次调查采用电子问卷填答方式，调查对象为在京居住半年以上，大专及以上学历20～36周岁的青年人口，包括流动人口。调查内容主要包括人口信息、家庭信息、婚恋观念、住房状况等。将调查人群分为未婚无恋爱对象、未婚有恋爱对象、已婚、离婚尚未再婚四类，共回收有效问卷5965份。

3. 深入访谈法

课题组在抽样调查样本中选取了部分具有典型性的北京青年进行

---

① 此次调查于 2016 年启动，为把"80 后"都纳入调查中，本调查把青年人群的年龄上限调至 36 周岁；考虑到法定结婚年龄，把调查人群的年龄下限设为 20 周岁。

深入访谈。深入访谈以一对一的形式进行，主要围绕交友方式、对门当户对看法、对假离婚看法、婚恋经历、婚恋中物质因素和非物质因素重要性、婚恋难的成因等内容展开。深入访谈是为了丰富定量数据的内容，使得报告更为充实。

（三）研究内容

本报告内容分为四个部分：第一部分介绍了整个调研的背景及研究方法，整个报告的整体框架等；第二部分展示的是北京青年的婚恋状况与特征，主要包括未婚无恋爱对象青年、未婚有恋爱对象青年、已婚青年、离婚且未再婚青年四个群体的状况与特征，这部分的目的是分析北京不同婚恋状态的青年群体，了解不同青年的婚恋问题，特别是具有高婚恋压力的单身青年群体的问题；在充分反映了北京青年的婚恋状态和特征后，第三部分分析北京青年的婚恋观念，旨在探索北京青年婚恋行为背后的意愿因素，该部分首先从择偶观、婚姻观、生育观三个部分展示了现代北京青年的婚恋观念，之后分析了具有不同生理属性、婚恋状态、家庭背景和社会阶层等青年的婚恋观念差异，目的在于了解不同因素在婚恋观念上的作用，最后结合第二部分的婚恋状态和特征，分析了北京青年婚恋状态和行为的联系；第四部分则在前面几个部分的基础上总结了北京青年在婚恋过程中的鲜明特征，并针对这些特征提出了一些供参考的政策建议。

二 北京青年的婚恋状况与特征分析

生活在全国发达地区——北京的青年相比其他地区的青年在受教育程度、生活水平、家庭背景等方面皆存在一定的差异，这些差异会反映在青年的婚恋行为上。另外，现代化水平和城市化水平较高的北京具有生活压力大、生活节奏快、交通拥挤等大城市通病，

这些问题也同样会影响到青年的婚恋行为，不同的影响因素使得北京青年的婚恋状况呈现一些较为鲜明的特征，如离婚比例高、婚恋压力大等。

（一）未婚且无恋爱对象青年群体特征分析

1. 超过半数的未婚没有恋爱对象青年感受到结婚压力

本次调查中，未婚没有恋爱对象的北京青年共有 2026 人，其中约 1174 人（57.95%）的青年感受到了结婚压力。感受到压力的青年对目前自身感受到的结婚压力进行了打分，分值范围从 1 到 10，分值越高压力越大。结果显示：北京青年平均结婚压力值为 6.5 分，1174 人中 81.52% 的青年的结婚压力超过了 5 分，压力值偏大。

进一步根据样本结婚压力分值，将感受到结婚压力的青年分为两类：8 分及以上为"高结婚压力青年"，8 分以下为"低结婚压力青年"，分别占所有受压人群的比例为 34.33% 和 65.67%。可以发现，未婚且无恋爱对象青年的结婚压力值偏高，压力较大。

2. 父母"逼婚"是结婚压力的最主要来源

47.27% 的青年的结婚压力来源是父母（见图 1），印证了新闻媒体广泛报道的父母催婚现象。比较高结婚压力与低结婚压力群体的结果也较为一致，父母都是青年结婚压力的首要来源。访谈中有人说道："我有一个北京朋友，快满 26 岁了，在我们看来年纪并不大，但是因为有爸妈的压力，她爸妈对她 25 岁还没有稳定的相亲对象感到很着急。所以一直安排她相亲，我们也在帮她介绍。"还有一个访谈对象说："同事里有个女孩，是北京平谷的，她妈妈每天都会催她去相亲，后来跟她妈妈闹了矛盾。起因是她有个亲戚给介绍了一个在平谷当地事业单位有正式编制的男生，男生除了父母的房子以外还有一套独立住房，女孩的妈妈觉得这样就不错了。女孩是 1989 年的，妈妈觉得对她来说男生这样的条件已经很好了，但是女孩不喜欢，她妈妈就一直逼她去见，还说'人家条件已经很不错了，你为什么不喜欢？'，后来女孩闹矛盾一直不回家，最后她妈妈才罢休了。"

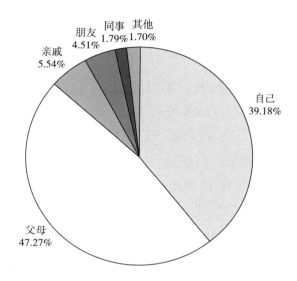

图1　青年结婚压力来源

注：本文未特别注明的图表数据，均来自课题组 2016 年开展的"北京青年婚恋状况调查"。

"催婚""逼婚"是中国父母的一大特色，本质上源于婚恋观念的代际差异。在父母辈的眼里，结婚生子、实现家庭的传承是大事，然而对于在现代化社会中成长起来的青年来说，婚恋是个人的事，婚恋观念也更加多元化，在不同观念的碰撞下代际矛盾更加突出。中国式的父母缺乏对子女结婚观念的尊重，将自己的婚恋观念强行灌输给子女，把自身的焦虑传递给下一代，造成代际关系紧张。"想抱大孙子"类的观点也较普遍，人到中老年的父母将自己的人生寄托在子女身上："我之前的相亲对象，他明确地告诉我，不是他想结婚，而是他妈妈着急要抱孙子，所以他要求交往不能超过半年或者一年，马上就要结婚，这是他妈妈的意愿。"过度干预子女生活，一方面容易

引发代际冲突，最终影响家庭和谐，另一方面也有可能激发子女做出不理性的结婚行为，比如仓促闪婚或者将就结婚，长此以往并不利于提高婚姻质量，甚至会造成婚姻失败的情况。

结婚压力第二大来源是自己，占 39.18%。由此可见，还是有一部分青年是向往婚姻生活而不得的。访谈中有人说："身边有个女孩 1985 年的，现在着急找对象。家里介绍了一个她不喜欢，但是后来迫于家里的压力，还有自己年龄的压力，就交往了。她跟我说，我不像你（1989 年出生）还可以挑，这男孩条件已经不错了。其实他们俩并不合适，经常吵架，但还是没有分手。"不过，大多数受到父母所给压力的单身青年想找对象但是并不着急。此次调查显示，有 26.9% 的青年表示想尽快找到配偶，摆脱单身状态；63.77% 的单身青年表示想找配偶，但是目前并不着急，9.33% 的青年表示不想找。可见大多数青年还是想找对象的，但是急不急于在目前找的态度并不一致。有人说："我有个朋友 40 岁了，女孩，还没结婚，一开始我还惊讶，但是现在挺理解的，她说宁可一辈子不结婚，也不愿意为了结婚而降低自己的生活品质，委屈自己嫁一个人。如果实在遇不到对的人，我也可能会像她那样，就一个人过一辈子好了。虽然我很期待爱情，而且我觉得 30 岁之前遇到还是会结婚的，但是如果实在遇不到，还是宁缺毋滥。不过，如果我不结婚，我爸妈肯定不会同意，到时候我努力自立，努力说服他们吧。"可以发现，代与代之间的结婚观念存在差异，父母催婚效果也因人而异，往往是父母着急但无法直接改变子女的想法，这也从侧面说明子女针对父母的催婚有自己的处理方式，并不会盲从。

3. 年龄越大，"高结婚压力青年"所占比重越大

在不同的年龄段，青年受到的结婚压力不同。随着初婚年龄的推迟，结婚压力与日俱增。考虑到此次调查样本的平均初婚年龄在 25 岁左右，先将单身未婚者的年龄分为三类：20～24 岁为"相对早婚年龄"、25~29岁为"适婚年龄"、30~36岁为"相对晚婚年龄",再在此基础上比较不同结婚压力下青年的年龄差异。

年龄与结婚压力的交叉列联表结果(见表1)显示:20~24岁的青年,仅有26.61%属于"高结婚压力青年";与之相比,"适婚年龄"的青年中"高结婚压力青年"的比重有所增加(33.75%);"相对晚婚年龄"的北京青年结婚压力最大,近一半(45.68%)属于"高结婚压力青年",分别比前两类人群高出19.07个和11.93个百分点,且卡方检验统计性非常显著(p=0.000)。由此可见,结婚压力随着年龄的增长而不断变大。中国是一个普婚制的国家,结婚始终是广泛认同的重要生命事件,错过了适时结婚时间,自身的焦虑感很有可能增强;另外,单身时间的延长从侧面说明青年存在一定的择偶困难,自然会面临更大的压力。

表1 年龄与结婚压力的交叉统计

单位:%

结婚年龄	低结婚压力青年	高结婚压力青年	合计
相对早婚年龄	73.39	26.61	100
适婚年龄	66.25	33.75	100
相对晚婚年龄	54.32	45.68	100

注:Pearson chi2(2)=23.4564,P=0.000。

4. 男性结婚压力受限于经济因素,女性压力来自年龄

结婚压力面前,男女平等。未婚没有恋爱对象的人群中,35.34%的男青年属于"高结婚压力青年",32.76%的女青年属于"高结婚压力青年"(见表2),结婚压力均较高。相较而言,男性的结婚压力比女性高了2.58个百分点,差距不大,而且结婚压力青年和性别关联度的卡方检验统计性并不显著(p=0.353),进一步验证了前文的观点。可见,男性和女性感受到高结婚压力的可能性是一样的。

表 2　性别与结婚压力的交叉统计

单位：%

性别	低结婚压力青年	高结婚压力青年	合计
男性	64.66	35.34	100
女性	67.24	32.76	100

注：Pearson chi2（1）=0.8643，P=0.353。

但是男女结婚压力的来源是不一样的。在涉及结婚时，个人乃至社会对男性的物质条件要求会更高，结婚费用多为男性承担，"有房有车"近年来被视为男性结婚的标配。此次调查显示，36.41%没有房的男性属于"高结婚压力青年"，比有房的高了3.93个百分点。一位访谈对象提到，他曾经有一个非常恩爱的女朋友，但是经济条件不够，在女方父母阻挠下结束了恋爱："我毕业的时候去的是一个央企，她家里边对企业都不是特别看好，他们不懂，其实央企挺厉害的，他们觉得就是一个企业，工资还那么低，没有公务员靠谱。与此同时，还要求必须有房，这我也是无能为力。她在北京工作后，是国家公务员嘛，有福利分房。也不是分房，就是单位买了几个楼，就低价卖给员工。她当时也买了。但是你想，当时我没有啊。对方家里面就提要求了。当时我在企业也没有这种福利，买房也比较麻烦。我当时的工资，扣掉五险一金，才两千多块钱。2014年的时候2499元，都不到2500。在我们还保持着恋爱关系时，他们便打起新的算盘，给女儿介绍起了新男友。一直在给她介绍，其实她也不同意。后来她家里边老说这个事，她就有些动摇了。后来分分合合好几次，就分开了。"

调查数据显示，30岁及以上的女性中有42.62%结婚压力值超过了8分（高结婚压力青年），比"25～29岁"和"25岁以下"的分别高出7.81个和20.4个百分点。可以发现，女性在25岁以后，结婚压力值大幅增加。访谈中有一位女性反问访谈者："你今年 26 岁？那也不小了。我今年 28 岁，反正挺着急的。"还有一位 31 岁的女性表示年龄增长限制了她找对象，现在年纪不小了，就不像年轻一些的女性还可以挑选适合的男性。也有访谈对象给自己结婚年龄设限为 30 岁，认为在 30 岁之前就该结婚了。

5. 处于社会上层或社会下层及来自农村的青年结婚压力更大

未婚且无恋爱对象的青年感知到的自身所处社会阶层对结婚压力呈 U 形作用。如图 2 所示，处于社会下层和社会上层的青年中"高结婚压力青年"所占比重最大（分别为 43.49% 和 46.15%），中间层比重最低（25.91%）。分析原因，与前文类似，社会下层的青年的社会经济条件较差，在婚姻市场中处于劣势地位，客观条件限制了他们的婚姻机会，造成婚姻困境；而对社会上层来说，同样面临通婚圈狭窄的问题，但是根源不同：基于婚姻交换理论，人们更倾向于与自己同质的青年结婚，即上层人士倾向于与上层人士结婚，但是处于社会上层的人数比较少，结构性因素限制了社会上层青年的婚姻机会，因而结婚压力也较大。

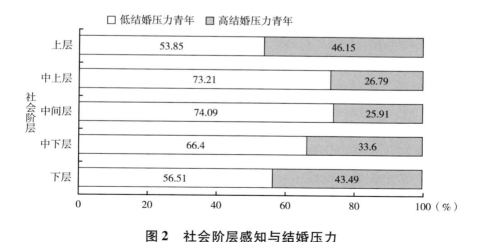

图 2 社会阶层感知与结婚压力

除此之外，家庭特征也会影响子女的结婚压力。父母在单位中所处位置往往决定了家庭的经济水平和社会地位，是代表家庭特征的重要又有效的变量。选取父母在单位中所处位置更高的一方，根据其在单位所处位置将家庭阶层分为四类：父母的阶层最高为负责人/高层管理人员、中层管理人员和基层管理人员的属于"管理人员家庭"；为普通正式职工和普通兼职人员的属于"普通职工家庭"；将个体工商户的划分为"个体工商家庭"；将务农的划分为"农村务农家庭"。研究发现，四种家庭中"高结婚压力青年"分别占30.49%、31.45%、31.09%和40.51%（见图3）。"农村务农家庭"青年的结婚压力远高于其他家庭，"管理人员家庭"、"普通职工家庭"和"个体工商家庭"中"高结婚压力青年"的差异微弱。

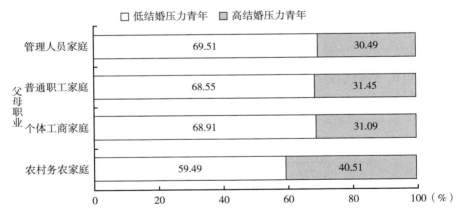

图3　家庭特征与青年结婚压力

第一产业本身在北京经济中所占份额就比较低，加上务农带来的经济收入又比较低，可以说，在经济水平方面，北京市"农村务农家庭"青年的家庭资源不如其他青年，从而加剧了农村青年在婚姻市场中的弱势地位。同时，农村初婚年龄比城镇早，农村父母的结婚生育观念要比城镇父母更加传统，更有可能催子女结婚，受客观经济与主观思想约束，农村务农家庭的子女更容易成为"高结婚压力青年"。

6. 单身青年倾向在学习或工作中认识配偶，婚恋网站不受欢迎

各种认识配偶的方式中，在学习或工作中认识配偶以压倒性的优势获得了未婚且无恋爱对象青年的偏爱，无论是"低结婚压力青年"（61.77%）还是"高结婚压力青年"（59.95%），均有超过半数的青年将其排在喜好程度的首位（见图4）。有关认识配偶的方式偏好，"低结婚压力青年"和"高结婚压力青年"之间并没有显著差异。熟人圈（包括朋友、同事、邻里、父母、亲人）介绍的相亲和偶遇是首选中的第2位和第3位，"低结婚压力青年"的占比分别为12.09%和8.84%，"高结婚压力青年"的占比分别为14.11%和9.07%。由此可见，青年还是倾向于自由恋爱，深访中也有访谈对象提到，学习或工作中认识的配偶与自身的同质性更强，比较容易有共同语言，精神交流无障碍，比其他方式更加靠谱。即使是相亲，也希望是朋友或同事介绍的，这可能是因为同龄人更了解自己的需求，介绍对象的成功

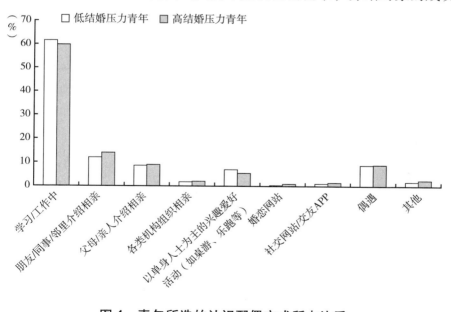

图4　青年所选的认识配偶方式所占比重

性更高。这两种方式都说明了大部分青年希望把握恋爱结婚的主动选择权，被动的相亲往往是不得已的选择。

另外，各类机构组织的相亲活动、婚恋网站或者社交网站/交友APP是认识配偶方式中最不受欢迎的，"低结婚压力青年"和"高结婚压力青年"的选择较为一致，偏好前三位中选择这三种方式的比例均处于后三位。尤其是婚恋网站，偏好前三位的选择中它所占的比例是最小的。"低结婚压力青年"和"高结婚压力青年"将其作为首选的比例分别为0.39%和1.01%；在第二偏好中的占比分别为2.99%和3.53%；在第三偏好中的比重分为3.64%和3.78%。这一方面，可以说明北京青年在婚恋方面比较慎重，还是希望在现实生活中结交婚恋对象；另一方面也反映婚恋网站的可信度存在问题。北京青年普遍对婚恋网站持怀疑态度，非常不信任。有不少访谈对象指出，婚恋网站要收取不少费用，即使交了费也不一定有很合适的，身边有不少在婚恋网站花了冤枉钱、没有实现成功配对的事例。有一位访谈对象直接指出："像什么婚恋网我是不太相信，他们给你组一个局，那些人是不是真的资料，也不敢说。"总而言之，北京市的婚恋网站市场环境不好，没有获取广大青年的信任，亟须加强整治与管理。另外，相亲目的性太强以致效果不佳也是婚恋网站不受欢迎的一大原因，参加过某相亲网站的相亲安排的访谈对象表示："这种模式我不喜欢，两个人坐那儿特别的尴尬，不知道聊什么，目的性太强了，凝固的气氛让我很别扭。其实我也见了三个，可能你对婚介说你想找什么样的，他们毕竟不会完全按照你的想法找到特别符合你标准的，所以这种模式可能在我这行不通。"

7. 交友圈狭窄和无合适对象是单身的主要原因

婚恋难是当代青年婚恋过程中的主要问题。在北京这类城市化水平较高、青年人群较多的地方，常见的未婚男女比例失调等问题并不是婚恋难的主要原因，主要的原因一是来自青年自身，二是大都市中工作、交通等问题所带来的时间成本。与"低结婚压力青年"相比，"高结婚压力青年"单身的原因大致相同。

"高结婚压力青年"单身的首要原因是交友圈狭窄，这占所有原因的40.55%（见图5）。北京生活节奏快，青年的生活大部分被工作占据，工作环境和生活方式限制了青年的交友圈。很多访谈对象都表示交友圈太窄，身边没有合适的人了，只能通过周围朋友介绍或者各种相亲方式来认识对象。工作太忙一方面导致人们没有过多的时间去寻找合适的对象，另一方面导致青年即使找到了对象，也没有太多的精力和时间去经营一段感情，"其实我们单位特别多的大龄女青年找不到对象，主要是工作特别忙，每天7点多到单位，晚上7点多下班，回到家什么都不想说什么都不想干，周末也很少休息，经常性一个月每天都在上班，所以根本没有时间"，"现在人们交际圈子很小，每天上下班，接触总是同事那么几个人，哪有那么多业余时间去参加什么活动拓宽交际面"，"大家工作了，平时没有太多时间。不像在学校的时候。聊个天就觉得挺好的，可是上班了之后忙工作，回家又特别累。没心情聊，要么就吃个饭看个电影，就局限于此了。两个人的感情就是一开始没有到达一定程度的话，女孩就觉得没意思了吧。

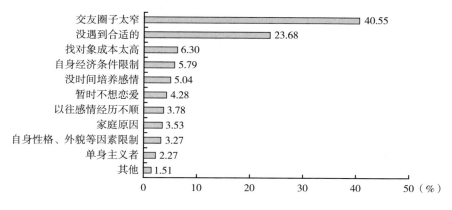

图5　高结婚压力群体的单身原因

如果再拖个一年半年的，女孩就觉得谈不下去了"。

"没有遇到合适的人"是 23.68% 的"高结婚压力青年"单身的另一个原因。访谈中有访谈对象表示："我没有找着男朋友是因为没遇着合适的人。生活中有些异性朋友，但是觉得不太合适，也不会将就。最近有一个跟我特铁的男生，跟我有点表白的意思，我说咱俩不合适，确实是性格有些地方不合适。"对于很多单身青年来说，他们自身找对象的条件比较模糊，这也是他们遇不到"合适"的人的主要原因。"现在很多人条件特别模糊。很多人觉得自己没什么要求，其实他这也看不上，那也看不上。我身边也有朋友就是别人给他介绍，他连见都不想见。可能看一眼照片就说不喜欢这种类型的，但是我认为，一定要接触，才能决定是不是聊得来，合不合适这样的。""都是越挑越想挑，要求就越高，大家挑上的都是高于自己标准的，其实在婚恋市场应该给自己一个明确的定位，你要知道什么样的人是适合你的，不能高攀。""现在年轻人要求很多，标准太高，比如男的喜欢个高，长得好看，女方追求有房有车，对伴侣的目标不要定得特别高，起码要根据自己实际情况。""现在（教育）太强调个人的成长、学习、工作及对社会的贡献，但是很少去探讨他/她个人的生活，中国人在这方面（观念）比较淡薄一些吧，这也是导致中国现在单身男女很多的原因，比西方国家多得多。"

（二）未婚且有恋爱对象青年群体特征分析

1. 认识恋爱对象的途径多为学习和工作中

调查中未婚且有恋爱对象的青年样本为 1650 个，占总样本的27.66%。其中，超过半数的青年在学习或在工作中认识了现有恋爱对象，比例约为 57.76%，朋友/同事/邻里介绍的紧跟其后，占比为19.88%（见表3）。其他形式的认识途径都占比较少，政府组织的相亲会促成的恋爱最少，仅占 1.09%。

表3　未婚且有恋爱对象青年认识恋爱对象的途径

单位：%

认识途径	比例
学习/工作中	57.76
朋友/同事/邻里介绍	19.88
父母/亲人介绍	7.27
偶遇	6.12
手机交友 app	4.24
婚恋网站	2.00
其他	1.64
政府组织的相亲会	1.09

可以发现，自由恋爱是北京未婚青年最喜爱并且成功率最高的恋爱途径。如前文所示，超过半数的未婚且无恋爱对象青年喜欢在学习/工作中自己认识恋爱对象，未婚且有恋爱对象的青年也一样，而且超过半数的现有对象都是在学习或工作中自己认识的。

此外，朋友/同事/邻里介绍的成功率也比较高，其占比比排名第三的父母/亲人介绍的要高 12.61 个百分点，并且远高于其他途径。分析原因，同辈群体更加了解青年的婚恋标准，相亲匹配也更符合青年的恋爱意愿，相亲形式成功率要比其他形式更高。父母/亲人介绍的相亲成功率并不是特别高，也反映出了婚恋标准的代际差异，父母/亲人看重的类型，青年本身并不一定喜欢，这也可能是引发婚恋匹配代际矛盾的一个原因。

2. 户口、教育、工作同类型的人更可能成为男女朋友

随着社会现代化的推进，社会分工逐渐细化，户口、教育、工作类型等特征影响着青年的活动范围，类似的人更有可能被安排在同一屋檐下学习、工作或者生活，认识与相互吸引的概率大大提高，因而也更有可能成为男女朋友。本次调查数据也验证了这一点，北京未婚情侣中户口、受教育程度、单位性质类型一致的情况较多。

本次样本中，北京青年更倾向于与北京青年在一起谈恋爱，约占74.69%；外地青年更倾向于与外地青年在一起，比例约为81.13%。另外，64.29%的未婚情侣的户籍性质一致。对北京非农业户口的男性来说，89.69%的女朋友为非农业户口，其中北京非农业户口的占多数，为70.33%；对于外地非农业户口的男性来说，82.84%女朋友为非农业户口，其中外地非农业户口的占多数，为62.77%。外地农业户口男性的恋爱选择也基本一致，55.67%的女朋友为农业户口，其中外地农业户口的占多数，占52.67%。唯一不同的是北京农业户口的男性，与北京非农业户口女性在一起的比例最高，占比40.48%，与其他类型女性谈恋爱的分布也更为均匀，不过跨户籍性质的可能性依旧比较低，女朋友是外地非农业户口的比例最低（11.90%），如见表4所示。总体说来，跨户籍形式结婚的可能性比较小。

表4　北京未婚情侣的户籍匹配情况

单位：%

男性	女性				合计
	北京非农业户口	北京农业户口	外地非农业户口	外地农业户口	
北京非农业户口	70.33	4.87	19.36	5.43	100
北京农业户口	40.48	29.76	11.90	17.86	100
外地非农业户口	20.07	3.10	62.77	14.05	100
外地农业户口	12.33	3.00	32.00	52.67	100

样本中57.27%的北京未婚青年情侣的受教育程度一致，女性高于男性的占比排名第二，为21.94%，男性受教育程度高于女性的比例最少，为20.79%（见图6），与现有教育婚配的研究结论一致。"男高女低"的教育匹配模式占比最少，这可能与女性受教育程度不断提高有关。

将单位类型分为四类：国家企业（国有/集体所有制企业）、非

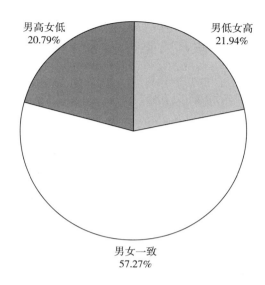

男高女低
20.79%

男低女高
21.94%

男女一致
57.27%

图 6　北京未婚情侣的教育匹配

国家企业（私民营企业/外资企业/中外合资企业）、机关单位（事业单位/党政机关）、其他机构（公益组织/民非机构/个体工商户）。调查中单位类型同质的情侣共有 1032 对，占全部有效样本的 62.55%；分单位类型来看，国家企业、机关单位和其他机构的同质匹配倾向都很强，所占比例分别为 70.33%、62.77% 和 52.67%；非国家企业单位的青年匹配比例则不高，在非国家企业就业的男性更倾向于找一个在体制内工作的女朋友（见表 5）。

表 5　北京未婚情侣的单位类型匹配情况

单位：%

男性	女性				合计
	国家企业	非国家企业	机关单位	其他机构	
国家企业	70.33	4.87	19.36	5.43	100
非国家企业	40.48	29.76	11.90	17.86	100
机关单位	20.07	3.10	62.77	14.05	100
其他机构	12.33	3.00	32.00	52.67	100

3. 没有房产的情侣更有可能推迟结婚

中国人一向追求"安居乐业"，安家才能立命，住房是个体生存和发展的基础，乃民生之本。居不安，民无以乐业；民不乐业，则社会动荡。青年在脱离父母、参加工作后会步入"离家单独居住，结婚组建家庭"的生命阶段，他们需要一个稳定的、负担得起的、长期的家，对住房有着较为刚性的需求，住房是中国人在结婚中必不可少的物质条件。在未婚有恋爱对象的青年中，有22.12%的青年在北京拥有房产，23.27%的青年的恋爱对象在北京拥有房产。

双方的房产拥有情况会影响两人的结婚打算。进一步匹配青年与其现任男/女朋友的房产情况，发现双方均无房产的占比最多，约为64.62%；"男方有房、女方无房"的占15.83%；双方均有房产的占12.03%，"男方无房、女方有房"的比例最少，仅为7.52%。可以发现，与女性相比，男性更有可能拥有房产，这也从侧面反映出男性承担了更多的买房责任。

如图7所示，88.04%的双方均有房产的情侣有结婚打算，"男方有房、女方无房"的情侣中77.69%有结婚打算；"女方有房、男方无房"的情侣中有72.17%打算结婚；68.12%的"双方均无房产"情侣打算结婚，所占比例最低，比双方均有房产的情侣低了19.92个百分点。双方都没有房产的时候，结婚的可能性最低，没有房产的情侣更有可能推迟结婚。近年来，北京的房价以令人咋舌之势迅猛增长，已经超出了大多数青年的可承受范围。但是没有房子，就没法落户，在婚后孩子的教育就学问题上就会存在很多问题。此外，没有房子对青年来说就像是没有根，始终无法安身立命，心理不稳定的状态下要做出结婚的决定往往比较困难。

另外，男性在没有房子的情况下更不可能有结婚打算。我国传统婚居安排是婚后从夫居模式，而且婚姻的物质承担者多为男方，买房

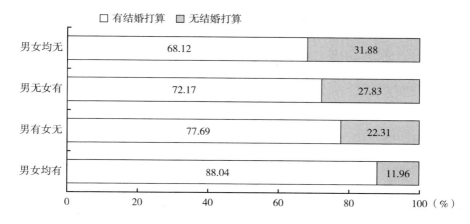

□ 有结婚打算　■ 无结婚打算

图 7　北京未婚情侣的房产拥有情况与结婚打算

的压力很大一部分都堆积在了男性身上，对于北京的男性青年来说，买房压力非常大。一位男性访谈对象就因为没有能力买房，在女朋友父母的阻挠下结束了恋情。

4. 父母不满意恋爱对象的主要原因是物质方面的

并非所有的爱情都是一帆风顺的，在恋爱的过程中除了青年自身的原因外，最大的外力影响可能就是父母。青年在恋爱的过程中可能更看重感觉，而父母则更倾向于从现实的物质条件考虑，"他们会更重视门当户对。现在看他们给别人介绍对象的时候特别有意思，就跟做买卖一样。我妈之前给人介绍对象会打听得特别仔细，身高、学历、长相各个方面都打听得特别详细了才安排两个人见面。就好像是市场上买白菜那种，挑挑拣拣的。两个人要是这样结婚的话，也挺没意思的。"两代人出发点不同可能就会产生一定矛盾。

在有恋爱对象的青年中，11.15% 的青年表示父母对自己找的男（女）朋友并不满意，且不满意的原因主要是对方的家庭情况（27.72%）（见图 8）。在访谈中有一位青年的恋爱就遭到了对方家

庭的反对，"（她妈妈）就不接受我，也不让我去见她。她妈是非常现实的人，希望把她嫁给 30 岁左右、有房有车的那种人，因为她觉得自己女儿的条件还不错。在她妈的观念里面，是没有感情这东西的。一方面，我长得又矮，另一方面，我现在在北京奋斗，虽然我是一个很上进的人，但是我没房没车没钱。"

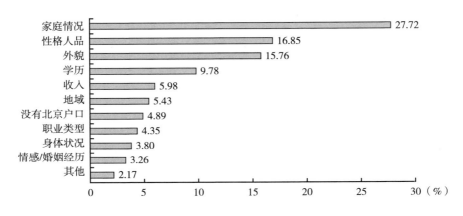

图 8　父母主要不满意恋爱对象的哪个方面？

有些青年可能会扛过父母的反对，走入婚姻，但也有很大一部分恋爱在父母的反对中夭折，一位因父母反对而与女友分手的男青年分享其恋爱经历时说："家里边的因素特别重要。她家里一反对就容易引起一种连锁反应，我家里边也反对。因为我家里边本身也不是特别赞同，但是我一直在做家里人的工作。"虽然两人都做过努力，但最终这段恋情还是以分手告终。因为这次经历，这位访谈对象认为恋人们提前与父母沟通是最重要的，"一定要提前得到父母的认可。"但经历过这场恋爱后，他再未找到合适的恋爱对象，"从 2014 年到现在都已经两年了，有发展过，感觉找不出那种感觉来。不知道是怎么回事，就是没有那种感觉，现在就没有找到特别合适的。"

（三）已婚青年群体特征分析

1. 北京青年普遍晚婚，且更倾向于"男大女小"的年龄梯度婚

基于北京市青年婚恋状况调查数据，仅针对初婚青年，经过逻辑性检验，共得到 1983 个较为完整的北京青年及其初婚配偶的婚姻匹配信息。调查结果显示，男性的平均初婚年龄 26.30 岁，女性的平均初婚年龄为 25.64 岁，均高于法定晚婚年龄，男性青年略高于女性青年但差异不大，仅高 0.66 岁。调查数据是调查之前年份累计的结果，近些年的整体结婚情况则可以通过民政局数据考察。从民政局的初婚人口年龄看，近些年在北京登记结婚的人口中，男女的平均初婚年龄都在不断提升，2011 年男性初婚年龄为 29.01 岁，女性为 27.18 岁，而 2015 年男性平均初婚年龄推迟到了 29.61 岁，女性则推迟到了 28.15 岁，女性的推迟程度要高于男性（见表6）。

表6　2011～2015 年北京市人口平均初婚年龄

单位：岁

年份	男	女
2011	29.01	27.18
2012	29.15	27.41
2013	29.36	27.68
2014	29.49	27.89
2015	29.61	28.15

资料来源：北京市民政局统计数据。

本文中夫妻年龄差是指丈夫年龄减去妻子年龄的差。从民政局的数据看，2011～2015 年在北京市民政局登记结婚的青年人群中，夫妻的平均婚龄差呈下降的趋势，2011 年为 1.88 岁，即丈夫比妻子平均大 1.88 岁，2015 年则下降到了 1.67 岁，但"男大女小"仍是主要的年龄婚配模式（见表7）。

表7 2011～2015年青年人口平均婚龄差

单位：岁

年份	年龄差
2011	1.88
2012	1.78
2013	1.77
2014	1.71
2015	1.67

资料来源：北京市民政局统计数据。

调查数据中北京市青年夫妻的平均年龄差为1.32岁，丈夫年龄大于妻子，比民政局的年份数据要略低，这主要因为调查数据是过去好几年累计的结婚人口的婚龄差，而民政局的数据是每年结婚的青年人口的婚龄差，这两者存在差异是肯定的。观察具体分布（见图9），59.40%的丈夫年龄大于妻子，占比最大，年龄同质婚占比紧随其后，为25.57%，仅有15.03%的妻子年龄大于丈夫。由此可见，"男大女小"的年龄婚配是北京青年夫妻的最主流模式，另外，与"女大男小"模式相比，年龄同质婚更受欢迎。

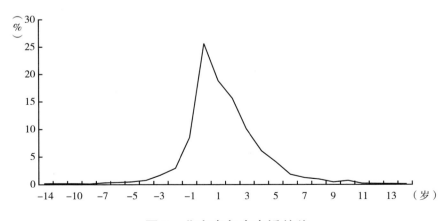

图9 北京青年夫妻婚龄差

2. 北京户籍青年更倾向于本地通婚

本次样本中，夫妻户籍同类婚共有 1648 对，占全部有效样本的 83.11%，跨城乡户籍的婚姻非常少，尤其是男性向下梯度婚的模式占比最小，仅为 8.37%。

调查发现，82.48% 的北京男性与 83.6% 的北京女性均选择有北京户口的青年结婚，与外地户籍通婚的较少。不过，北京青年的户籍匹配也存在城乡差异：对于北京非农业户籍男性来说，与外地农业户籍结婚的最少，占比仅为 3.87%，但是对于北京农业户籍男性来说，与北京非农业户籍女性结婚占比最高（51.61%），与外地非农业户籍女性结婚的最少（4.3%）（见表 8）。访谈中有人指出："择偶还是会先考虑北京当地吧，毕竟大家生活环境、从小经历的东西都差不多，两个人会有更多的共同语言，比如说你小时候住哪，玩过什么。真要考虑到以后的事儿，家都在北京也方便，如果女友是外地可能也涉及老人的一些问题，包括过年回哪边，父母年纪大了你是接过来还是怎么着。两个人谈恋爱交往可能没那么多事，不过成家以后就要面临这些实际问题，可能我们两个都是北京人的话会减少一些麻烦，方便很多。"

表 8 北京已婚夫妻的户籍匹配情况

单位：%

丈夫	妻子				合计
	北京非农业户口	北京农业户口	外地非农业户口	外地农业户口	
北京非农业户口	78.18	4.30	13.66	3.87	100
北京农业户口	51.61	31.18	4.30	12.90	100
外地非农业户口	30.93	1.06	53.39	14.62	100
外地农业户口	16.54	1.57	28.35	53.54	100

3. 教育同质婚和单位类型同质婚是北京青年的主要婚配模式

如图 10 所示，样本中 50.63% 的北京青年夫妻呈现教育同质婚，女性向下婚的占比排名第二，为 26.58%，男性受教育程度高于女性的比例最少，为 22.79%。教育同质婚[①]的结果与现有研究结论一致[②③④⑤]。比较令人诧异的是，"男高女低"的教育匹配模式占比最少，这可能与女性受教育程度不断提高有关。样本中总体上妻子的受教育程度比丈夫更高，93.93% 的妻子受教育程度在大专及以上，

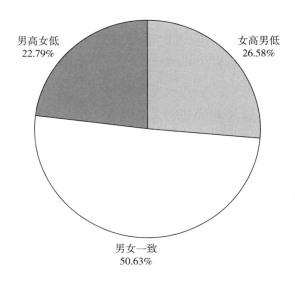

图 10　北京青年的教育婚配模式

---

① 同质婚：社会学专业名词，夫妻双方特征一致或相似成为同质婚，或者同类匹配，这是婚姻交换的主要表现形式。教育同质婚是指夫妻双方在教育特征上一致，单位类型同质婚是指夫妻在单位类型特征上一致。

② 李煜：《婚姻的教育匹配：50 年来的变迁》，《中国人口科学》2008 年第 3 期。

③ 李煜：《婚姻匹配的变迁：社会开放性的视角》，《社会学研究》2011 年第 4 期。

④ 潘丽群、李静、踪家峰：《教育同质性婚配与家庭收入不平等》，《中国工业经济》2015 年第 8 期。

⑤ 齐亚强、牛建林：《新中国成立以来我国婚姻匹配模式的变迁》，《社会学研究》2012 年第 1 期。

比丈夫高了 2.35 个百分点。深入研究发现，妻子的受教育程度越高，向下教育婚配的可能性越高，约 77.04% 的教育向下婚女性为大学本科及研究生学历，是所有受教育程度中占比最大的两类人群。

将单位类型分为四类：国家企业（国有/集体所有制企业）、非国家企业（私民营企业/外资企业/中外合资企业）、机关单位（事业单位/党政机关）、其他机构（公益组织、民非机构、个体工商户）。调查中单位类型同质婚的夫妻共有 807 对，占全部有效样本的 50.28%；国家企业、非国家企业、机关单位的同质婚倾向都很强，夫妻数量及所占比例分别为 16.95%（272 对）、15.51%（249 对）和 17.32%（278 对）（见表 9）。

表 9　北京青年的单位类型匹配情况

单位：对

丈夫	妻子				合计
	国家企业	非国家企业	机关单位	其他机构	
国家企业	272	157	160	21	610
非国家企业	114	249	123	17	503
机关单位	99	68	278	10	455
其他机构	5	13	11	8	37
合计	490	487	572	56	1605

此次调查中其他机构的丈夫和妻子数量都非常少，婚配模式呈不同特征，性别差异尤其明显：其他机构的男性与非国家企业的女性结婚的比例最高（13 对，35.14%），与国家企业的女性结婚比例最低（5 对，13.51%）；但是对于其他机构的女性来说，与国家企业的男性结婚的比例最高（21 对，37.50%），同类婚的可能性最低（8 对，14.29%）。由此可以发现，非主流行业的男性与体制内女性结婚的困难较大，但是女性并不存在这样的问题。

4. 夫妻双方的家庭经济实力多门当户对

关于结婚前双方家庭经济实力的比较，38.92%的夫妻家庭情况差不多，女方家更强的占29.25%，男方家更强的情况比前者略低，低了1.99个百分点（见图11）。可以发现，家庭经济条件确实是北京青年在实际结婚时会考虑的因素，门当户对是最受青睐的选择。"门当户对是有一定道理的，不管是男方女方，相差的台阶过高，有一方就会很自卑，而另一方很强势。比如一个女孩家特别有钱，人长得也漂亮，工作也好，反过来一个男的工作不好，家里也穷，那这个男的很可能在女方面前抬不起头来，差距会越来越大，这样的婚姻过着过着就散了。所以说差距不要太大，双方家庭的经济情况、社会地位，两个人的工作，以及价值观等要匹配。像嫁入豪门，一步登天，不能说一定不会幸福，但是绝大部分不会幸福。因为双方台阶相距太大，将来就会出现问题，两个人在一起肯定会有摩擦，一旦出现摩擦，这可能就会被当作拿出来说事的问题。"

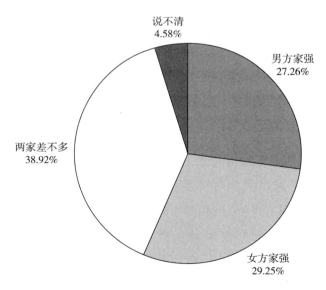

图11　北京青年夫妻双方家庭经济实力比较

（四）离婚青年群体特征分析

1. 离婚规模不断扩大，与住房政策有关

如表 10 所示，北京市户籍离婚人口规模在近些年来呈逐年递增的态势，2011 年约为 6.6 万人，到 2015 年增长至 14.6 万人，其中 2013 年比 2012 年增长了 42.60%，是 2011 ~ 2015 年中增长最快的一个阶段，2015 年同比增长了 29.93%。离婚率从 2011 年的 0.52% 增长至了 2015 年的 1.08%，即平均 100 个北京户籍人口中，大约有 1 个人在 2015 年办理了离婚手续。

表 10 2011 ~ 2015 年北京市离婚规模和离婚率

单位：人，%

年份	离婚人数			离婚率*
	总数	男	女	
2011	66058	33029	33029	0.52
2012	76486	38243	38243	0.59
2013	109070	54535	54535	0.83
2014	112382	56191	56191	0.84
2015	146018	73009	73009	1.08

资料来源：北京市民政局统计数据。

*离婚率是指在一定时期内（一般为年度）某地区离婚数与总人口之比。计算公式：离婚率 =（年内离婚数/年平均总人口）。

观察离婚人口的年龄结构，发现 30 岁以下人口的离婚比例呈现逐年下降的趋势，40 岁以下人口的离婚比例也呈现这一趋势；相对应的，40 岁以上人口的离婚比例应出现逐年上升的趋势；在 30 岁以下人口和 40 岁以下人口中，女性的离婚比例要大于男性（见表 11），相对应的，40 岁以上人口男性的离婚比例应大于女性。

另外，离婚又复婚的规模在近些年也呈现上升的趋势，特别是

表11 2011~2015年离婚人口年龄结构

单位：%

年份	30岁以下人口离婚占比			40岁以下人口离婚占比		
	总数	男	女	总数	男	女
2011	20.87	16.64	25.10	59.68	55.11	64.25
2012	18.37	14.61	22.13	61.51	57.10	65.92
2013	14.69	11.64	17.73	57.37	53.31	61.43
2014	13.00	10.25	15.76	56.11	51.81	60.40
2015	11.01	8.76	13.25	54.60	50.29	58.91

资料来源：北京市民政局统计数据。

2013年的复婚人数异军突起，在2014年出现回落，2015年上涨至26908人（见表12）。这种离婚人数逐年上升，且近年上升速度加快，离婚人口年龄结构发生变化，复婚人数上升是否与近些年为了买房而假离婚的现象相关？根据以上数据我们并无法给出确切答复。但2013年恰逢楼市新"国五条"细则出台①，规定"出售房产征税按转让所得的20%"，这年的离婚人数和复婚人数也出现了大规模上升，2015年北京市房价大规模上涨，这一年的离婚和复婚人数相对上一年也出现了较大的涨幅，这些现象让人不得不将两者联系起来。

① 国五条，是指2013年国务院常务会议确定的五项加强房地产市场调控的政策措施。国务院办公厅于2013年2月26日发布《国务院办公厅关于继续做好房地产市场调控工作的通知》（国办发〔2013〕17号），要求各直辖市、计划单列市和除拉萨外的省会城市要按照保持房价基本稳定的原则，制定并公布年度新建商品住房价格控制目标，建立健全稳定房价工作的考核问责制度。严格执行商品住房限购措施，已实施限购措施的直辖市、计划单列市和省会城市要在限购区域、限购住房类型、购房资格审查等方面，按统一要求完善限购措施。在国务院出台"国五条"政策后，北京实施细则于2013年3月30日下午发布。规定自2013年3月31日起禁止京籍单身人士购买二套房，严格按个人转让住房所得的20%征收个人所得税，进一步提高二套房贷首付款比例等。

表 12　2011～2015 年北京市离婚规模和复婚规模

单位：人

年份	离婚总数	复婚总数
2011	66058	4010
2012	76486	11874
2013	109070	22500
2014	112382	19534
2015	146018	26908

资料来源：北京市民政局统计数据。

2. 性格和"三观"不合是离婚的主要原因

本次调查样本中有 128 个青年为离婚且尚未再婚的青年，占总样本的 2.15%。在这部分离婚青年群体中，结婚后 1 年内离婚的比例为 34.71%，结婚后在 2 年内离婚的比例为 52.07%，婚后 5 年内离婚的比例为 83.47%，平均从结婚到离婚时间为 3 年左右。可见对于离婚青年群体而言，婚姻周期并不长。

从离婚的原因看，这部分青年离婚的主要原因是性格和"三观"不合，占比分别为 35.16% 和 29.69%，超过了总数的一半；性生活的不和谐、父母阻挠及其他原因也占到一定比例；另外也存在为减少购买二套房的首付比例和为获得购房指标而假离婚的现象，虽然比例不高，却真实存在（见表 13）。

表 13　离婚原因比例分布

单位：%

离婚原因	比例
性格不合	35.16
人生观、世界观、价值观不合	29.69
性生活不和谐	9.38
其他	7.81

续表

离婚原因	比例
父母阻挠	7.03
工作影响	3.91
遇到真爱	2.34
不孕不育	2.34
减少购买二套房的首付比例	1.56
为获得购房指标	0.78

　　总体上性格和"三观"的匹配在婚姻中是十分重要的，在访谈中我们也遇到了因"三观"不合最后离婚的案例，访谈中一位离异女性青年就用其亲身经历给我们说明了价值观念存在差异所导致的问题，女青年的前夫是北京本地较为有钱有势的人，而女青年则是普通的外地青年，在价值观念上存在较大差异，"婚后这些'三观'的不一致，会活得特别难受。他们认为钱可以解决一切，后来我才发现他的学历证书全是花钱买的，然后他们会怀疑你那些辛辛苦苦奋斗得来的是不是也是买的，比如驾照是买的吗，学历是买的吗，完全不尊重你的努力"。在生活习惯上也存在差异，"在外人看来他们家可能挺有权势，但是一些生活习惯会让你很别扭，比如说不仅自己喝完水的罐子要存起来留着卖，而且饭店里看到别人扔下的也捡回来……活生生的守财奴形象"。最后男方在女方孕期出轨，而男方的父母却认为这并不是问题，"之所以找外地人是因为他们以为外地人看重的是物质，他们以为我给你提供了物质生活，你就应该满足，你就应该在家踏踏实实照顾孩子，甭管我在外边怎么样"。整个婚姻价值观的冲突根本没办法调和，最后这段婚姻以失败告终。

　　3. 再婚意愿高，但存在婚配困难

　　对于离婚的青年来说，走入下一段婚姻、开始新的生活是十分重要的。在这部分离婚青年中，有61.60%的青年表示想再婚，38.40%

的青年表示暂时还没有再婚的意愿。可见总体上这 128 位青年的再婚意愿是较高的，但具有再婚意愿的青年能顺利找到下一段恋情进入新的婚姻生活吗？这要取决于很多因素，因为有再婚意愿的青年中有 45.45% 的青年觉得自己找配偶存在困难，造成困难的原因是多种多样的，其中性格人品和有过婚姻经历是占比较高的原因，分别为 28.57% 和 22.86%，其次是外貌和有孩子，比例皆为 14.29%（见表 14）。有孩子和有过婚姻经历都属于离婚所带来的影响，因此相比于单身人群，离婚人群可能会遭遇更多的婚姻困难，如有的离婚青年通过婚恋网站找对象就发现骗子会抓住离异人士的心理来骗钱，"通过一些网站相亲，但是上边骗子好多，很不靠谱，尤其是他们抓住离异人士的心理来骗财，我也遇到过这种事，当时我们在线互动时那骗子就吹自己特别有钱，因为我不看重这个我不在乎，所以骗我没得逞。但有的人看重这个就被套进去，后来那骗子也被抓了起来，警察还打过电话来问我情况，据说他骗了 5 个人"。

表 14   离婚青年再婚困难原因的比例分布

单位：%

原因	比例
性格人品	28.57
有过婚姻经历	22.86
外貌	14.29
有孩子	14.29
职业	5.71
没有北京户口	5.71
其他（请注明）	5.71
家庭情况	2.86

4. 离婚经历对女性更不利

离婚经历对于女性无疑是更不利的。男性离婚青年表示再婚困

难的原因主要为性格人品（33.33%）和外貌（25.00%），而女性
离婚青年再婚困难的原因主要为有过婚姻经历（30.43%）和性格
人品（26.09%），有孩子占比也较高，为17.39%。访谈中一位离
婚的女青年就表示："女人的二婚市场自降价很多，所以我找的就
是人品好，经济差不多就行，对物质不会看重，这样才能匹配，你
想他这个年纪如果有车有房，应该也不会找我，谁不希望找年轻一
点的呢？"

这128位离异青年中，有43.20%的青年有孩子，对于男性离异
青年而言，孩子抚养权归前任配偶的比例为64.29%，对于女性离异
青年来说，孩子抚养权归自己的比例为52.50%，总体上孩子的抚养
权主要归女方所有。但带着孩子且有过婚姻经历会使得女性需要考虑
的问题更多，29.41%的有孩子女性表示不想再婚的原因是孩子，而
有再婚意愿的女性中，有孩子的女性（56.52%）表示有再婚困难的
比例要高于没有孩子的女性（40.00%）。

三　北京青年的婚恋观念

人的行为总会受到一定的观念或是意愿影响，因此北京青年婚恋
行为的特征呈现也受到其婚恋观念的影响，婚恋观念是婚恋这一特定
社会关系在个人意识上的反映，是婚恋文化的重要组成部分，凝聚于
一定的社会文化心理结构中。因此在了解婚恋行为后进一步分析其婚
恋观念的表现十分重要。这部分将重点分析北京青年的婚恋观念及其
影响因素，以及这种观念与其行为的联系。

（一）北京青年的婚恋观念现状

婚恋观念本质上是一种价值取向，可以表现为一个人对于婚姻和
恋爱的基本看法，对配偶和恋爱对象及婚姻的基本评价，也可以表现

为人们在婚姻行为上所做出的各类选择，如择偶途径、离婚、生育等①。婚恋观念具有群体意识特性，反映了一个社会的文化特色，随着社会转型的不断发展，中国的婚恋观念发生了较大的变化，作为个人价值观的重要组成部分，这些婚恋思想上的改变必然会影响人们在择偶、婚恋、生育等方面的行为，从而影响整个社会结构。这部分主要考察北京青年群体的婚恋观念，并且我们将婚恋观念分为择偶观、婚姻观、生育观三个部分进行考量。

1. 传统和现代并存的择偶观

择偶观是指男女两性在选择结婚对象的条件、认识对象的途径等方面的偏好，本文中主要包括对认识配偶的方式偏好、找配偶时看重的方面、对门当户对的看法等。

择偶标准是男女选择结婚对象的条件和要求，并且会随着社会变迁的过程不断变化②。从古代的"门当户对"，到新中国成立初期的强调政治面貌和家庭出身，再到改革开放后盲目崇拜知识分子，21世纪后则出现了"金钱至上"的择偶条件，在社会剧烈变化的今天，人们的择偶标准如何？改革开放后出生的"80后"、"90后"陆续进入婚姻市场，开始择偶、婚配、生育，他们在选择配偶的过程中，偏好什么样的标准，对不同标准的态度如何？这都是我们需要了解的内容。我们在调查中从性格人品、家庭情况、外貌、身体状况、年龄、学历、收入、情感/婚姻经历、职业类型、户口、地域等几个方面考察了北京青年的择偶标准，分析他们在寻找配偶的过程中对不同因素有怎样的侧重。从总体上看，性格人品是北京青年择偶过程中最为偏好的标准，其次是家庭情况、外貌、身体状况、年龄、学历等（见表15）。

详细考察选项的排序情况，如表16所示，选择了"性格人品"的

---

① 杨善华：《城市青年的婚姻观念》，《青年研究》1988年第4期。
② 徐安琪：《择偶标准：五十年变迁及其原因分析》，《社会学研究》2000年第6期。

表 15　择偶标准的样本分布比例

单位：%

选项	样本分布比例
性格人品	89.71
家庭情况	43.89
外貌	43.49
身体状况	25.80
年龄	24.63
学历	22.08
收入	14.15
情感/婚姻经历	11.50
职业类型	10.53
户口	7.06
地域	4.66
其他	2.51

青年中有86.66%的人把其放在了第一位；选择"家庭情况"的人，大部分把"家庭情况"排在第二位或者第三位；而选择看重"外貌"的青年，大部分将其排在第二位（57.86%）；选择"身体状况"、"年龄"、"学历"的青年，也大部分把"身体状况"、"年龄"、"学历"排在第二位或者第三位，且前两者排在第二位的比例略低于第三位，而后者排在第二位的比例略高于第三位。

表 16　不同择偶标准的排序情况

单位：%

选项	排序		
	1	2	3
性格人品	86.66	9.1	4.24
家庭情况	6.19	44.23	49.58
外　貌	20.74	57.86	21.4
身体状况	7.02	43.47	49.51
年　龄	10.01	43.84	46.15
学　历	7.82	49.51	42.67

　　综上可见，在北京青年对于择偶标准的排序方面，首先，性格人品、家庭情况、外貌、身体状况、年龄、学历等是北京青年在择偶过程中较为看重的因素，其中最看重配偶的性格人品方面；其次，对方的外貌和学历是排在第二的标准；再次，家庭情况、身体状况、年龄是排在第三位的标准，而落在情感/婚姻经历、户口、地域、收入、职业上面的样本相对较少。以上情况反映了现代北京青年较为理性和现代的择偶观，相对于传统社会的唯出身论等单一的择偶标准，现代青年的择偶标准更为多元，且更注重配偶的性格人品等内涵性的标准，也注重对方学历、身体状况、年龄等方面，同时家庭情况这一较为传统的择偶标准仍然是人们较为看重的一个标准，且"外貌协会"、"爱美"等非理性的标准也仍存在。可见，在社会文化多元化、生活较为自由的现代社会中，北京青年的择偶标准也较为多元，注重内在的匹配，但同时传统的思想仍起作用，是传统与现代并存的一个阶段。

　　一般在传统社会中青年缺乏对自己婚配对象的选择权，"父母之命、媒妁之言"曾是我国传统社会中占据主导地位的择偶方式[①]，改革开放后随着受教育程度的提高和互联网的发展，中国青年择偶的自主意识不断增强，父母的作用不断下降，青年偏好的择偶方式也呈现多样化趋势。我们在调查中从学习/工作、朋友/同事介绍、父母/亲人介绍、各类机构组织的相亲活动、偶遇等认识对象的途径考察了北京青年认识对象的偏好问题，从表17可观察到，在学习/工作中认识对象是人们选择最多的选项，其次是朋友/同事/邻里介绍的相亲，之后是父母/亲人介绍的相亲、偶遇、以单身人士为主的兴趣爱好活动（如桌游、乐跑等）等，人们偏好各类

---

① 吴鲁平：《当代中国青年婚恋、家庭与性观念的变动特点与未来趋势》，《青年研究》1999年第12期。

机构组织的相亲活动、社交网站/交友 APP、婚恋网站等方式的程度不高。

表 17 最喜欢的认识对象的方式样本分布比例

单位：%

选 项	样本分布
学习/工作中	83.76
朋友/同事/邻里介绍的相亲	59.90
父母/亲人介绍的相亲	42.53
偶遇	40.20
以单身人士为主的兴趣爱好活动（如桌游、乐跑等）	33.60
各类机构组织的相亲活动	11.89
社交网站/交友 APP	11.42
其他	11.42
婚恋网站	5.30

具体考察北京青年对每一项认识对象的途径的排序可发现：在学习/工作中认识对象是北京青年选择最多的一个选项，也是被排在第一位比例最高（76.28%）的选项；排在第二位的比例最高的是朋友/同事/邻里介绍的相亲（50.27%），其他途径则主要排在第三位（见表18）。可见青年更偏好自主认识对象的方式和熟人网络（朋友/同事/邻里）介绍的相亲，或者是具有罗曼蒂克色彩的偶遇和以单身人士为主的兴趣爱好活动（如桌游、乐跑等）等，对具有互联网特色的社交网站/交友 APP、婚恋网站等方式仍持较为保守和谨慎的态度。主要原因是社交网站/交友 APP、婚恋网站等交友方式的安全性不高，在访谈中一位青年就表示网恋"不靠谱，那运气得有多好才能碰上合适的，概率那么小，陷阱还很多。之前也有人加我微信，没聊几句话就说见面，你说两个完全陌生的人都不了解贸然见面正常吗？这都是利用人的贪欲或是寻求刺激的想法，所以网恋不靠谱的原因就在这，我认为太虚。"

表 18　最喜欢的认识对象的方式排序

单位：%

选项	排序		
	1	2	3
学习/工作中	76.28	14.97	8.75
朋友/同事/邻里介绍的相亲	21.10	50.27	28.63
父母/亲人介绍的相亲	10.84	35.04	54.12
偶遇	20.23	39.87	39.91
以单身人士为主的兴趣爱好活动(如桌游、乐跑等)	16.72	41.92	41.37
各类机构组织的相亲活动	9.87	31.88	58.25
社交网站/交友 APP	11.31	34.95	53.74
其他	10.44	41.77	47.78
婚恋网站	18.36	20.56	61.09

　　"门当户对"是我国传统社会择偶的主要标准，所谓的"门当户对"在封建社会主要是指同一阶层内部的通婚。改革开放后这种同一阶层内部的通婚被打破，人们的择偶空间更自由更多样化，但也仍有学者指出"门当户对"虽然不那么盛行，但其残余仍客观存在，社会上仍有部分人把配偶的家庭背景作为唯一的考量标准①，在上述分析中也可见部分青年人群在择偶过程中看重对方的"家庭情况"。随着几十年的现代化过程，这些现代性文化的传播有没有重新塑造"门当户对"这一概念，其中家庭因素占了多大比重？青年是否重视"门当户对"？这是本部分需要考察的内容。

　　我们把"门当户对"划分为双方家庭社会地位相似，双方价值观、人生观契合，双方教育背景相似，双方收入水平相当等几个方面，图 12 显示人们认为"门当户对"最重要的是双方价值观、人生观契合占比最高，占总体的 73.91%，远远高于其他几个方面；其次

①　秦海霞：《婚姻与纵向社会流动——上海市民的婚姻观念》，《社会》2003 年第 10 期。

是双方家庭社会地位相似，占比14.92%；双方教育背景相似、双方收入水平相当这两个方面占比较少，分别为6.59%和4.38%。说明在北京青年的眼中，"门当户对"是价值观和人生观的契合，而非家庭背景的相似。

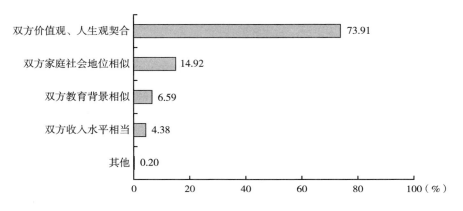

图12 北京青年对"门当户对"内涵的定义

从对"门当户对"这一问题的重视程度来看，有72.25%的青年认为择偶过程中需要"门当户对"，27.75%的青年认为不需要"门当户对"。总体上青年仍是认同"门当户对"的，但现代青年对于"门当户对"的理解更倾向于是双方人生观、价值观的匹配，而非家庭社会经济地位的相似，这种人生观价值观的匹配可以是受教育程度作用的结果，也可以是家庭社会经济地位作用的结果，总之家庭社会经济地位仍在间接作用于青年婚配。有一位因为双方价值观差距太大而离婚的青年在访谈中跟我们分享了自己对于门当户对的看法："他父亲在当地有官职，我爸在我们那也有官职，我没觉得高攀，也没觉得不门当户对，但是后来才想明白门当户对不仅仅局限于这种门当户对，还有两个家庭包括父母的思想文化和三观。比如，你要是学金融你就能理解银行人，我是文艺圈的我可能就不理解，这就有可能导致不是门当户对。以前的门当户对可能更多的是父母是一个层次的。现在在我看来的话扩展比较大吧，主要还是看两个人、两个家庭的价值观，夫妻之间特别容易因为生活上的琐碎小事争吵：有的人认为我不需要去电影院看这个电影，但对方必须要去看，两个就会吵一架；出去旅游，你选择什么价位的宾馆也能吵一架；地域差异导致早上吃什么也可能吵一架。另外，比如一个宁愿在二环住三十平（方）米我去哪都方便，另一个宁愿在六环住一百平（方）米我住着舒服，这就是价值观的差异。其实没有对与错，只有适合不适合。图你好看，能忍你一个月两个月，但是能忍你一辈子吗？价值观不同硬凑合在一起，肯定不幸福不快乐。"

2. 更看重非物质因素的理性婚姻观

婚姻观主要指的是人们对于婚姻本身、婚姻中男女的关系、性、爱情、离婚等的看法。对于婚姻本身，调查显示有 42.92% 的青年非常同意"结婚是人生中必不可少的经历"这一观点，有 37.47% 的人比较同意，表示不太同意和很不同意的比例为 19.61%（见图 13），可见青年还是比较认可婚姻本身，可能现代化对青年的影响会主要表现在推迟其初婚年龄，而非坚持独身主义、终身不婚。

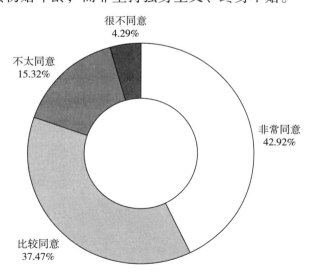

图 13　结婚是人生必不可少的经历赞同比例

在对于婚恋中物质条件和非物质条件的看法上，有19.18%的青年表示非常同意"婚恋中非物质条件比物质条件重要"的观点，48.32%的人比较同意，28.85%的人表示不太同意，而表示很不同意的比例最低，为3.65%（见图14）。在婚姻中，青年比较看重的主要是非物质条件。在访谈中有一位青年就谈到了对物质因素的看法："女孩要嫁个好人家，所谓好人家，首先是两个人有共同语言，然后是对方要对你好，其实苦点累点不是事儿，当然是北京女孩还是外地女孩在找另一半时会有影响，而且影响很大，但是对于两个人以后的路来说，不能单纯把物质取向条件取向放在第一位，这样以后的困难就不是一点点，抱着什么样的心态就会遇到什么样的人，你要看条件，其实就是条件交换，比如男人的房、车和女人的姿色，但你要知道房是升值的，姿色是贬值的，如果只是交换，没有感情基础，以后感情稳固是很大的问题。"

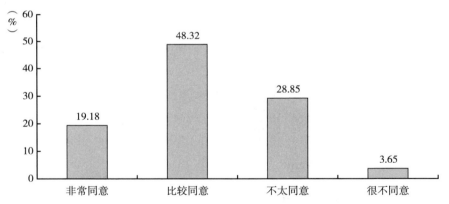

图14　婚恋中非物质条件比物质条件重要的赞同比例

在婚恋关系中，两性的年龄、社会经济地位都是存在差异的，一般青年更倾向于哪种年龄、社会经济地位的组合呢？从图15看，在年龄方面48.95%的北京青年认为在一段稳定的关系中男性年龄应该比女性大，36.46%的青年表示无所谓，认为男女年龄一样和女性年龄大于男性的比例则比较小。可见北京青年更偏好婚恋关系中男性年龄大于女性年龄这种年龄组合，但同时表示无所谓的比例也较高。

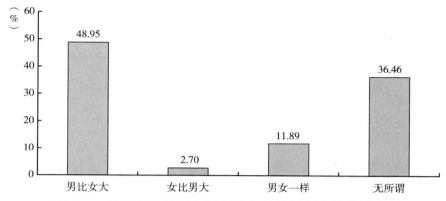

图15　一段稳定的关系中男女的年龄差异观点的赞同比例

我们主要用收入来衡量在经济社会地位上的差异。从样本分布上可观测到有53.39%的青年认为一段稳定的关系中男性收入应该比女性多，23.99%的人认为无所谓，21.39%的青年认为男女收入应该差别不大，认为女性比男性多的比例只有1.22%（见表19）。在婚恋关系中男性收入高于女性仍是青年较为认可的观点，男性被给予了更高的收入期望。访谈中有一位女性青年就十分推崇男高女低的择偶说法，因为她觉得有责任心、有能力的男士可以给她依靠，让她有安全感，使她能够对未来充满希望，使生活充满动力。

对于婚姻和真爱的关系，有60.45%的青年认为自己会为了等一个真爱而坚持单身，39.55%的青年则认为自己不会为了等一个真爱而坚持单身。这就体现了不同人对于是为爱而结婚还是大致遇到一个差不多甚至可能不太合适的人就结婚的态度差异，现代青年与父母一代不同的是婚恋观念更为理想化，可能会有更多人不愿意将就，抱着一种如果等不来真爱，还不如单身的态度来对待婚姻。一位单身青年

就表示："我也希望能碰到一个合适的，但没有合适的我也不着急，一个人过照样挺好。"

表 19　一段稳定的关系中男女的收入差异观点的赞同比例

单位：%

看法	比例
男性比女性多	53.39
男女收入差别不大	21.39
女性比男性多	1.22
无所谓	23.99

　　性观念是婚恋观中传统与现代分界最为清晰的一个领域，很多研究都表明改革开放后我国人口的性观念更为开放[①]。我们通过对"奉子成婚"的看法来考察北京青年对于婚前性行为的看法，调查发现40.69%的青年认为"无所谓，没什么大不了"，是比例最高的一部分；其次是认为"可能为今后埋下了不幸福的隐患"（占 26.42%）；认为奉子成婚是结婚的契机占比也较高，为 23.79%；认为这一行为违背了传统道德的比例只有 6.99%（见图 16）。说明青年对于奉子成婚的行为并未存在多大的负面看法，认为是违背道德的人更少，也侧面说明了青年对婚前性行为的宽容度很高。

　　调查考察了人们对于离婚的看法，主要包括牵涉孩子的离婚和牵涉房子的离婚。在传统的婚姻中，一些夫妇虽然感情破裂了，但为了孩子的成长会凑合着过下去。在我们的调查中，有 53.29% 的青年认为如果感情破裂的话，不会为了孩子而坚持不离婚，46.71% 的人表示会为了孩子而坚持不离婚。这体现的是一种现代型的婚姻观，凸显了现代青年对于婚姻的看法更理性化。

---

　　① 马妍：《传统观念与个人理性的碰撞：80 后知识精英婚恋观研究》，《青年研究》2012 年第 5 期。

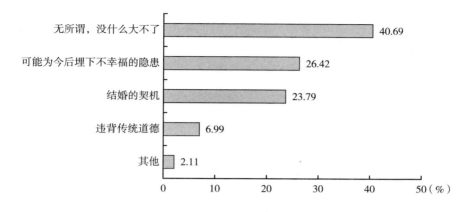

图16 北京青年对"奉子成婚"的看法

随着房价的上涨，北京、上海、深圳等一线城市为了房子而假离婚的案例不断涌现，为买房假离婚的原因主要是为降低二套房的首付比例和打破限购两套房的限制。这种假离婚的初衷虽是从降低家庭支出的角度出发的，但存在很多风险，在日常报道中就出现了男女离婚后一方不愿意复婚的现象。因此，我们也在问卷中考察了青年对于这一问题的看法，从图17看，有46.76%的青年表示理解，但自己不会这么做；其次是25.82%的青年表示既不理解这种行为，自己也不会这么做；表示不理解但会这么做和理解并会这么做的青年总计占27.43%，可见这种行为青年并非十分认可。有青年就在访谈中坚定地表示："在我看来离婚就是离婚，没有假离婚之说，这对婚姻来说是个瑕疵，贪欲是无止境的，人都是有底线的，我不会超过这个底线。"另外一位青年也说："遇到这种问题了，我肯定不会同意离婚。婚姻是很神圣的事情，为什么要因为这个而离婚呢？我宁可不买二套房，也不要离婚。我觉得还是算了，没有必要。而且是有风险的，要是离了结不回来了怎么办？"

3. 偏好儿女双全的生育观

家庭是人类繁衍和传承的主要载体，生育是婚姻的一个重要功

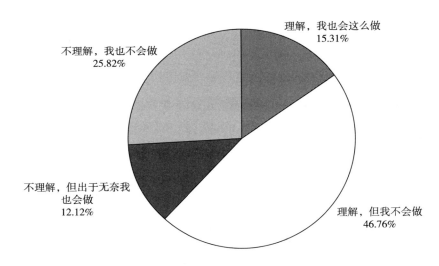

图17 对因房子而假离婚的看法

能，我国传统文化中特别重视生育，强调"不孝有三，无后为大"，给生育行为赋予了重要的意义①。青年人群的生育可以保证整个人口再生产的持续，但随着社会的发展，整个社会的生育率却在不断降低。发达国家的生育率下降基本是个人的因素在起作用，但在我国生育率下降和生育政策关联也很大。自20世纪70年代开始，我国实施以"晚、稀、少"为重点的计划生育政策，总和生育率从1970年的5.47下降到了1980年的2.71，2010年第六次全国人口普查的数据显示我国总和生育率为1.2，但学界对1.2这一数据持怀疑态度并依据各类方法对其进行估算和修正，估算结果虽高于1.2，但仍维持在1.2~1.7的水平。为了解决老龄化、劳动力短缺等问题，我国在2015年开始全面实施一对夫妇可生育两个孩子的政策，积极开展应对人口老龄化行动。在全面"二孩"的政策背景下，分析北京青年

---

① 马妍：《传统观念与个人理性的碰撞：80后知识精英婚恋观研究》，《青年研究》2012年第5期。

人群的生育数量偏好和生育性别偏好就具有十分重要的意义，如果人们偏好于少生育，那么政策的效果就会打折。

从调查结果看，北京青年的平均理想子女数为1.91个；从理想子女数的分布来看，觉得一对夫妇应该有2个孩子的比例最高，为81.55%，其次是1个孩子（13.76%），觉得不需要孩子和需要3个及以上孩子的比例较少（见图18）。可见大多数青年理想的子女数还是两个。

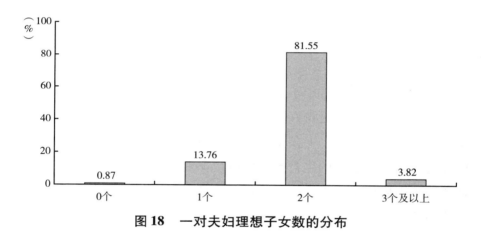

图18　一对夫妇理想子女数的分布

那不同的数量偏好下对于孩子性别的偏好分布特征如何？图19显示，当青年认为1个孩子最理想的时候，想要一个女孩的比例（51.10%）要略高于想要一个男孩的比例（48.90%）；当样本认为2个孩子是一对夫妇最理想的子女数时，对于儿女双全的偏好要远远大于想要两个男孩或者想要两个女孩的偏好，希望儿女双全的比例高达98.54%；当青年觉得3个及以上的孩子最理想时，理想的孩子性别组合中男孩多于女孩的比例最高，为51.63%，其次是女孩多于男孩的比例，为33.49%，最低的为男孩女孩数量一致。

通过上述分析可知，在全面放开二胎的政策背景下，北京青年认为一对夫妇最理想的子女数为2个的比例最高，其次是1个孩子；不

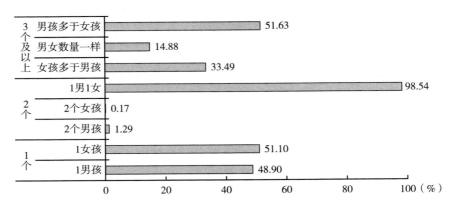

图19　不同数量偏好下的性别组合偏好

同的数量偏好下人们对于子女性别的偏好也完全不同，当青年认为1个孩子最理想的时候更偏好女儿，认为2个孩子最理想的时候偏好儿女双全，认为3个及以上孩子最理想的时候更偏好男孩。这主要是选择性造成的，当个体的生育数量偏好更小时，其本身可能并不具有非常严重的生男偏好，具有生男偏好的个体一般更偏好用多生育来满足其性别偏好，特别是在胎儿性别鉴定被明令禁止的中国，如果政策放开，选择多生育来满足其性别偏好的个体可能更多。

　　理想与现实总是有所差距的，虽然北京青年的理想生育数量较高，但北京的生育率长期以来一直处于较低的水平。这种理想子女数与现实生育水平的差距主要是由北京的生育成本较高导致的，特别是孩子的教育和医疗费用较高。青年可能会选择结婚，但对婚后是否生育孩子，什么时间生育孩子，生育多少孩子都会经过慎重的考虑，在访谈中一位已婚但还没有生育的女性青年就表示"大家虽然结婚早，但是都不想马上要孩子。大家的普遍想法是再等个两三年什么的。"这里面的原因，一部分是心理准备的问题，"我们觉得自己还没有长大吧。我们认为结婚对我们而言不是特别特别严肃的事儿，但是生小孩这事儿对我们挺严肃的"。这也反映出当代青年一方面很有自己的想法，另一方面也很有责任心。"为什么我们觉得可以很早结婚，那是因为我觉得，人生是自己的，我结婚是因为我对结婚这个事儿已经想好了，哪怕以后证明是个错误，我可以离婚去过自己的生活。这都没有关系，我可以对自己的人生负责。不要小孩是我们觉得小孩也是一个个体，你必须要做好充分的生理、心理、经济各方面的准备你才可以去要小孩。不然你要了这个小孩，之后给不了他/她一些充足的东西的话，你就是不负责任"。"不说物质上有没有达到这个要求，就是在心理上你要先做好心理准备才能要嘛。有了孩子后半辈子就肯定跟着他走。所以我觉得我暂时还没打算"。此外，还有现实生活的压力问题，如生育后工作压力、养育压力等，"其实你现在一个人工作就很辛苦啦，你的另一半他也要工作，你们俩的处境差不多，你们俩也不需要互相去照顾对方，两个人在一起生活就 OK。但是，如果有了小孩就不一样。现在晚上你随便吃点就对付了，有了小孩那就不行。有了小孩就意味着你要有更多的牺牲、更多的准备"。"至于二胎，我们应该不会考虑，一是年龄的问题，我现在 33 岁，如果要二胎对孩子和自己都有些风险，二是北京生活压力太大，虽然北京行政规划也在向我们这边转移，将来不用考虑买学区房，但是孩子教育支出负担还是会比较重"。

（二）北京青年婚恋观念的影响因素

并非所有北京青年的婚恋观都呈现同样的特点，生理属性、婚恋状态、家庭背景和个体的社会阶层等因素会作用于个人的婚恋观念，从而使得不同的群体呈现不同的特征。本报告将对这些影响因素进行分析，区别不同人群的婚恋观念特征。

1. 年龄越大，青年的婚恋观念越趋于保守和传统

年龄越大，青年接受现代化思想的可能性越低，其婚恋观念越倾

向于传统。在对"门当户对"的看法上，年龄越大，青年对于"门当户对"的理解偏向于双方家庭社会地位相似的可能性越高，对于25 岁及以下的青年来说，认为门当户对是双方家庭社会地位相似的比例只有 13.28%，30 岁及以上年龄的青年中这一比例上升至17.38%（见图 20）。而在找配偶过程中是否考虑门当户对这一问题上，年龄越高，越认同结婚应该门当户对这一观点，25 岁以下青年认为应该门当户对的比例为 64.05%，30 ~ 36 岁的青年的占比则增至79.42%。结合这两个题目，在对门当户对的理解上，年龄越大，青年可能越认可家庭社会地位的门当户对，这是在现代化背景下较为保守和传统的一类观点。

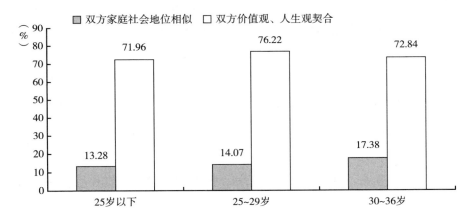

图 20　不同年龄段对"门当户对"的看法比例

在对结婚这一事件的看法上，年龄越大，越倾向于接受婚姻是人生中必经之事这一观点，如表 20 所示，30 ~ 36 岁青年同意这一观点的比例为 84.63%，25 岁以下的青年则要比 30 ~ 36 岁青年的比例低。如果未来反映到行为上，低龄青年队列的不婚比例或者初婚年龄的推迟程度可能会高于高龄青年队列。

在对爱情和婚姻的理解上，25 岁以下的青年表示会为了等真爱而坚持单身的比例为 64.82%，到了 25～29 岁组，这一比例降至 62.79%，而在 30～36 岁这一年龄组，这一比例只有 53.8%，相对 25 岁以下年龄组降低了 11.02 个百分点（见图 21）。当然导致这一差异的原因除了可能是高龄组更传统外，还有可能是因为高龄组年龄较大，其等待真爱所要付出的机会成本也会高于低龄组，在社会压力下，其可能会选择尽快结婚而非一直等待。

表 20　不同年龄段对"结婚是不是一个必不可少的经历"的赞同比例

单位：%

年龄组	非常同意	比较同意	不太同意	很不同意
25 岁以下	36.42	37.01	20.60	5.96
25～29 岁	42.81	39.09	13.64	4.45
30～36 岁	48.73	35.90	12.73	2.64

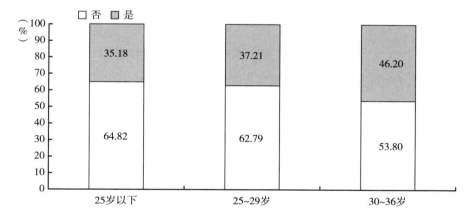

图 21　不同年龄段对"是否会为了等一个真爱坚持单身"的看法比例

对于离婚的理解不同年龄组也存在差异，如表 21 所示，42.38% 的 25 岁以下青年表示如果夫妻感情破裂，他们会为了孩子而坚持不离婚，30～36 岁的青年表示不离婚的比例为 52.97%，超过了半数。

可见在对婚姻和离婚的理解上，年龄越高，可能越趋于保守。当然这也可能是不同婚恋状态在起作用，进入婚姻生育过孩子的人可能比没有踏入婚姻没有孩子的人对于孩子有更深的体会，愿意为孩子付出的可能性也越高，这一状况在婚恋状态部分会分析到，此处不重复说明。

表 21　不同年龄组对"如果夫妻感情破裂，是否会为了孩子坚持不离婚"的赞同比例

单位：%

年龄组	是	否
25 岁以下	42.38	57.62
25～29 岁	44.65	55.35
30～36 岁	52.97	47.03

2. 女性在婚恋观念上比男性更为现代

在婚恋观念上一般都会存在性别的差异。在对"门当户对"的看法上，男性青年把"门当户对"看作双方家庭经济地位相似的比例（16.79%）要高于女性青年（13.41%），女性认为"门当户对"更看重双方价值观、人生观契合的比例为76.88%，比男性青年的比例高6.63个百分点（见图22）。但在找对象过程中是否需要门当户对这一问题上，女性认可门当户对的比例（77.52%）要显著高于男性（65.75%）。

如图23所示，男性对婚姻的认可程度要高于女性，82.66%的男性青年认为婚姻是人生必不可少的经历，而女性青年这一比例要略低于男性，为78.55%。

在婚配模式上，女性比男性更认同在一段稳定的关系中应该年龄上男比女大，在经济上男性要比女性挣得多这一组合模式（见图24、表22）。女性青年认为男性年龄应该比女性大的比例为55.40%，而男性同意这一观点的比例只有40.99%；男性青年认为在婚恋关系中

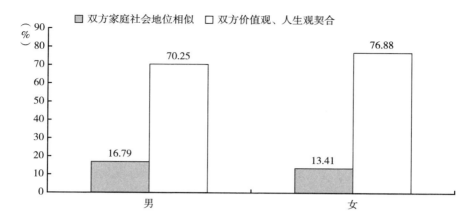

图 22　不同性别看重哪一方面的"门当户对"

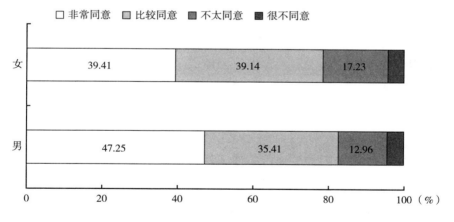

图 23　不同性别对"结婚是人生必不可少的经历"的认同比例

男性收入高于女性的比例为 47.70%，女性同意这一观点的比例为 58.01%，"一般（女性）看男的，物质方面看的多，男的好像是比较看重长相"。访谈中有青年表示："比如我们这一个男孩，1982 年的，有车有房，他就明确要求女方是'90 后'，长得漂亮，其他就无所谓。女选男一般要求有房有车有稳定工作，户口倒不是很重要，因为女孩一般认为有这些物质保障后我不需要再跟你奋斗。"

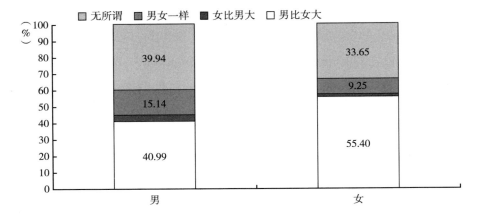

图24 不同性别对"在一段稳定的关系中男女年龄差距"的观点分布

表22 不同性别对"在一段稳定的关系中男女收入差距"的观点分布

单位：%

性别	男性比女多	男女收入一样	女性比男多	无所谓
男	47.70	21.17	1.91	29.22
女	58.01	21.57	0.67	19.75

在对真爱和婚姻的关系上，有62.42%的男性青年表示会为了等真爱而坚持单身，有58.86%的女性同意这一观点。这并不能说明女性更不渴望真爱，而是在现实生活中，女性等真爱需要付出的机会成本更高。

在对离婚的看法方面（见图25），59.09%的男性表示如果夫妻感情破裂，会为了孩子而坚持不离婚，但女性同意这一观点的比例只有36.68%，显著低于男性的水平，这和我们通常上的认识很不一样。传统上在一段婚姻中，女性更可能为了孩子而忍受伴侣的不忠或者感情的破裂而不离婚，而调查中得到相反的结论，说明现代教育对于女性的地位提高有非常大的帮助。

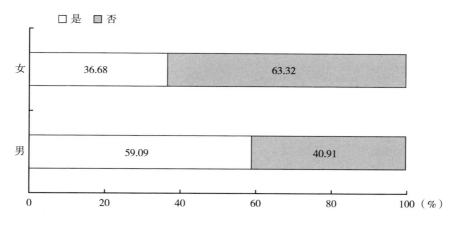

图 25　不同性别对"假如夫妻感情破裂，会为了孩子坚持不离婚"的观点分布

3.处在婚姻中的青年更认可婚姻

不同的婚恋状态对于青年的婚恋观也存在影响，有过婚姻经历和没有婚姻经历会影响青年对于婚姻本身的看法。从表 23 看，已婚的青年对于婚姻的认可程度最高，他们认为婚姻是人生必不可少的经历的比例为 88.15%，其次是未婚有恋爱对象的青年，比例为 77.64%，对婚姻认可度最低的是未婚没有恋爱对象的青年（为 74.68%）和离婚青年（75.00%）。处在婚姻之中的青年对于婚姻认可度高首先是他们认同婚姻必不可少才会选择结婚，其次他们处在婚姻之中自身也会更认同婚姻；未婚已有恋爱对象的青年作为可能即将踏入婚姻殿堂的人群，也会更认同婚姻；而没有恋爱对象的单身青年本身处于单身状态可能就是不认同婚姻的结果；离婚青年在婚姻中受过伤害因此也会对婚姻的期待程度降低。

在对"如果夫妻感情破裂，是否会为了孩子而不离婚"这一问题上，离过婚的人表示会为了孩子而不离婚的比例最低，为 37.50%，未婚人群有无恋爱对象的人差异不大，但处在婚姻中的青年表示如果婚

姻破裂会为了孩子坚持不离婚的比例最高，为 52.24%（见图 26）。这也可能与婚姻经历和离婚经历有关。

表 23 不同婚恋状况对"婚姻是人生必不可少的经历"的认同比例

单位：%

分婚恋状况	非常同意	比较同意	不太同意	很不同意
未婚没有恋爱对象	36.33	38.35	18.81	6.52
未婚有恋爱对象	39.64	38.00	17.45	4.91
已婚	51.92	36.23	10.00	1.85
离婚尚未再婚	37.50	37.50	22.66	2.34

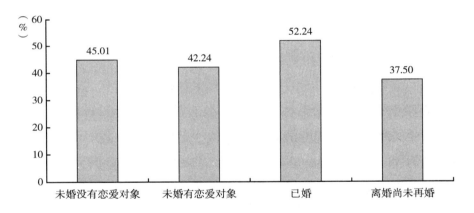

**图 26 不同婚恋状态对"如果夫妻感情破裂，会为了
孩子而不离婚"的认同比例**

4. 父母的观念和行为都会影响其子女的婚恋

家庭对青年的影响体现在两个方面，一个是青年在原生家庭成长过程中整个家庭观念对其潜移默化的影响，即所谓的社会化，另一个就是父母对于青年婚恋观念和行为的直接干预。在家庭背景对于青年婚恋观念的影响上，我们采用父母两人中最高的受教育程度来衡量。虽然在对于门当户对的定义上父母受教育程度不同的青年

并无明显差异，即都认可门当户对是双方价值观和人生观的一致性，但在是否需要门当户对这一问题上，父母的受教育程度越高，青年越倾向于认为应该门当户对，即父母受教育程度越高，青年越追求双方价值观和人生观的一致性（见图27）。这是一种较为现代化的观点，即父母受教育程度的提高有助于孩子现代化择偶观念的培养。

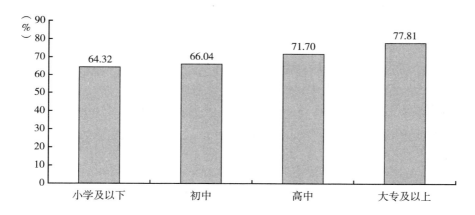

**图27　不同父母受教育程度对"找对象是否需要
门当户对"的认同比例**

　　父母还会通过行为来影响子女的婚恋观念和婚恋过程。虽然现代社会的青年在择偶过程中比较自由，但父母仍存在一定的影响。调查中就有47.20%的青年表示会因为家人意见而改变择偶标准，28.15%的青年表示会因为家庭催婚而赶紧结婚，甚至有29.42%的被调查者表示有过因某一方父母的反对和干涉而失败的感情经历。访谈中也有青年表示曾有过因双方家长反对而失败的恋情，"其实我们没能在一起，就是家里边父母不太同意，因为她比我要大三岁，就没同意我俩在一起。（她父母）一直在给她介绍，其实她也不同意。后来她家里边老说这个事，她就有些动摇了。后来就分开了几次，又和好了几次，分分合合。家里边的因素特别重要。她家里一反对就容易引起一

种连锁反应，我家里边也反对。因为我家里边本身也不是特别赞同，但是我一直在做家里人的工作。也不是说双方家庭谁嫌弃谁，就是在很多事上很难沟通，不光是她家庭对我家庭，我家庭对她家庭也没有特别多的好感"。因为这次经历，在这位青年看来，恋人们提前与父母沟通是最重要的，"一定要提前得到父母的认可"。

5. 所处社会阶层对青年婚恋观的影响多呈"U"形分布

处于不同社会阶层的青年，对于婚恋的态度也不同。从图 28 可见，在对门当户对的看法上，同意双方价值观和人生观契合在门当户对中的重要性在不同阶层青年中呈倒 U 形分布，处于下层和上层的青年认同这一观点的比例要低于处于中间层的青年；同意门当户对是双方家庭社会地位相似的观点比例在不同阶层青年中呈 U 形分布，处于中间阶层的青年更不认同这一观点。不同阶层青年对于婚姻是人生中必不可少经历这一观点的认可程度也呈倒 U 形分布，上层认可这一观点的比例为 60.19%，下层为 68.15%，中间层则为 73.89%。

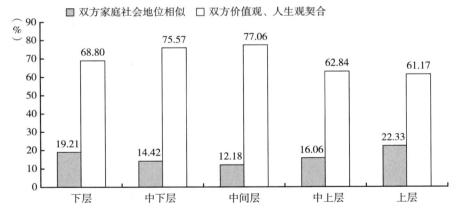

图 28　不同社会阶层最看重哪个方面的门当户对的比例分布

在对爱情和婚姻的看法上，阶层越高，表示会为了等真爱坚持单身的比例相对更高，下层表示会为了等真爱坚持单身的比例为56.97%，中上层为 72.94%，上层为 68.93%（见表 24）。这主要是因为阶层越高，青年找到伴侣的可能性要比低于这一阶层的青年高，其有足够的资本去等待一个真爱。

表24　不同社会阶层对"为了等真爱坚持单身"的认同比例

单位：%

分社会阶层	是	否
下　层	56.97	43.03
中下层	59.98	40.02
中间层	61.50	38.50
中上层	72.94	27.06
上　层	68.93	31.07

（三）北京青年婚恋观念与婚恋行为的联系

在婚恋观念部分可看出北京青年在婚恋过程中十分注重双方价值观、人生观的一致性；在婚恋行为部分则表现出具有相似的教育背景、家庭背景和工作背景的青年更可能走到一起，追求非物质匹配的婚恋观念和看似追求物质匹配的婚恋行为之间是不是一种矛盾现象？基于访谈资料，可解答上述问题。

在访谈资料中，青年们十分强调婚姻中的门当户对，且对门当户对的定义十分广泛，"门当户对"并不单单涉及经济条件，还包括两个在一起的人一定要有相同的处世哲学、人生观、价值观，这和"对老一辈人而言，门当户对就很简单地代表着家庭、金钱、权利（上的匹配）"是存在区别的。对于家庭背景而言，现代青年强调的是不要相差太大，否则成长中的生活习惯在婚后会是婚姻问题的导火索，"太高攀了可能自己心理上就会有落差，就可能你觉得不如别人啊，我自己心理是这样的。然后可以有一点点差距，但不要特别大，普通人就不要找一个富翁，不论男女。反过来也是成立的。两边都不

要这样。比如你就喜欢那样的生活，一个人每天要小资一点，那个人就是喝杯咖啡都不愿意，那两个人没法在一起。就为这事吵架，那太累了"，"门当户对对婚姻很重要的，尤其是双方的家庭条件、价值观，双方父母的观念、学历，如果差距太大可能在结婚后会出现问题，两人各方面条件最好匹配。相比于古代的门当户对，现在对于门第的要求可能会有所降低，但是两个人最好条件差不多"，"后天的努力可以有一定的弥补，但是有些鸿沟再怎么弥补也弥补不了，比如原生家庭的一些影响，这些在我们的血液中已经根深蒂固，很难改变"。更进一步说，诸多方面难以门当户对在某种程度上会形成原生家庭对新生家庭投射的差异，两个人家庭背景、成长环境迥然不同，即便说两个人能力、学历都十分匹配，一些潜在的意识却是自小耳濡目染、潜移默化中形成，这不是说通过后天努力就能改变得了的，甚至可能是两个人无法跨越的鸿沟，如果在恋爱时更多地沉浸在你侬我侬的甜蜜当中，没有足够的碰撞将其激化，那么等到婚后面对各种复杂的关系和琐碎的生活时，隐匿的矛盾就会爆发。

同时，青年对于门当户对中家庭背景的看重内容与老一辈对家庭背景的看重内容存在差异，青年更看重双方家庭是否可以对话，有访谈对象说："倒不一定说两家都要同样的有钱，但三观得一致吧。如果一家三观不正，那相处起来应该很恼火。双方得有一致的想法，要为对方考虑。"这与传统社会追求金钱和地位的匹配是存在差异的，现代的家庭门当户对更强调两个家庭价值观念的一致性，"门当户对其实最重要的是思想观念得一致，并不是双方的经济物质一致，当然能一致就更好。不过不能去片面强调这个，双方的思想观念更重要。比如一方特别有钱但思想是土包子的思想，另一方可能也有钱，但家庭氛围特别和谐，这也不是特别搭，我觉得整个的氛围还是挺重要的"。

除了追求家庭背景上的门当户对外，青年还会考虑其他方面，如教育背景等，有访谈对象表示："一个博士生和一个小学毕业的肯定谈不到一块去吧，谈不到一块去就不可能有感觉产生，除非那个人真的是美若天仙，对方真的看上这个人的长相了，那也没办法。大部分时候，双方的学历背景要足以让你们有可聊的东西，聊了之后你们才能进一步了解，相知相爱。"

由此可见现代青年在婚恋过程中十分强调价值观念的相似性，而这种价值观念的一致性是需要家庭背景、教育背景、工作背景等方面的相似来保证的，因此我们在婚恋观念上看到青年强调价值观念的一致性，在婚恋行为上能够看到他们追求家庭、教育、工作的匹配，这两者并不矛盾，而是社会阶层差异造成的。在社会地位较高的家庭中成长起来的青年更可能接受较好的教育，具有较好的性格人品和生活习惯，导致的结果可能就是来自较高社会阶层的青年和具有相似背景的人结婚，来自较低社会阶层的青年也和具有相似背景的人婚配，整个社会进入一个阶层固化的循环。追求非物质匹配的婚恋观念和看似追求物质匹配的婚恋行为并不矛盾，而是社会公平问题所导致的阶层分化的自然结果。

四　总结和政策建议

北京青年的婚恋状况受到了整个北京社会发展和城市化发展等方方面面的影响，如户籍、房价、大城市病、政策等等，这些因素作用于北京青年的婚恋状况，使其形成了鲜明的特征，这部分将在前文的基础上总结北京青年婚恋过程中的主要特征，并针对这些特征提出一些具有可操作性的政策建议。

（一）北京青年婚恋特征总结

1. 什么是门当户对？

门当户对是什么？调查数据显示总体上青年仍认同"门当户

对"，且在婚恋过程中十分强调价值观念的相似性，而这种价值观念的一致性需要家庭背景、教育背景、工作背景等方面的相似来保证，因此我们在婚恋观念上看到青年强调价值观念的一致性，在婚恋行为上能够看到他们追求家庭、教育、工作的匹配。正如访谈对象所说："不同的生长环境确实会对三观有一定的影响，如果家庭背景差距太大的话，婚后是会有很多问题的，但是我觉得如果两个人的感情特别好的话，这种问题也可以解决。就怕是相亲认识的，两个人的感情基础本来就很薄弱，再加上生活中出现这些问题的话，可能就会对婚姻造成一些影响。你设想一下，如果一方的父母是大学教授，另外一方父母是农民的话，可能很多生活习惯、自身观念也都不同。"

2. 爱钱还是爱人？

在婚姻中，青年比较看重的主要是非物质条件。调查中性格人品、家庭情况、外貌、身体状况、年龄、学历等是北京青年在择偶过程中较为看重的因素，其中最看重配偶的性格人品问题，而对方的外貌和学历是排在第二的因素，家庭情况、身体状况、年龄是排在第三位的因素。有67.5%的青年表示认同"婚恋中非物质条件比物质条件重要"的观点。

以上情况反映了现代北京青年较为理性和现代的择偶观，相对于传统社会的唯出身论等单一的择偶标准，现代青年的择偶标准更为多元，且更注重配偶的性格人品等内涵性的标准，也注重对方学历、身体状况、年龄等因素。

3. 儿女双全的生育观

2016年我国全面二孩政策开始实施。从我们的调查结果看，北京青年的平均理想子女数为1.91个，在性别组合上偏向于儿女双全。可见人们在生育意愿上对于政策的反响仍是比较大的，但反映到行为上则远低于人们预期，这种意愿与行为的背离与孩子的生育成本脱不开关系，"有了小孩就意味着你要有更多的牺牲、更多的准备"。

4. 交通距离打败爱情？

急速的城市扩张和人口激增给中国城市上班族带来了巨大的通勤压力。调查中有51.84%的北京青年居住地在五环以外，所有青年居住地点和上班地点的单程交通时间平均为50分钟左右，这意味着这些青年平均每天要在通勤上花费两个小时左右，并且58.26%的青年表示上下班的主要交通工具是公共交通（如地铁、公交车等）。不断上涨的交通时间成本和金钱成本不仅会降低上班族的生活幸福指数，无形之中也增加了上班族的生活工作压力，同时也让青年更不愿意花时间与异性见面，有青年说："住在北京两头，都算异地恋了，一个星期见一次面，也有可能见不着了。两个人住得近或者交通便利、比较容易见面还是挺重要的，因为我之前也有异地恋的男朋友，然后就觉得异地恋比较难。"有45.31%的单身青年表示除了工作外，其余时间基本在家宅着。

5. 户口和房产是结婚标配？

户口和房产在北京这种大城市中重要性凸显，有房有户口也能成为青年婚恋的物质资本。82.05%的青年认为自己如果拥有房产，会更容易找到配偶，有68.48%的青年表示如果自己拥有北京户口则更容易找到对象；35.66%的单身青年认为自己的理想配偶一定要有房产，有32.66%的单身青年表示自己理想的配偶一定要具有北京户口。可见青年认可了房产和户口在婚配过程中的重要性，且房子的重要性要大于户口，房产对于男性的重要性要大于女性。

但北京房产和北京户口并非特别容易具备的物质条件，没有房产和户口的青年更易遭受婚姻市场的挤压。对于25～36岁的青年群体，没有房产和北京户口的青年单身比例要显著高于有房产的单身比例。在房价水涨船高和北京户口指标紧缩的背景下，住房和户口势必对青年婚恋造成更大的压力。

6. 假离婚与房产

政策对于人们婚恋的影响主要体现在住房政策方面，近些年来出

现了很多因为买房而假离婚的现象，为买房假离婚主要是为降低二套房的首付比例和打破限购两套房的限制。调查中有18.89%的青年表示身边有很多因为买房而假离婚的现象，有37.49%的青年表示有但是比较少见，可见买房假离婚这类现象是客观存在的，且存在的比例并不低。

"假离婚"可规避一些房产限购限贷方面的政策，有可能降低贷款利率、购房税费等，但风险性也同时存在。选择这种方式的前提，是夫妻双方的感情必须真的很好，否则在假离婚期间出现感情问题，假离婚就转变成真离婚了。近些年由假离婚最后变成真离婚的案例并不少见。

7. 单身压力

单身人群结婚压力普遍偏大，调查中的单身青年共有2026人，其中约57.95%的青年感受到了结婚压力。受到压力的青年对目前自身感受到的结婚压力进行了打分，打分范围为1~10，压力越大分值越高，结果显示：北京青年平均结婚压力值为6.5分，1174人中81.52%的青年的结婚压力超过了5分，压力值偏大。且这些青年表示压力主要来自父母。

为了化解这些压力，青年会参与一些交友活动，他们最喜欢的是熟人圈组织的相亲活动和以单身人士为主的兴趣爱好活动（如桌游、乐跑等），但对婚恋机构组织的相亲活动并不"感冒"，曾花钱通过婚恋网或婚恋机构找对象的单身青年占比很低。

8. 选爸妈的儿媳妇（女婿）还是选我自己的媳妇（丈夫）？

虽然现代社会中青年的婚恋更自由了，也不用再遵循旧社会中"父母之命，媒妁之言"的婚配传统，但父母对于子女的婚姻仍有一定的影响。通常父母的婚姻观念较之于子女会更为传统，他们更看重子女配偶的家庭背景等物质因素，而子女可能观念上更为开放和现代，这就可能形成一定的代际矛盾，访谈对象表示："父母和自己的择偶标准，这两个标准的出发点是不一样的。我的出发点就是找一个能和我合得来、过一辈子的人。他们的出发点是找一个好的儿媳妇。出发点不一样就导致这个角色的标准定位不一样。"

调查中有29.42%的青年表示他们曾有因某一方父母反对和干涉而失败的感情经历，男性有这一经历的比例要显著高于女性。在有恋爱对象的青年中，11.15%的青年表示父母对自己找的男（女）朋友并不满意，且不满意的原因主要是对方的家庭情况（27.72%）。父母除了在找什么样的对象上干预子女外，可能还会在结婚年龄上给予压力，数据中就有47.27%的单身青年表示自己的结婚压力主要来自父母。

（二）政策建议

婚恋问题与青年日常生活及人生发展息息相关。这一问题看似仅是青年在生命历程演进过程中所遭遇的个人抉择与成长烦恼，但它背后蕴藏了深刻的社会经济因素，与房价、阶层流动、生活成本等问题息息相关，某种程度上是青年私生活与社会大环境的交织节点，也是青年焦虑感的重要来源之一。相关部门在开展政策制定及理念宣导的工作中，应充分意识到婚恋问题的重要性，不应将其仅视作一个私人问题，而应从更广阔的社会意义出发，将"婚恋"因素考虑在一揽子的政策框架之内。结合本次调研结论，课题组主要从以下几个方面，给出政策建议，供相关部门参考。

1. 疏导青年压力，借助新媒体形式，倡导积极向上的婚恋观

婚恋观是青年人生观和价值观的主要方面，是其婚恋行为健康发展的主要动力，没有正确积极的婚恋观念作为指引，可能就会出现一些婚恋问题。在社会日益多元化的今天，婚恋观念也受到了深刻的影响，如现在一些婚恋节目和婚恋社交软件等逐渐占据人们的视野。一些节目为了提高收视率、获取更多的经济利益，不惜给一些"拜金

女""拜金男"提供发表"金钱至上"言论的平台，这种不健康的价值观念流布于社会会给青年造成很不好的影响；同时对于在北京这类大城市生活的青年人群而言，在获得众多发展机会的同时，也会面临非常大的经济压力、交通压力等生活压力，"干得好不如嫁得好""不做房奴做小三"这些较为负面的观念在青年人群中流传较广。

因此需要疏导青年压力，借助青年喜爱的各类新媒体形式，传播积极向上的婚恋观，给青年以正能量，引导青年在婚恋过程中追求双方人生观和价值观的契合。正如一位访谈对象所说："两个人在一起的基础是物质，但决定能不能走到最后的是人品。"年轻人在婚恋市场上寻觅自己另一半时为其设定一道道标准，越挑越想挑，越挑标准越高，结果迷失了对自身的定位，满足于物质或是光鲜表象带来的慰藉，却往往忽略了内心最真实的渴望。两个人走到一起，单靠物质的维系很容易貌合神离，而彼此最有效的沟通来自双方的思想价值观的契合。

对婚恋观念的引导需要积极发挥党组织和群团组织的作用，利用各类形式（如微信公众号、组织讲座、开展情感辅导室、心理咨询室等），一方面是帮助青年树立正确的婚姻交友观念，另一方面是帮助青年纾解心理压力，为青年化解婚恋困扰提供帮助。另外，还可以加强青年的婚恋教育，宣传《中华人民共和国婚姻法》和《中华人民共和国妇女权益保障法》等相关法律法规，帮助青年正确处理一些婚姻家庭问题。

2. 创造青年人群沟通的可能性

在劳动参与率极高的当今社会，青年一般毕业后就会从事一定的工作，而工作后的交友圈子和交友时间相比于在学校的时候都会有所压缩。在调查中很多单身青年表示自己保持单身的主要原因是交友圈子过窄，因为工作压力太大，上班族们并没有太多的时间和平台认识新的异性朋友，即使认识了新的异性，也可能因为工作而导致没有过多精力经营感情，就如访谈对象所言，"现在人们交际圈子很小，每天上下班，接触总是同事那么几个人，哪有那么多业余时间去参加什么活动拓宽交际面"，"大家要工作了，平时没有太多时间。不像在学校的时候，聊个天就觉得挺好的，可是上班了之后忙工作，回家又特别累。没心情聊，要么就吃个饭看个电影，就局限于此了。两个人的感情就是一开始没有到达一定程度的话，女孩就觉得没意思了吧。如果再拖个一年半年的，女孩就觉得谈不下去了"。因此对于进入工作场所的青年而言，其婚恋难主要有两个问题，一个是没有足够的时间和精力去拓宽交友圈子，寻找一个"合适的人"，如果找到了意中人，则可能没有足够的时间和精力去好好经营一段感情。

因此搭建平台，给不同青年人群提供沟通渠道和拓展他们的交友圈子非常重要。首先要努力构建青年沟通和交友的平台，如团市委可牵头搭建单身青年的信息库，促进各行业青年的交流，为其婚恋交友提供一定的参考信息，同时组织各种形式的联谊活动，创造不同单身青年认识的机会；其次要针对不同的青年需求进行分类，根据人群分类开展活动。

3. 青年交友活动以兴趣爱好为出发点，在活动中规避"相亲"等容易引发"尴尬感"的表述

相亲是工作中的青年寻找对象的一种非常重要的途径，但在调查和访谈中我们了解到广大青年偏好的交友方式是在学习中和工作中自然而然的接触，而非各类相亲活动，如果非要他们选一项喜爱的相亲活动，排在首位的是熟人圈组织的相亲活动，其次是以单身青年为主的兴趣爱好活动，再次是政府组织的小型相亲活动，他们最不喜欢的是婚恋网站或者婚恋机构组织的活动。可见这种交友偏好是青年根据对于不同活动的信任度来排序的。

另外访谈中多位访谈对象提到了对于相亲这种活动的反感，认为相亲活动目的性太强，"两个人坐那儿特别的尴尬，不知道聊什么"，

相亲后若觉得还不错想做个普通朋友而非男女朋友，但是因为是相亲认识的而不好意思做普通朋友。

因此如何组织让单身青年信得过又感兴趣的交友活动是现在组织相亲活动的突破点。首先，组织者要有一定的权威性和可信度，政府部门要有主导性；其次，要转变形式，将单纯以相亲为目的的活动转变为以单身青年为主的兴趣爱好活动可能更为有效；再次，要对青年的需求进行分类，根据不同青年的需求类型开展一些小型化、易参与的活动来调动广大单身青年的积极性，使得活动常规化；最后，要尊重青年意愿，提高青年参与活动的自主性，在活动中规避"相亲"等容易引发"尴尬感"的表述。

4. 有效监督和管理婚恋网站等商业化交友途径

无论青年处于哪一种婚姻状态，在众多交友途径中，婚恋网站、社交网站及手机交友 APP 都是最不受青年欢迎的，不少访谈对象也对这些商业化的交友途径表示出质疑或者厌恶的态度。婚恋网站等以营利为目的，往往会根据用户交纳的金额来决定匹配的质量，以至于失去了青年的信任。一些访谈对象指出："婚恋网站要收取不少费用，即使交了费也不一定有很合适的配对，身边有不少在婚恋网站花了冤枉钱、没有实现成功配对的事例。"对于那些没有接触过这些商业化交友途径的青年来说，其匹配对象的真实性和可信度存在问题。有一位访谈对象直接指出："像什么婚恋网我是不太相信，他们真的给你组一个局，那些人是不是真的资料，也不敢说。"还有一位访谈对象表示："如果婚恋网站可以在真实性和可信度方面加强，我会试一试。"

可以发现，目前困扰婚恋交友网站的最大难题，还是网站上用户信息不实问题，一些用户在注册时填虚假的信息，用户资料描述准确度差，真实性与可信度很难得到保证，亟须加强整治与管理。不少青年反映，交友途径狭窄是单身的首要原因，这些商业化交友途径是存在很大的市场的，但是受限于其自身规范性的问题，并没有为青年提供有效的帮助。如果政府部门加强监管，督促其正规运转，则将真正造福青年群众。

但是商业化交友途径的管理存在难度，国家对婚恋网站的相关管理没有具体的规定，其直接管理部门也不明确。目前相关部门中，民政部门的监管主要是针对线下实体的婚介机构，网络管理部门涉及内容过多，存在"九龙治水"的困境。应当从青年的实际需求出发，民政、工商、网络管理等部门和群团组织沟通协作，进一步明确对网络婚恋市场的监管职责，加大市场监管力度，积极协调完善婚恋交友市场服务标准，规范乱收费与低质量匹配等行为，督促婚恋网站对会员的资料进行全面综合的信息筛查，提升商业化交友市场的质量，共同为青年婚恋市场的规范和有序提供有力保障。

专题篇

Subjects

B.2
从结构与主体互动视角解读
体制内青年婚恋难问题

张　洋*

摘　要：　在青年婚恋难问题引起国家和社会的广泛关注的背景
下，本文基于2016年北京青年婚恋状况调查，对北京
市体制内青年的婚恋问题从结构和主体互动层面进行
研究分析。研究发现，北京市体制内青年在社会经济
要素（受教育程度、职业、收入）方面存在高度的同
质性；户口、房车资产情况等结构要素不是影响青年
是否进入恋爱状态的核心因素，却是影响青年是否进
入婚姻状态的重要因素。体制内未婚无恋爱对象、未

* 张洋，美国密歇根大学安娜堡分校社会学系博士，研究方向为青年、婚姻、家庭。

婚有恋爱对象和已婚三类青年的择偶偏好既具有相似性也存在差异性，择偶偏好是影响婚恋状态的重要因素。解决北京市体制内青年的婚恋难问题，需要从结构和主体两个层面入手。

关键词： 体制内青年　婚恋问题　结构与主体

一　问题提出

在世界范围内第二次人口转变的时代背景下①，中国社会也经历着既具有时代共性也具有自身特性的人口和家庭转变。家庭规模缩小，家庭结构核心化，初婚年龄推迟，离婚、不婚比例上升。与此同时，青年的婚恋难问题也逐渐引起社会的广泛关注。2010 年，全国妇联中国婚姻家庭研究会、中国社会工作协会婚介行业委员会与百合网发布的《2010 年中国人婚恋状况调查报告》显示中国约有 1.8 亿适龄青年为择偶奔波②。2017 年 4 月，中共中央、国务院在《中长期青年发展规划（2016～2025 年)》中提出要切实服务青年婚恋交友，支持开展健康的青年交友交流活动，重点做好大龄未婚青年等群体的婚姻服务工作③。青年的交友、婚恋成为国家、社会关注的焦点问题。

关于青年交友、婚恋问题，学界也从不同层面对其原因进行过探

---

① Van de Kaa DJ, "Europe's Second Demographic Transition", *Population Bulletin*, Vol. 42, No. 1, 1987.

② 沈涛、李先勇、袁方城：《武汉青年婚恋交友状况调查报告》，《中国青年研究》2012 年第 3 期。

③ 中共中央国务院印发《中长期青年发展规划（2016～2025 年)》，http://edu.people.com.cn/n1/2017/0414/c1006-29209814.html。

究。从宏观人口结构来看，年龄结构与性别结构是促成男性与女性婚姻挤压的两大因素①。文化、政策等社会经济因素是影响婚姻市场变化的外生变量，通过影响夫妇之间的年龄差别间接影响婚姻市场②。此外，女性受教育水平的不断提高，也在一定程度上冲击婚姻市场，影响着婚姻市场的结构③。从微观个人层次来看，择偶婚恋观念的变迁也是影响初婚年龄推迟的重要因素④。以往的研究倾向于从人口和社会结构因素来解读婚恋难的问题，往往忽视了个体的主体性及结构与主体的互动在婚恋问题中所发挥的作用。婚恋问题真的只是由结构问题导致的吗？个体的主体性及其与结构的互动在其中到底起到什么作用呢？

自社会学学科建立以来，结构与主体的关系一直是社会学家探讨的核心问题。两者之间的关系问题也渗透在社会的各个层面，青年婚恋问题也不例外。斯维尔（Sewell）⑤曾将社会结构（Structure）定义为"一系列相互维系的模式和资源，它们可以限制以及赋权社会行动，并且通过社会行为实现复制和再现"。吉登斯（Giddens）⑥也曾在著作中提及结构的双重性：限制性和赋权性。鲍曼（Bauman）⑦认为限制性是指社会结构可以限制个体可获得的选择范围，也可以通过社会规范和准则来限制主体的选择行为。赋权性指的是结构可以扩展主体可选择的范围和形式。从青年婚恋的具体问题来看，社会结构

① 姜全保、李晓敏、Marcus W. Feldman：《中国婚姻挤压问题研究》，《中国人口科学》2013年第5期。

② 郭志刚、邓国胜：《婚姻市场理论研究——兼论中国生育率下降过程中的婚姻市场》，《中国人口科学》1995年第3期。

③ 张溢：《教育是否妨碍了女性的婚姻》，博士学位论文，清华大学，2012年。

④ 方旭东：《过度单身：一项时间社会学的探索》，《中国青年研究》2016年第10期。

⑤ Sewell W. H., "A Theory of Structure: Duality, Agency, and Transformation", *American Journal of Sociology*, Vol. 98, No. 1, 1992.

⑥ Giddens A., *The Constitution of Society: Outline of the Theory of Structuration*, University of California Press, 1984.

⑦ Bauman Z, *In Search of Politics*, Polity Press, 1999.

可以指性别、年龄、民族等人口结构，也可以指户口、受教育程度、职业、收入和资产、居住的社区等社会结构。个体所处的人口、社会结构既可以限制也可以拓展个体择偶的选择范围和形式。

相对于结构，艾默柏（Emirbayer）和米歇（Mische）[1]将主体性（Agency）定义为在考虑过去和未来情境下，依托于过去并面向未来所作出的行为选择。既没有脱离结构的主体，也没有完全被结构限制的主体。具体到青年婚恋问题，个体的主体性指的是个体在结构限定的范围内，根据个体过去经验和未来考量所作出的择偶行为。没有完全脱离结构影响的择偶行为，也没有完全被结构所决定的择偶行为。这就是为什么处于相同社会位置的人会做出相似的择偶行为，却没有两个人拥有完全一致的行为选择路径。

结构和主体二元分类问题一直是社会学悬而未决的核心问题，布迪厄（Bourdieu）[2]是尝试将两者从理论层面上进行联结的社会学家之一。布迪厄在艾德蒙（Edmund Husserl）的基础上，拓展了惯习（Habitus）的概念。"惯习"指的是个体所具有的一套思维地图或者说是认知习惯，它可以引导和评价个体所作出的选择。"惯习"融合了外在社会结构的影响以及个体独特的个人倾向和偏好，是联结社会结构和主体性的关键。具体到青年婚恋问题，"惯习"更多的是指引导青年择偶行为的择偶偏好。择偶偏好既内化了外在社会结构的影响，也融合了个体在择偶时具有的独特口味和偏好，是社会结构和主体互动的产物。

本文将从结构与主体互动的视角来解读北京市体制内青年的婚恋问题。之所以选择北京主要有两个方面原因。首先，北京是国际大都

---

[1] Emirbayer M., Mische A., "What is Agency?", *American Journal of Sociology*, Vol. 103, No. 4, 1998.

[2] Bourdieu P., Nice R. Distinction, *A Social Critique of the Judgement of Taste*, Harvard University Press, 2005.

市，人口流动迁移频繁，人口规模大且结构复杂，青年群体的差异大。其次，在以北京为代表的大城市，青年婚恋面临的问题更为复杂。京籍户口的限制、房价的飙升、车牌的限制等都使得北京青年的婚恋问题更具有典型性。体制内青年指的是工作单位在党政机关、国有企业、事业单位及集体所有制企业的青年。研究将焦点放在体制内青年出于以下两个方面的考虑：第一，体制内青年是本次调查抽样的主体，样本量大且具有代表性；第二，体制内青年在中国的阶层划分中基本属于中产阶级①，对该类群体的分析对于揭示中产阶级的婚恋状态和问题具有指导意义。

二　研究方法和资料来源

（一）数据来源

本文使用的数据来自 2016 年《北京青年婚恋状况研究》调查，本调查由共青团北京市委员会和对外经贸大学青年发展研究中心联合组织实施，依据科学抽样的原则，在不同区域、不同界别的青年中展开。调查对象为在京居住半年以上，大专及以上学历，20～36 周岁的青年人口，包括流动人口。调查内容主要包括人口信息、家庭信息、婚恋观念、住房状况等。将调查人群分为未婚无恋爱对象、未婚有恋爱对象、已婚、离婚尚未再婚四类，共收回有效问卷 5965 份。其中体制内青年 3113 位。在体制内青年中，未婚没有恋爱对象 926 位，未婚有恋爱对象共计 791 位，已婚 1328 位。本调查涉及北京各行业青年婚恋的方方面面，内容翔实丰富，能够为分析北京青年婚恋状况提供有力的数据支持。

---

① 李强：《关于中产阶级和中间阶层》，《中国人民大学学报》2001 年第 2 期。

（二）研究框架

本文将采用实证研究的方法对北京市体制内青年的婚恋问题从结构和主体互动的视角进行分析。图 1 是本研究的研究框架。性别、年龄、出生地等社会结构因素既限制了也拓展了个体的择偶机会（chances），同时这些结构因素也会影响个体的社会化经历，进而影响个体的择偶选择（choices）。个体的择偶选择在择偶机会的范围内进行，却不会完全被择偶机会所决定，两者之间的互动便形成个体的择偶偏好（惯习）。个体的择偶偏好既融合内化了结构的影响，也包含着个人的独特性；择偶偏好会评价、引导个体的择偶选择实践。个体的择偶选择实践会形成社会群体的择偶风格和趋势，而这种择偶趋势和风格作为一种社会结构因素又会进一步影响个体的择偶偏好。

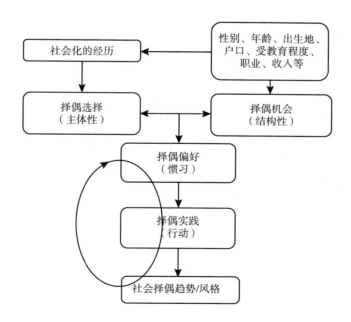

图 1　研究框架

（三）主要变量和研究思路

本文的因变量设定为"是否恋爱"和"是否结婚"两种状态。本文的自变量分为结构性因素和主体性因素两类。其中，结构性因素包括性别、年龄、出生地等人口学因素，也包括受教育程度、职业、收入（万元）、是否拥有北京房产、是否拥有北京学区房产、是否拥有北京车辆等社会经济因素。主体性因素主要包括喜欢认识异性的方式、看重的配偶特质、对待稳定婚姻关系的看法、对待爱情的态度、是否参加过相亲、是否通过婚恋网站认识过异性等。

首先，本文将比较未婚无恋爱对象、未婚有恋爱对象及已婚三类群体在结构和主体方面的差异，据此来探究结构和主体因素与北京市体制内青年婚恋状态的关系。接下来，本文使用 Logistic 模型分别检验影响体制内青年进入恋爱关系和进入婚姻关系的因素的。

这里需要特别说明，在结构性因素中，户口、房产和车产，甚至职业和收入不仅可以影响个体进入婚姻的可能性，它们本身也可能因为婚姻事件的发生而变化。例如，因为结婚而买房购车，或者发生结婚后的户籍变动。因此，在调查时直接比较未婚有恋爱对象和已婚青年两类群体在户口、房产和车产拥有情况方面的差异，不能直接反映这些因素对婚姻的影响。为了解决这个问题，本文利用了问卷中关于已婚人群配偶的婚前户口、房产、车产及收入和职业情况等信息，将其与未婚有恋爱对象人群配偶的相关情况进行对比，来反映户口、房产、车产等对婚姻的影响[①]。

---

① 在对比未婚有恋爱对象与已婚两类人群的配偶在户口、车产和房产上的差异时，本文去除了恋爱未满半年及在确立男女朋友关系未满半年内就结婚的人群，以保证两类人群在与配偶相处时间长度变量上的匹配性，控制住相处时间长短对结婚行为发生的影响，增加两类人群的可比性。匹配后，未婚有恋爱对象的人群与配偶相处的平均时间是 29.4 个月，已婚人群与配偶在平均相处 31.97 个月后结婚。

三 体制内青年的婚恋难问题既是结构问题也是主体问题

（一）体制内青年社会经济要素同质性强

本文对比了未婚无恋爱对象、未婚有恋爱对象、已婚三类青年群体在结构因素上的差异，结果见表1。我们发现未婚无恋爱对象与未婚有恋爱对象的青年在人口结构、社会结构因素上相似度非常高。男性占比约50%；平均年龄约26周岁；受教育程度主要集中在本科（约占48%）；37%左右的青年出生在北京；职业构成也非常相似，占比最高的是技术人员（约占24%）；此外，收入、京籍户口持有情况、房产车产的持有情况也非常相似。

表1 三类青年群体结构性因素比较

单位：%，岁，万元

结构要素	未婚无恋爱对象	未婚有恋爱对象	已婚
性别（男）	49.35	51.07	39.31
年龄（平均数/周岁）	26.50	26.30	30.60
出生地（北京市）	38.98	36.66	48.87
受教育程度			
本科以下	20.41	19.72	17.55
本科	47.30	48.93	47.44
硕士	30.89	29.46	32.98
博士及以上	1.40	1.90	2.03
职业			
技术人员	23.87	24.40	21.91
公务员	18.68	16.94	22.89
行政/人事/后勤	19.12	15.80	15.81

续表

结构要素	未婚无恋爱对象	未婚有恋爱对象	已婚
其他	38.33	42.86	39.39
收入(中位数/万元)	8.00	8.00	9.00
户口(是)	65.55	63.46	79.29
房产(是)	27.32	28.19	60.54
学区房(是)	23.22	22.38	25.75
车产(是)	24.41	26.68	53.46

已婚人群与前两个人群在人口、社会结构因素上存在一定差异。已婚青年女性占比更高（60.69%），平均年龄为30.6周岁，48.87%的已婚青年出生在北京，收入中位数为9万，京籍户口的持有者占比高达79.29%，房产持有者占比高达60.54%，超过一半的人拥有北京车产。已婚人群在受教育程度、职业构成及学区房持有情况上与前两类人群较为类似。已婚人群在性别和年龄结构上与前两个人群存在差别与男女婚配年龄差有关，年龄越大也更倾向于选择结婚。但对于已婚人群与其他两个人群在户口、收入、房产和车产持有上的差异，本文还需要进行进一步分析。

在中国的国情下，户口状态、房车拥有情况、职业和收入都可能因为男女双方结婚而发生变动。因此，将已婚人群的婚前状态与未婚有恋爱对象人群相比，更能体现户口、房车等结构因素对婚姻状态的影响。表2展现的是未婚有恋爱对象青年的对象与已婚青年的配偶婚前结构性因素的比较结果。根据比较我们发现，两类青年在职业构成上比较相似，技术人员比例最高。未婚有恋爱对象青年的对象收入的中位数反而要高于已婚青年配偶婚前收入的中位数，这与工资的上涨以及通货膨胀等因素相关。两类青年在房产、学区房产和车产的持有情况上比较类似。唯一有明显差别的是户口持有情况，已婚青年配偶婚前户口持有比例更高，为68.2%。

表2　有恋爱对象青年的对象与已婚青年的配偶婚前结构性因素比较

单位：%，万元

结构要素	未婚有恋爱对象	已婚
职业		
技术人员	21.59	27.30
公务员	8.97	10.98
账务/税务/金融	11.13	9.10
行政/人事/后勤	9.63	13.77
其他	48.68	38.85
收入(中位数/万元)	10.00	8.00
户口(是)	57.14	68.20
房产(是)	28.74	25.08
学区房(是)	17.94	14.59
车产(是)	24.58	22.70

在统计描述的基础上，本文分别检验了"是否恋爱"与"是否结婚"的结构影响因素。模型结果如表3所示，由于体制内未婚青年在人口、社会经济等结构性因素上的同质性，显著影响"是否有恋爱对象"的结构性因素只有车产，有车的青年更容易进入恋爱状态。因此，结构性因素不是影响体制内青年是否有恋爱对象的核心影响因素。相比较而言，体制内青年的婚姻状况会明显受到结构性因素的限制。年龄越大，结婚的可能性也越高；相较于男性，女性青年的结婚可能性要大；出生在北京且对象有北京户口的青年，结婚的可能性更高。

总结来说，北京市体制内青年在社会经济要素（受教育程度、职业、收入）方面存在高度的同质性。户口、房车资产情况等结构要素不是影响青年是否进入恋爱状态的核心因素，却是影响青年是否进入婚姻状态的重要因素。出生在北京并且拥有北京户口者更可能进入婚姻状态。房产、车产的拥有情况对婚姻的影响更为复杂一些。在

表3　Logistic 统计模型结果

单位：%

变量	未婚无对象/未婚有对象：是否恋爱（OR）	未婚有对象/已婚：是否结婚（OR）
结构因素		
年龄（周岁）	1.014	1.489 ***
性别（参照组＝男）	0.973	2.109 ***
出生地（参照组＝非北京市）	0.800	1.518 *
受教育程度（参照组＝本科以下）		
本科	1.143	0.981
硕士	0.989	0.826
博士及以上	1.102	1.099
职业（参照组＝技术人员）		
公务员	0.908	0.604 *
行政/人事/后勤	1.113	0.825
其他	0.955	0.710
收入（万）	1.000	0.978
户口（参照组＝否）	1.040	1.131 *
房产（参照组＝否）	0.831	0.715
学区房（参照组＝否）	1.107	1.059
车产（参照组＝否）	0.741 *	0.885
主体因素		
门当户对（参照组＝是）	0.996	0.815
相信真爱（参照组＝是）	1.535 ***	1.363 *
参加过相亲（参照组＝是）	2.266 ***	1.427 *
使用过婚恋网站（参照组＝是）	1.492 **	1.374
样本数	1445	1476
pseudo R-sq	0.045	0.283
AIC	1945.0	1353.7
BIC	2045.2	1454.3

　　注："*"，$p < 0.05$；"**"，$p < 0.01$；"***"，$p < 0.001$。需要特别说明，针对未婚有对象和已婚人群的比较模型中，职业、收入、户口、房产、学区房、车产信息使用的是调查对象或配偶的婚前信息。

中国的婚姻文化下，房产、车产是婚姻的必备条件，而北京飚高的房价和对车牌的限制，无形之中给北京青年结婚增加了难度。我们在调查中也发现，在拥有房产的体制内青年中，47.45%是在父母支持下贷款购房，22.62%是父母全额购置，12.49%是自己全额购置，9.98%是无父母支持的贷款购房。可见凭一己之力在北京购置房产的青年还是少数。这也是为什么婚前房产、车产持有情况不是显著影响婚姻状态的因素。能够负担得起北京房产、车产的青年（无论是结婚前持有，还是结婚后夫妻双方共同承担），都更可能进入婚姻状态。对北京体制内青年来说，恋爱和婚姻具有不同的意义。相比较于恋爱，婚姻会受到更多的结构性因素的限制。北京户口、房产和车产作为结构性因素既可以限制一部分人的婚姻选择范围，又可以拓展另一部分人的婚姻选择自由。

（二）体制内青年的婚恋状态与择偶偏好息息相关

我们研究发现体制内未婚无恋爱对象、未婚有恋爱对象和已婚三类青年的择偶偏好既具有相似性也存在差异性，择偶偏好是影响婚恋状态的重要因素。

北京市体制内青年喜欢的认识配偶方式基本一致，未婚无恋爱对象、未婚有恋爱对象和已婚三类青年最喜欢的认识配偶的方式前三位依次是"学习/工作中""朋友/同事/邻里介绍的相亲""父母/亲人介绍的相亲"。最近涌现的经由"婚恋网站"或者"社交网站/交友APP"的新兴交友方式还不是青年喜爱的主流方式。三类青年择偶时看重的因素也存在一致性。

对象的"性格人品""外貌"和"家庭情况"是北京市体制内青年在择偶时主要看重的前三个方面。其中，近80%的青年将"性格人品"列在第一位。虽然三类青年未将"职业""收入""受教育程度"等列为择偶时看重的主要方面，但从体制内青年与其配偶在

社会经济层面的相似性，我们可以发现社会经济层面的因素也是择偶时考虑的因素。

此外，三类青年都认为：男性在28岁左右、女性在26岁左右结婚比较合适；在一段稳定关系中，男性应该比女性大两岁左右。约55%的青年认为，在稳定婚姻关系中，男性收入应该比女性多。从体制内青年对稳定婚姻关系的态度上，我们可以发现青年对婚姻的性别观念还比较传统。

对"门当户对"的看法，三类青年存在一定的差异。虽然三类青年都认为"门当户对"指的是双方在价值观、人生观上的契合；但已婚青年中，认为"门当户对"指的是双方家庭社会地位相似的比例相对于其他两类青年来说更高（17.77%）。70%左右的未婚无恋爱对象和未婚有恋爱对象的青年认为择偶需要门当户对；80%左右的已婚青年认为择偶需要门当户对。已婚青年在择偶时更看重门当户对，且有一部分青年认为门当户对除了指价值观念、人生观念的契合外，也指的是双方家庭地位的相似。在对"是否会为了等一个真爱而坚持单身"的看法方面，三类青年也存在明显差别。70.63%的未婚无恋爱对象青年会为了等一个真爱而坚持单身，61.44%的未婚有恋爱对象青年持有相同的看法，仅有50.75%的已婚青年持有相同的看法。未婚无恋爱对象和有恋爱对象两类青年在结构要素中具有高度的同质性，对待爱情的态度，可能是影响他们恋爱状态的重要因素。

除了在观念层面的择偶偏好及对待爱情的态度外，我们还考察了体制内青年的择偶行为。虽然相亲以及通过婚恋网站交友不是青年最喜爱的交友方式，但是依然有数量可观的体制内青年通过这两种形式结交朋友。60%的未婚无恋爱对象青年通过熟人介绍相亲，其中有47.06%的青年表示相亲对象成为过男（女）朋友；49.76%的未婚有恋爱对象的青年参加过相亲，其中58.83%的青年表示相亲对象成为男（女）朋友；59.79%的已婚青年参加过相亲，62.45%的青年表示相亲对象成为过男（女）朋友。虽然未婚无恋爱对象青年参加相亲的比例比较高，但相对于其他两类人群，他们的成功率相对较低。24.88%的未婚无恋爱对象青年通过婚恋网站认识过异性，其中成功率（成为男/女朋友）为62.9%。19.64%的未婚有恋爱对象的青年通过婚恋网站认识过异性，成功率约为67.59%。15.69%的已婚青年通过婚恋网站认识过异性，其中成功率63.42%。相比相亲，通过婚恋网站认识异性的比例更低，但成功率相对较高。

除了结构性因素外，表3还展现了主体性因素对"是否恋爱"和"是否结婚"的影响。从统计结果来看，主体性因素显著影响体制内青年是否进入恋爱状态和婚姻状态。对未婚青年来说，"为了等一个真爱而坚持单身"的青年，更不容易进入恋爱状态。不参加相亲活动和未使用过婚恋网站认识异性的青年更容易进入恋爱关系，这与前文的描述性结果是一致的。青年偏好的认识异性的方式是在"工作/学习中"，未能以理想的方式找到男/女朋友的青年，倾向于选择替代性方式：参加相亲活动、注册婚恋网站等。主体性因素也是影响青年"是否结婚"的重要因素，对于有对象的青年来说，相信"为了等一个真爱而坚持单身"的青年更不容易进入婚姻状态；同样的，参加过相亲的青年也更不容易进入婚姻状态，这与前文阐述的原因一致。

体制内青年的择偶偏好是结构和主体互动的产物，它既具有一定的相似性，也具有一定的主体差异性。受到相似环境结构的影响，北京市体制内青年在喜欢的择偶方式、看重的配偶特质、对待稳定婚姻的看法方面存在相似性；但他们也在对"门当户对"和"真爱"的看法方面及落实到行动的认识异性的方式上存在一定差异性。择偶偏好既可以引导青年的婚恋行为，也会受到婚恋经历的影响。三类群体对"真爱"的看法即影响了三类群体所处的婚恋状态；与此同时，

三类群体所处的婚恋状态也会反过来塑造他们对"真爱"的态度。此外，三类群体的交友方式的差别及成功率也影响了他们的婚恋状态。

四 结论与对策

青年的婚恋行为不仅仅受到人口结构、社会结构等结构性因素的影响，也受到择偶行为的主体性影响。结构性因素限定也拓展着青年的择偶范围和形式，主体性因素则代表着青年在可选择的范围和形式内的择偶行为。结构性因素与主体性互动的产物，即择偶偏好，则会引导着青年的择偶实践。形成社会风潮的择偶行为又会以社会情景的方式潜移默化地形塑着择偶偏好。

北京市体制内青年在社会经济结构层面上存在同质性，但户口、房产和车产等硬性结构因素既限制着一部分青年的择偶范围，也拓展了一部分青年的择偶自由。与此同时，社会经济结构上的同质性使得体制内青年在择偶偏好上存在一定的相似性，但青年的主体性又使得择偶偏好在某些方面存在着个体的差异。例如，三类青年对待爱情的态度不同，既影响了他们是否会恋爱、是否会结婚，他们的婚恋状态也反过来会塑造他们对待爱情的看法。没有脱离结构的主体性，也没有完全被结构限制的主体性。

总的来说，北京市体制内青年的恋爱状态主要受到主体性因素影响，受到结构性因素的影响相对较小；但体制内青年的婚姻状态则受到结构性因素和主体性因素的共同作用。因此，想要解决体制内青年婚恋难的问题，需要从结构和主体两个层面入手。从结构层面来看，推进户籍制度改革，科学合理平抑房价，减轻青年结婚的物质结构层面的压力，会改善北京市体制内青年的婚恋状况。此外，青年的交友结构也是影响青年婚恋的主要因素，41.68%的青年认为交友圈子太窄是单身的主要原因；因此，搭建青年交友平台，有效引导青年拓展交友范围，对解决青年婚恋难问题也具有一定现实意义。此外，还应出台整治监督网络交友平台、保障交友安全、保护网络交友个人信息安全等措施。从主体性层面来看，引导青年树立健康的爱情观、择偶观，鼓励青年走出自身的心理舒适区、积极有效拓展交友范围、勇敢尝试新颖的交友方式，对解决青年婚恋难问题也具有一定的效果。

B.3
情归何处？

——大城市青年对门当户对的看法与婚配现实

周宇香*

摘　要： 根据2016年北京青年婚恋状况调查数据，本文分析了青年人群在婚配过程中对"门当户对"的看法和婚姻匹配问题，并得出了以下结论：当代青年认可婚配中门当户对的重要性，但对门当户对的理解比父辈或传统社会更为多元化，追求夫妻双方价值观和人生观等价值层面的匹配，且不同群体间的观念存在差异；教育是改变人们对传统门当户对的理解的最重要因素之一；未婚情侣和已婚夫妻无论在出生地、户口等先赋性条件抑或在教育背景、职业等自致性条件上都表现出较高的同质性，且在先赋性条件上的同质程度要高于在自致性条件上的同质程度。拥有相似阶层的青年更可能具有相似的价值观、人生观，因此青年在观念上追求价值层面的匹配和在婚恋行为上追求物质层面的匹配并不矛盾。这些结论给我们提高单身青年婚恋活动的有效性具有一定启示意义。

关键词： 北京青年　门当户对　婚姻匹配

---

* 周宇香，中国人民大学社会与人口学院博士，研究方向为婚姻家庭、生育、性别等。

一 引言

婚姻是一种表明法律和社会承认男女之间的关系并将他们约束在一定权利和义务契约中的社会规范①。结婚作为人的生命历程中极其重要的环节之一，仍是当代中国社会的普遍现象，是青年走向独立、组成新家庭的重要标志。而在结婚之前，人们都对未来的婚配对象有一定的标准，在择偶过程中，也会遵循一定的匹配规律。在中国传统社会里，"门当户对"是重要的择偶标准和择偶制度，在以父母包办婚姻为主导的婚姻制度中，父母倾向于为子女选择与其家庭经济地位相当的配偶②。门当户对的婚姻在较高的社会阶层中意味着两个家庭或家族在政治、经济、社会关系等资源上的利益交换，通过这种相互匹配、互为扶持的婚姻模式巩固阶层内预期收益的极大化③。门当户对属于阶层内婚制，这种制度化的文化习惯使得婚姻逐渐成为一种维持既定社会结构的行为，鼓励上层阶层的未婚男女在本阶层内部选择配偶，而下层青年，特别是男性青年选择向上婚姻的"攀附"行为则会被歧视④。

随着中国改革开放和经济社会的快速发展，现代化的性别观念已经深刻影响了婚姻市场的婚配行为⑤，媒妁之言开始被自由恋爱取

① Bachrach, C., Hindin, M., & Thomson, E., "The Changing Shape of Ties that Bind: An Overview and Synthesis", In L J Waite, C. Bachrach, M. Hindin, E. Thomson & A. Thornton (Eds.), *The Ties that Bind: Perspective on Marriage and Cohabitation*. Hawthorne, NY: Aldine De Gruyter, 2000, pp. 3 – 16.
② 陆益龙：《"门当户对"的婚姻会更稳吗？——匹配结构与离婚风险的实证分析》，《人口研究》2009 年第 2 期。
③ 李后建：《门当户对的婚姻会更幸福吗？——基于婚姻匹配结构与主观幸福感的实证研究》，《人口与发展》2013 年第 2 期。
④ 张翼：《中国阶层内婚制的延续》，《中国人口科学》2003 年第 4 期。
⑤ 李煜：《婚姻匹配的变迁：社会开放性的视角》，《社会学研究》2011 年第 4 期。

代，个体特别是女性在婚姻上有更多的话语权，婚姻开始成为人们在相互抉择过程中自我实现的手段，这种婚姻的功能性不如传统社会中利益交换式的婚姻，而更强调婚姻本身的目的性①。在此背景下学者们开始思考——人们是否仍重视门当户对？于是，择偶的内婚性程度或是同质婚程度是否随着现代化进程逐渐被削弱成了长期以来婚姻匹配研究的核心问题。有学者强调，择偶实质上是一种以男女双方具备相似的资源为基础的资源交换行为，中国传统社会强调的"门当户对"正是这种同质性婚配②。为了追求婚姻收益的最大化，个体会选择与自身家庭条件、价值取向等方面相似的对象婚配，无论是从家庭生产函数极大化原理或从社会交换论的角度出发，学者都认为同质婚是婚姻结合的主要方式，同类人的婚配是最优的③。伴侣可能存在一定程度上的差异，但资源相近（如受教育程度）的婚姻更可能发生④，且教育、信仰等属性的匹配对婚姻稳定性具有明显影响⑤。虽然随着现代化的发展，我国一度消解了由财产占有制度而产生的阶层差别，但职业和教育等级差异带来的新生的阶层地位差异仍影响着人们的择偶标准，社会上也仍有部分人把配偶的家庭背景作为唯一的考量标准⑥，"门当户对"式的阶层内婚制度仍在我国延续，人们更倾向于在阶层内部或所属阶层等级地位临近的阶层中选择婚配对象⑦。

在此背景下，本文就要引出三个重要问题：（1）当代青年是否

① 高旭繁、陆洛：《夫妻传统性/现代性的契合与婚姻适应之关联》，《本土心理学研究》2006 年第 25 期。
② 李后建：《门当户对的婚姻会更幸福吗？——基于婚姻匹配结构与主观幸福感的实证研究》，《人口与发展》2013 年第 2 期。
③ 〔美〕加里·S. 贝克尔：《人类行为的经济分析》，王业宇、陈琪译，上海人民出版社，1995。
④ 李煜、徐安琪：《婚姻市场中的青年择偶》，上海社会科学院出版社，2004。
⑤ 陆益龙：《"门当户对"的婚姻会更稳吗？——匹配结构与离婚风险的实证分析》，《人口研究》2009 年第 2 期。
⑥ 秦海霞：《婚姻与纵向社会流动——上海市民的婚姻观念》，《社会》2003 年第 10 期。
⑦ 张翼：《中国阶层内婚制的延续》，《中国人口科学》2003 年第 4 期。

重视门当户对？（2）当代青年心中的门当户对是什么？（3）青年婚配对象的匹配情况如何？这三个问题的实质是要回答"门当户对"这种阶层内婚制在当代青年婚配过程中的体现，现代化的发展是将其终结，还是其适应新的形势后产生了新的内涵？

二　数据与变量介绍

（一）数据简介

为了回答前文所提出的问题，本文使用了 2016 年北京青年婚恋状况调查数据，本调查由共青团北京市委员会和对外经贸大学青年发展研究中心联合组织实施，依据科学抽样的原则，在不同区域、不同界别的青年中展开。调查对象为在京居住半年以上、大专及以上学历、20～36 周岁的青年人口，包括流动人口。调查内容主要包括人口信息、家庭信息、婚恋观念、住房状况等。将调查人群分为未婚无恋爱对象、未婚有恋爱对象、已婚、离婚尚未再婚四类，共收回有效问卷 5965 份。本调查涉及北京各行业青年婚恋的方方面面，内容翔实丰富，能够为分析北京青年婚恋状况提供有力的数据支持。

北京作为我国的首都和国际化的大都市，人口流动频繁，青年人群占比高，内部差异大，婚恋问题也较为突出，选该数据来研究青年人群的婚恋问题具有一定典型性。

（二）研究内容及变量解释

本文研究的对象是青年人群，研究的内容主要有两大部分：一部分是青年人群对门当户对的理解和重视程度，另外一部分则是青年人群择偶行为中所体现的匹配程度。第一部分主要用"您认为找配偶需要门当户对？"和"您认为门当户对中最重要的是？"两道题进行

分析。在择偶行为部分，考察的对象应该是已经发生择偶行为的青年，为更详尽地了解青年的行为，本文将发生择偶行为的青年人群分为未婚有恋爱对象青年和已婚青年，考察这些青年所处对象/配偶的特征与其自身特征的匹配程度，离婚、丧偶青年由于数量较少，不对其进行单独分析。

从前面的分析可以看到学界对婚姻匹配有多种理解，既有双方家庭经济条件的匹配也有双方受教育程度和职业的匹配。本文将婚姻匹配分为先赋性层面和自致性层面。先赋性因素指的是以家庭背景为代表的因素，比如家庭经济条件、出生地、户口，自致性因素指的是以个人能力和努力为代表的因素，如受教育程度、职业因素[①]。

三 城市青年对门当户对的看法

有学者认为虽然我国经济和社会不断发展，但门当户对的思想仍存在，同质婚仍是主要的婚配形式，虽然对家庭经济匹配的要求有所降低，但受教育程度、职业的匹配开始为人们所追求。因此本部分主要考察青年对门当户对的看法：在几十年的现代化进程中，"门当户对"这一概念是否被重新塑造？当代青年是否还重视门当户对中的家庭因素？当代青年是否重视"门当户对"？是什么因素影响了青年的想法？

（一）门当户对的含义

所谓的"门当户对"在封建社会主要是指同一阶层内部的通婚，对阶层主要以家庭经济社会地位作为考量，而改革开放后这种同一阶

---

① 李煜、陆新超：《择偶配对的同质性与变迁——自致性与先赋性的匹配》，《青年研究》2008 年第 6 期。

层内部的通婚被打破，人们的择偶行为更自由更多样化，受教育程
度、职业等个人因素开始被纳入门当户对的含义中。因此本文把
"门当户对"划分为双方家庭社会地位相似、双方价值观/人生观契
合、双方教育背景相似、双方收入水平相当等几个方面。数据显示，
把"门当户对"理解为双方价值观、人生观契合的青年占比最高，
占总体的73.91%，远远高于其他几个方面；其次是理解为双方家庭
社会地位相似，占比14.92%；理解为双方教育背景相似、双方收入
水平相当这两个方面占比较少，分别为6.59%和4.38%（见图1）。
这说明在北京青年的眼中，主要把"门当户对"理解为价值观和人
生观的契合，而非家庭背景的相似。

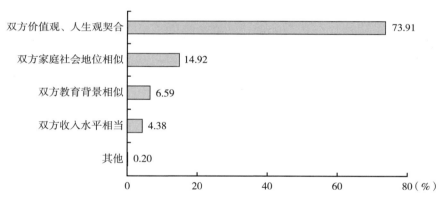

图1 北京青年对"门当户对"的理解

（二）什么因素影响了青年对门当户对的看法

具备不同特征的青年，对于门当户对的理解也存在差异。上文可
见超过七成的青年把门当户对理解为双方价值观、人生观的契合，那
剩余的把门当户对理解为双方家庭背景相似、教育背景相似和收入水
平相当的约三成青年具备何种特征？从人口学基本特征看，相对于把
门当户对理解为双方价值观、人生观的契合，男性比女性更可能把婚

姻的门当户对认为是双方家庭社会地位相似或双方收入水平相当；在年龄方面，年龄越小的青年越强调教育背景和收入水平的门当户对；比起价值观和人生观方面的门当户对，已婚的青年比未婚且无恋爱对象的青年更强调双方家庭社会地位和教育背景的门当户对，离婚青年则比未婚且无恋爱对象青年更强调双方收入水平的相似（见表1）。

表1 无序多分类 logistic 回归结果（odds ratio）

变 量	模型1（双方家庭社会地位相似、价值观/人生观契合）	模型2（双方教育背景相似价值观/人生观契合）	模型3（双方收入水平相当价值观/人生观契合）
	odds ratio	odds ratio	odds ratio
性别（女=0）	1.36***	1.19	1.79***
年龄	1	0.94***	0.94***
婚恋状态（未婚无恋爱对象=0）			
未婚有恋爱对象	0.9	0.92	1.23
已婚	1.32***	1.69***	1.26
离婚	0.83	0.69	2.96***
出生地（乡镇=0）			
县城/县级/地级市区	1.02	0.79*	1.21
省会/直辖市区	1.27**	0.53***	0.85
户口（外地户口=0）	1.23**	0.9	0.92
父母受教育程度（高中及以下=0）			
大专	1.01	0.86	0.85
专升本	0.83	0.92	0.93
大学本科	1.01	1.08	0.87
硕士/博士	0.93	1.39	0.88
受教育程度（高中及以下=0）			
大专	0.53***	0.54***	0.67*
专升本	0.56***	0.57*	0.56*
大学本科	0.39***	0.53***	0.29***
硕士/博士	0.28***	0.45***	0.13***

变　　量	模型 1（双方家庭社会地位相似、价值观/人生观契合）	模型 2（双方教育背景相似价值观/人生观契合）	模型 3（双方收入水平相当价值观/人生观契合）
	odds ratio	odds ratio	odds ratio
就业单位（党政机关/事业单位 =0）			
国有/集体企业	1. 26 **	1. 12	1. 34 *
外资/私民营企业	1. 01	0. 8	0. 85
学生	0. 74	0. 56 **	0. 47 **
其他	1. 11	0. 99	1. 03
常数项	0. 33 ***	0. 30 ***	0. 21 ***
样本	5681	5681	5681
Pseudo R-squared	0. 04	0. 04	0. 04

注：" *** "，$p < 0.01$；" ** "，$p < 0.05$；" * "，$p < 0.1$。

在先赋性个人特征方面，相较于双方价值观和人生观的契合，出生在省会/直辖市区的青年比出生在乡镇的青年更看重双方家庭社会地位的相似，出生在县城/县级/地级市区的青年比出生在乡镇的青年更看重双方收入水平的匹配，相反，出生在乡镇的青年比出生于县城/县级/地级市区或省会/直辖市区的青年更看重双方教育背景的匹配；而在户口特征上，拥有北京户口的青年要比外地户口青年更重视双方家庭的门当户对；父母的受教育程度则对儿女的门当户对看法无太明显影响。

在自致性个人特征上，相对于双方价值观和人生观的契合，青年的受教育程度越低，就越看重家庭背景、教育背景和收入水平的匹配；而在就业单位方面，就职于国有/集体企业的青年要比在党政机关和事业单位工作的青年更重视婚姻中家庭背景和收入水平的相似，学生群体则比在党政机关和事业单位工作的青年更重视教育背景和收入水平的匹配。

通过上述分析可知对门当户对含义的理解存在差异的人群特征：相对于把门当户对理解为夫妻双方价值观、人生观的相似，男性（相对于女性）、已婚（相对于未婚无恋爱对象）、出生于省会/直辖市区（相对于出生于乡镇）、具有北京户口（相对于外地户口）、就职于国有/集体企业（相对于党政机关/事业单位）、受教育程度较低的青年更看重婚姻中双方家庭背景的匹配，可见先赋性的阶层地位越高，越重视家庭这种先赋性婚姻资源的匹配；相较于把门当户对理解为夫妻双方价值观人生观的相似，年龄较小、已婚（相对于未婚无恋爱对象）、出生地级别较低、受教育程度较低、学生（相对于党政机关/事业单位）的青年更可能把门当户对理解为夫妻双方受教育背景的相似，可见出生地这类先赋性阶层越低，青年可能越会追求双方教育背景这类可通过后天努力获得的婚姻资源的相似，而学生这类青年在一定程度上可能会因其所在环境更追求具有相似教育背景的婚配对象，受教育程度这一后致性阶层越高则是让个人更趋向于追求夫妻双方价值观和人生观的相似；相对于把门当户对理解为夫妻双方价值观人生观的相似，男性（相对于女性）、离婚（相对于未婚无恋爱对象）、年龄较小、出生于县城/县级/地级市区（相对于出生于乡镇）、受教育程度较低、就职于国有/集体企业或仍在校读书（相对于党政机关/事业单位）的青年更重视双方收入水平的相似。

（三）青年择偶过程中对门当户对的重视程度

那当代青年在择偶过程中是否重视"门当户对"？从数据看，有72.25%的青年认为择偶过程中需要"门当户对"，27.75%的青年认为不需要"门当户对"。那不同人群对这一问题的态度是否有所差异？如表2所示，分不同人口特征来分析，在性别方面，女性青年认为"门当户对"的婚姻重要的比例（77.52%）要高于男性青年（65.75%），且这一差异是显著的；不同年龄的青年表示重视门当户

对的比例也存在明显差别，年龄越大，对门当户对持肯定态度的青年
比例越高，20～24 岁青年重视"门当户对"的比例为 64.05%，而
35～36 岁的青年则比这一比例高了 16 个百分点；分不同婚恋状态来
考察，已婚青年重视门当户对的比例最高，为 77.60%，其次是未婚
没有恋爱对象及未婚有恋爱对象的青年，离婚青年的比例最低，为
63.28%，且这四个群体的差异是明显的。由此可见在基本人口特征
方面，女性、已婚、年龄偏大的青年更认可婚姻应"门当户对"。

表2 分不同人口特征考察青年是否重视"门当户对"

单位：%

变量	是
性别	
男	65.75
女	77.52
年龄	
20～24 岁	64.05
25～29 岁	72.28
30～34 岁	79.20
35～36 岁	80.33
婚恋状态	
未婚无恋爱对象	69.89
未婚有恋爱对象	68.85
已婚	77.60
离婚	63.28

在先赋性个人特征，如户口、出生地和父母受教育程度方面，出
生地为省会或直辖市区的青年认为找对象应该门当户对的比例要高于
出生地为乡镇，县城、县级/地级市区的青年；有北京户口的青年认
同婚配门当户对的比例也高于外地户口青年，前者为 78.64%，后者
则为 64.16%；在父母的受教育程度方面，父母受教育程度越高，青

年认可门当户对的比例越高，父母受教育程度为高中及以下的青年认可门当户对的比例为64.32%，父母受教育程度为硕士/博士的青年比例上升至79.39%（见表3）。可见在先赋性个人特征方面，阶层越高，青年对门当户对婚姻的认同比例越高。

表3　分先赋性特征考察青年是否重视门当户对

单位：%

变量	是
出生地	
乡镇	65.43
县城/县级/地级市区	75.65
省会/直辖市区	82.30
户口	
北京户口	78.64
外地户口	64.16
父母受教育程度（取高值）	
高中及以下	64.32
大专	66.04
专升本	71.70
大学本科	76.85
硕士/博士	79.39

　　具有不同自致性特征的青年对门当户对的态度是否存在差异？从表4可见，在受教育程度方面，不同受教育程度的青年同意婚配应该门当户对的比例存在显著差异，受教育程度越高，青年认可门当户对的比例越高；在职业方面，在不同单位就职的青年认可门当户对的比例也存在显著差异，在体制内就职的青年对门当户对的认可比例要显著高于在体制外就职的青年，体制内的不同单位青年也存在差异，在党政机关或事业单位工作的青年比在国有企业或集体企业的青年更重视婚姻中的门当户对，前者比例为81.81%，后者则低了将近10个

百分点。可见与先赋性个人特征相似，自致性特征中也表现出阶层越高，认可门当户对的青年比例越高的特征。

表4　分自致性特征考察青年是否重视门当户对

单位：%

变量	是
受教育程度	
高中及以下	48.44
大专	58.49
专升本	68.35
大学本科	73.68
硕士/博士	84.06
就职单位	
党政机关/事业单位	81.81
国有/集体企业	72.41
外资/私民营企业	67.14
学生	69.56
其他	64.02

（四）小结

通过上述分析可见总体上当代青年仍认同婚姻中的"门当户对"，分个人特征考察，女性、已婚、年龄偏大的青年更易持有重视婚姻"门当户对"的态度，且无论是先赋性阶层还是自致性阶层，阶层越高，认同门当户对的婚姻的青年比例越高。虽然多数青年认同婚姻应门当户对这一观点，那他们理解的门当户对是否一致呢？从调查结果来看，多数北京青年对门当户对的理解倾向于双方人生观、价值观的契合，当然也有约30%的青年认为门当户对是双方家庭背景、教育背景和收入水平的匹配。分个人特征来看，男性、有

过婚姻经历、年龄较小的青年更易把门当户对理解为家庭背景、教育背景、收入水平等物质层面的匹配，先赋性阶层越高的青年越倾向于重视家庭这类先赋性婚配资源的匹配，而先赋性阶层越低的青年更可能会追求教育背景这类自致性婚配资源的匹配；受教育程度这类自致性阶层越高，青年更可能追求双方价值观、人生观契合这一非物质层面的门当户对，而非追求家庭背景、教育背景和收入水平的匹配。

从分析结果看，当代青年对于门当户对的理解与父辈或者说是传统社会对门当户对的理解是存在差异的，正如一位受访者所说："对老一辈人而言，门当户对就很简单地代表着家庭、金钱、权利（上的匹配）。到了后来，思想、学历、教养、价值观就成为门当户对的标准。"另一位受访者也表示："我对于门当户对的理解，不是金钱方面的匹配，而是思想境界上达成一致，在这方面能处在同一个层次、同一个频道就行。只要在价值观上是一致的，哪怕你穷而我富有。它不仅仅是说两家经济实力的平等，而是价值观、处事的方式是差不多的。当然两家物质方面是差不多的当然更好，这样各方面就完全匹配了。"可见相对于传统中国社会的门当户对，当代青年对其的理解增加了价值观层面的内容。但同时我们不能否认的是，价值观、人生观的相似离不开相似的成长背景，这种背景既可以是相似的家庭成长环境，也可以是相似的教育背景抑或就业环境，"不同的生长环境确实会对三观有一定的影响，如果家庭背景差距太大的话，婚后是会有很多问题的，如果一方的家庭是大学教授，另外一方父母是农民的话，可能很多生活习惯、自身观念也都不同"。

因此，虽然青年表示在婚姻上追求价值观和人生观等思想层面的登对，但在行为过程中极有可能表现出追求同阶层婚配的倾向。接下来本文会对青年在实际婚配行为中的匹配进行分析，考察其是否追求同质婚配。

四　恋爱双方的恋爱匹配

上述分析提到虽然随着社会现代化的发展，不同阶层的通婚已不如传统社会中一般较难实现，但人们仍倾向于在同一阶层内择婚。因此这部分及下一部分主要探讨当代青年的婚配行为问题，不同于以往研究的是，本文不仅考虑已婚夫妻的匹配问题，也考虑恋爱双方的匹配问题，对匹配的考量不仅纳入出生地、户口等先赋性条件，也考虑受教育程度、就业单位等自致性因素。

（一）未婚情侣双方的先赋性恋爱配对

在本部分，我们将分析未婚情侣双方的出生地和户口是否"门当户对"，把其作为先赋性阶层的考察因素。

从出生地的匹配情况看，无论是男性还是女性，出生地相同的恋爱匹配程度最高，青年更倾向于与自己出生地相似的青年恋爱（见表5）。且出生地类型的同质性呈现典型的 U 型分布：无论男女，处于两端的乡镇出生地和省会/直辖市区出生地同质性最高，女性约为70%，男性约为65%。但即使是出生于县城/县级/地级市区的青年，其恋爱对象与其出生地相同的比例也达到了约60%，可见出生地对青年恋爱的区隔作用十分明显。对比男女两性的匹配，被调查的男性青年与其恋爱对象的出生地同质程度要低于女性青年与其恋爱对象的出生地同质程度。

如表6所示，在户口的匹配方面，多数情侣的户口性质是相同的。对于女性青年而言，76.72%具有外地户口的女性也找了同样具有外地户口的恋爱对象，而男性青年这一比例更高，为83.41%；75.89%拥有北京户口的女性的恋爱对象也是北京户口，男性青年这一比例相对要低一些，为72.24%。可见户口对青年恋爱的区隔也非

表5　分性别未婚情侣出生地匹配状况

单位：%

被调查者出生地	恋爱对象出生地			
	乡镇	县城/县级/地级市区	省会/直辖市区	合计
女性				
乡镇	70.83	21.39	7.78	100
县城/县级/地级市区	23.95	62.74	13.31	100
省会/直辖市区	8.93	18.45	72.62	100
男性				
乡镇	65.43	26.42	8.15	100
县城/县级/地级市区	20.35	61.90	17.75	100
省会/直辖市区	14.37	19.76	65.87	100

常明显。同时，外地户口的女性要比外地户口男性更易找到具有北京户口的恋爱对象，前者比例为23.28%，后者为16.59%，有北京户口的男性要比有北京户口的女性更易找到外地户口的恋爱对象。可见如果不能找到户口同质的恋爱对象，男性青年倾向于向下择偶，而女性青年更可能向上择偶。

表6　分性别未婚情侣户口匹配状况

单位：%

被调查者户口	恋爱对象户口		
	外地户口	北京户口	合计
女性			
外地户口	76.72	23.28	100
北京户口	24.11	75.89	100
男性			
外地户口	83.41	16.59	100
北京户口	27.76	72.24	100

（二）未婚情侣双方的自致性恋爱配对

自致性婚姻匹配状况也是判断阶层内婚配程度的重要维度，有研究指出，双方在各种社会资源上相似的程度越高，自致性同类婚配的程度也越高[1]，那对于恋爱的青年是否也如此呢？本部分我们选取受教育程度和就业单位来分析未婚情侣自致性层面的匹配问题。

因教育是现代社会分层最重要的指标之一，代表着人们在社会中的地位和资源，也对家庭及未来的社会生活有重要影响，因此教育匹配也成了研究同质婚的重要指标[2]。从受教育程度来看，57.27%的未婚情侣受教育程度是一致的，同时21.94%的情侣是女性受教育程度高于男性，20.79%的情侣则是男性受教育程度高于女性（见图2）。相比而言，情侣双方的教育同质程度要低于出生地和户口。

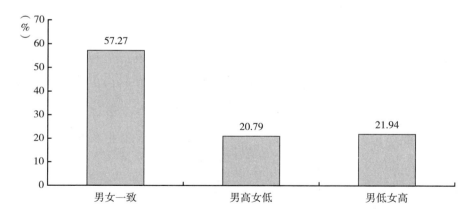

图2　未婚情侣受教育程度匹配状况

---

① 李煜、陆新超：《择偶配对的同质性与变迁——自致性与先赋性的匹配》，《青年研究》2008年第6期。

② 李煜、陆新超：《择偶配对的同质性与变迁——自致性与先赋性的匹配》，《青年研究》2008年第6期。

未婚情侣在教育背景上的同质性不仅体现在受教育程度上，在所获最高学历的学校性质上也有所体现（见表7）。学校性质类似的未婚青年更易成为情侣，如毕业学校为公立普通院校的青年的恋爱对象72.45%也来自公立普通院校。

表7　未婚情侣最高学历的学校性质匹配状况

单位：%

被调查对象最高学历的学校性质	恋爱对象最高学历的学校性质					
	民办高校	公立普通院校	非985的211院校	985院校	海外高校（含港澳台）	合计
民办高校	49.67	35.10	7.95	5.30	1.99	100
公立普通院校	6.57	72.45	8.81	10.21	1.96	100
非985的211院校	2.48	25.70	53.25	14.24	4.33	100
985院校	3.52	17.96	16.90	55.28	6.34	100
海外高校（含港澳台）	6.00	14.00	10.00	28.00	42.00	100

职业是现代社会经济分层体系的核心指标，也是判断社会成员社会地位最重要的指标之一，但直接比较职业类别高低差异在技术上存在一定困难，因此本文直接用就业单位来进行职业阶层的同质性婚恋分析。本文将就业人群分为体制内就业（包括国有/集体企业、党政机关/事业单位）、体制外就业（包括外资/私民营企业及其他）及学生三类就业人群。通过表8可见未婚情侣在就业单位方面也存在较强的同质性，无论男性青年或是女性青年，其与恋爱对象就业单位的相似皆超过了50%；另外体制内就业的女性青年找体制外就业的恋爱对象比例（37.47%）要高于体制内就业的男性青年找体制外就业的恋爱对象比例（33.17%），体制外就业的女性青年的恋爱对象在体制内工作的比例也高于体制外就业的男性青年找体制内工作的恋爱对象的比例，前者为35.22%，后者为30.28%。可见女性青年跨就业单位找寻恋爱对象的可能性要高于男性青年。

表8 未婚情侣就业单位匹配状况

单位：%

被调查者就业单位	恋爱对象就业单位			
	体制内就业	体制外就业	学生	合计
女性				
体制内就业	58.66	37.47	3.88	100
体制外就业	35.22	62.58	2.20	100
学生	18.03	28.69	53.28	100
男性				
体制内就业	57.92	33.17	8.91	100
体制外就业	30.28	63.09	6.62	100
学生	17.65	14.71	67.65	100

五 已婚夫妻双方的婚姻匹配

对未婚情侣的匹配分析发现情侣在户口、出生地等先赋性条件上有较高的同质性，在受教育程度、毕业学校、就业单位等自致性因素上匹配程度也很高，但户口、出生地方面的匹配程度明显要高于教育、就业方面的匹配。那已婚夫妻的匹配是否也呈现同样的特点？本部分将对已婚夫妻的匹配进行分析。

（一）已婚夫妻的先赋性婚姻配对

对已婚夫妻先赋性条件配对同样考察其婚前户口、出生地方面的匹配。

在出生地的匹配情况看，与未婚情侣的情况相似，对于已婚夫妻来说，出生地相同的婚姻匹配程度也更高，且出生地类型的同质性也呈现典型的U型分布（见表9）：处于两端的乡镇出生地和省会/直辖市区出生地同质性最高。与未婚情侣相反的是，被调查的男性青年与

其配偶的出生地同质程度要高于女性青年与其配偶的出生地同质程度。

表9 分性别夫妻出生地匹配状况

单位：%

被调查者出生地	配偶出生地			
	乡镇	县城/县级/地级市区	省会/直辖市区	合计
女性				
乡镇	74.44	15.08	10.48	100
县城/县级/地级市区	31.04	55.49	13.46	100
省会/直辖市区	16.67	17.59	65.74	100
男性				
乡镇	74.53	17.76	7.71	100
县城/县级/地级市区	26.73	56.44	16.83	100
省会/直辖市区	11.35	21.62	67.03	100

在户口的匹配方面，多数夫妻的户口性质也是相同的（见表10）。对于女性青年而言，76.61%具有外地户口的被调查女性青年也找了同样具有外地户口的结婚对象，而男性青年这一比例更高，为79.93%；82.32%拥有北京户口的女性的婚配对象也是北京户口，男性青年这一比例相对要低一些，为74.18%。可见户口对青年恋爱的区隔十分明显。同时，外地户口的女性要比外地户口男性更易找到具有北京户口的结婚对象，有北京户口的男性要比有北京户口的女性更易找到外地户口的结婚对象，这一点与未婚情侣的状况是相似的。与未婚情侣相比，有外地户口的青年与同样拥有外地户口的人结婚的比例要低于未婚情侣恋爱的比例，但有北京户口的人婚姻匹配程度要高于未婚情侣恋爱的比例。可见北京本地户籍青年更倾向于与同样具有本地户籍的青年通婚，这种本地域的通婚偏好与生活习惯、文化有

关，正如一个访谈对象所说："（我找对象）最好是本地，不是说我歧视外地，因为地域不同，不仅仅体现于户口，而是体现在生活的习惯上，生活的各个方面。比如说我喜欢吃麻豆腐，对方看到就恶心，如果将来结婚我天天吃这个她能受得了吗，这只是很小的例子，结婚以后地域的差异性会导致双方诸如此类的冲突和矛盾。生活习惯的差异一定一定要重视，两个人生活习惯搭不上很难走到一起。"

表 10　分性别夫妻婚前户口匹配状况

单位：%

被调查者户口	配偶婚前户口		
	外地户口	北京户口	合计
女性			
外地户口	76.61	23.39	100
北京户口	17.68	82.32	100
男性			
外地户口	79.93	20.07	100
北京户口	25.82	74.18	100

（二）已婚夫妻的自致性婚姻匹配

对已婚夫妻自致性婚姻匹配的考察也主要从教育背景和就业背景两个角度来分析。从受教育程度来看，50.44% 的夫妻受教育程度是一致的，同时 26.05% 的夫妻是女性受教育程度高于男性，23.51% 的夫妻则是男性受教育程度高于女性（见图 3）。可见，夫妻的教育同质程度要小于出生地和户口，同时夫妻受教育程度同质性也要低于未婚情侣。

夫妻教育背景的同质性在婚前所获最高学历的毕业学校性质上也有所体现。学校性质类似的青年更易成为夫妻，另外除了民办高校毕业的青年，其他院校毕业青年如果未找到与自己毕业院校相同的配

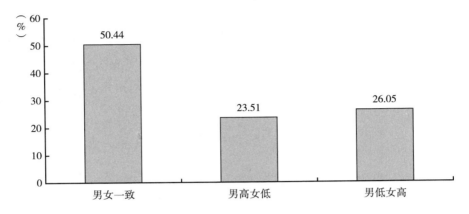

图3　夫妻受教育程度匹配状况

偶，更倾向于向下择偶，即找院校性质低于自己毕业学校的配偶（见表11）。

表11　夫妻婚前所获最高学历的毕业院校性质匹配

单位：%

被调查对象最高学历的学校性质	配偶婚前最高学历的学校性质					
	民办高校	公立普通院校	非985的211院校	985院校	海外高校（含港澳台）	合计
民办高校	47.46	41.24	5.08	3.95	2.26	100
公立普通院校	7.45	77.04	6.45	7.45	1.61	100
非985的211院校	3.34	30.40	47.11	17.93	1.22	100
985院校	2.19	27.95	13.42	53.42	3.01	100
海外高校（含港澳台）	8.57	25.71	14.29	28.57	22.86	100

在就业单位方面本部分主要考察体制内就业和体制外就业人群的婚姻匹配问题。通过表12可见夫妻在就业单位方面也存在较强的同质性，无论男性青年还是女性青年，其与配偶就业单位的相似皆超过了60%，这一比例高于未婚情侣的匹配程度。另外体制内夫妻匹配程度要高于体制外夫妻的匹配程度，这一情况与未婚情侣完全相反。

同时，对于体制外就业的女性青年而言，跨就业单位性质找寻婚配对象的可能性（39.38%）要高于男性青年（35.27%），但体制内就业的女性青年跨单位性质婚配的比例（31.95%）要低于男性青年（35.05%）。

表 12　夫妻婚前就业单位匹配状况

单位：%

被调查者就业单位	配偶婚前就业单位		
	体制内就业	体制外就业	合计
女性			
体制内就业	68.05	31.95	100
体制外就业	39.38	60.62	100
男性			
体制内就业	64.95	35.05	100
体制外就业	35.27	64.73	100

通过分析可见，对于已婚人群而言，夫妻双方在出生地、户口等先赋性因素上同质性较高，在教育背景、就业单位等自致性条件上匹配程度也较高。与未婚情侣相似，夫妻在先赋性条件上的同质程度要高于在自致性条件上的同质程度。

六　总结与讨论

综合上述分析，本文回答了文初引出的几个重要问题。

（一）当代青年对门当户对的理解趋于多元化

总体上当代青年仍认同婚配中应该"门当户对"这一观点，且无论是先赋性阶层或自致性阶层，阶层越高，认同门当户对的婚姻的青年比例越高。

与传统社会的理解不同，青年对门当户对的理解并不限于传统意义上双方家庭条件的登对，而是更强调双方价值观、人生观的相似。同时不同阶层、不同人群对门当户对的理解也存在差异，女性、没有婚姻经历、年龄较大的青年更易把门当户对理解为价值观这一非物质条件的匹配，而先赋性阶层越高，青年越倾向于重视家庭这类先赋性婚配资源的匹配；相反，先赋性阶层越低的青年越可能会追求教育背景这类自致性婚配资源的匹配。同时，教育是改变人们对传统门当户对含义理解最重要的因素之一，受教育程度越高，青年更可能追求双方价值观、人生观契合这一非物质层面的门当户对，而非追求家庭背景、教育背景和收入水平的匹配。

由此可见，当代青年对门当户对婚姻的理解与过去存在差异，更为多元化，更强调非物质条件的匹配，同时青年内部对门当户对的看法差异也较大。

（二）未婚情侣和已婚夫妻在先赋性和自致性层面都存在较高同质性

虽然青年在观念层面强调婚姻中价值观、人生观契合的重要性，但在行为层面表现出来的则是未婚情侣和已婚夫妻无论在出生地、户口等先赋性条件抑或在教育背景、职业等自致性条件上都具有较高的同质性。这种观念和行为上的差异在表面上看来是存在矛盾的，实际上是否真存在矛盾？其实不然。青年观念上十分强调婚恋中价值观念的相似性，这种价值观念的一致性不是一蹴而就的，而是需要相似的家庭背景、教育背景、工作背景等方面来保证，一个从小在北京、上海等大城市长大，在清华、北大等高等学府获得硕士、博士等高等学历的青年，和一个出身于农村，高中毕业就辍学去打工的青年如果要结婚组成家庭，是非常难以想象的。因此，我们在婚恋观念上看到青年强调价值观念的一致性，在婚恋行为上能够看到他们追求家庭、教育、工作的匹配。

另外，可看到无论是未婚情侣还是已婚夫妻在先赋性条件上的同质程度都要高于在自致性条件上的同质程度。虽然教育为社会阶层的流动打开了一个突破口，在上述分析中也可看到出生于乡镇的青年比出生于市区等地的青年更看重教育背景这一方面的匹配，但原生家庭社会地位的高低对青年的婚配过程仍有着非常重要的影响。这种影响一方面体现在父母社会资源对子女的传承上，另一方面体现在婚姻的阶层稳定性上[①]。同一阶层的青年，更可能具有相似的生活经历和成长背景，从而具备相似的价值观和人生观，虽然青年强调婚姻中价值层面的匹配，如果两个青年不在一个相似的成长氛围中长大，会很难具备一致的"三观"。因此，同一阶层的青年更容易相互吸引组成家庭，这种阶层内婚制的维持对社会阶层结构起着固化的作用，进一步对下一代的婚姻造成影响，形成一个循环过程。

以上这些结论启示我们，要重视教育、职业等新阶层条件对打破家庭背景等传统阶层内婚配壁垒的作用，政府在工作过程中需要公平公正地为各社会阶层提供机会，减少青年在成长过程中成长环境的差异性。另外，政府或有关机构在为单身青年组织婚恋活动时，若提前了解青年更重视哪一方面的婚恋匹配，并针对需要开展活动，或组织同质性较高的青年一同活动，对于提高这些活动的有效性可能大有帮助。

---

① 张翼：《中国阶层内婚制的延续》，《中国人口科学》2003 年第 4 期。

B.4
"自我文化"下"90后"单身青年择偶观探析

周 媛*

摘　要： 本文基于贝克在自己的个体化理论中提出个体"为自己而活"特征背后的文化框架——"自我文化",引入贝克个体化理论中的"自反性生活-自我文化-生平轨迹冲突"概念框架,分析单身青年择偶观体现的自我结构仪轨。本文以北京地区部分单身青年为研究对象,逻辑起点为"90后"单身青年的"自反性"生活下的自我建构,通过分析单身"自我文化"下的择偶观念,探究个体化进程中"90后"青年的择偶观念形成的原因。

关键词： "90后"单身青年　择偶观　"自反性"生活　自我文化　生平轨迹冲突

一　问题提出与研究方法

如果说"80后"青年成长在中国经济转型时期,那么"90后"无疑就是生长在互联网环境下的全球化信息时代。在"90后"青年的生平路径中,社会功能区已经高度分化,个体层面的认知受到来自

---

* 周媛,对外经济贸易大学公共管理学院硕士,研究方向为公共管理、青年问题。

传统与现代、社会与自我等多元价值观的糅合，个体必须独立思考自身生活轨迹的行动逻辑。传统文化的合理性不断被质疑，个体则在冲突、对话、协商、妥协中成为"自我文化"的积极塑造者。在"择偶－婚姻－家庭"观念形成时，各种矛盾的价值观念糅合到了一起，比如婚前性保守观念与西方性开放理念的糅合，"男大当婚、女大当嫁"与"独身主义"观念的糅合。2015年民政部数据显示，中国独居人口已经从1990年的6%上升到2013年的14.6%[①]，人们开始反思是否越来越多的人从"过渡性单身"向"主动单身"转变，"90后"青年即将成为进入第四次"单身潮"的一代，他们在择偶观念上有何特征，背后体现了何种逻辑，成为本文研究的重点。

在上述背景中，基于对"90后"单身青年择偶观的关注，本文采用同龄人对话的方式，调研者与研究对象均为20～27岁的"90后"单身青年，通过建立"共同情境"对13位北京"90后"单身青年进行了半结构化访谈。本文使用的访谈资料来自2016年北京青年婚恋状况调查，本调查由共青团北京市委员会和对外经贸大学青年发展研究中心联合组织实施，依据科学抽样的原则，在不同区域、不同界别的青年中展开。该课题的调查对象为在京居住半年以上，大专及以上学历20～36周岁的青年人口，包括流动人口。调查内容主要包括人口信息、家庭信息、婚恋观念、住房状况等。调查将调查人群分为未婚无恋爱对象、未婚有恋爱对象、已婚、离婚尚未再婚四类，共回收有效问卷5965份。本调查涉及北京各行业青年婚恋的方方面面，内容翔实丰富，能够为分析北京青年婚恋状况提供有力的数据支持。

首先，访谈者本身同样具有"90后"、"单身"、"居住在北京"等特点，便于其在文化同质性的理解上寻找到一些重合点，在生活观

---

① 《都市单身女性生存状态调查》，中国妇女研究网，http：//www.wsic.ac.cn/academicnews/77823.htm。

察和问题框架设计上力求探寻到更多"90后"单身青年共有的特质。其次，研究对象的职业类别涵盖了企事业单位职工、自由职业者、创业者、社会工作者、公务员等，学历多在大专及以上，经济相对独立。再次，深访流程为访谈者电话联系获得访谈对象许可，与受访者一对一在相对安静的公共场合进行谈话，访谈时间为每次2~3小时，先后将对话内容、空间观察、现场感受整理记录下来。最后，在访谈文本的基础上提炼观点，立足于深入探究与解读受访者的心态，引入个体化理论中的"自反性"生活、"自我文化"及"生平轨迹冲突"的概念框架来理解单身青年择偶观念背后的逻辑。

二 概念框架的引入：自反性生活－自我文化－ 生平轨迹冲突

个体化理论是社会学家长期以来在理论与现实中不断赋义与指涉的论题。涂尔干在分析从旧制度下的传统范式到新的工业社会制度安排中，提出社会动荡导致了失范性个体主义[①]；韦伯则认为由传统权威向法理权威的转变中，在人与人必要联系的弱化中出现了个体主义。当代社会学家则立足于传统范畴的"抽离"，鲍曼（2001）将个体化定义为确立个人合法的自主性，并对行动的后果承担责任；贝克（2002）则认为个体化进程是一种"超越地位与阶级[②]"的不再重新嵌入的"抽离"。本文的概念框架基于贝克以"第二现代性"为基础的"个体化"理论[③]，贝克的个体化理论涉及三个重要概念。

---

① 〔法〕埃米尔·涂尔干：《社会分工论》，渠敬东译，生活·读书·新知三联书店，2000，第234页。

② 〔波〕齐格蒙特·鲍曼：《个体化社会》，范祥涛译，上海三联书店，2002，第101页。

③ 〔德〕乌尔里希·贝克、伊丽莎白·贝克－格恩斯海姆：《个体化》，李荣山等译，北京大学出版社，2011，第14页。

"自反性"生活：即个体已经从反思性转向了"自反性①"。"自反性"个体被迫生活在风险环境中，他们试图从传统中"抽离"，形成自己新的思维与实践，却缺乏自我反思的时间和空间来建构这种生活，因此必须快速做出决策并且独自承担风险。因此，"个体化"概念是指把人的"身份"用强制性、义务性的社会地位自决，取代社会地位的被决。贝克将此概括为："生活中的个体，终生都要去解决各种系统矛盾②。"

自我文化：自我文化是在"个体化"进程中的一种"自我驱动"文化，不再以阶级划分为社会标志的根基，各阶级之间难以看出明显的差异，而是以"为自己而活"为价值观文化和政治动力。它的三个重要特征是：（1）自我表演——营造审美生活方式中存在着自我表演；（2）自由理念——内在化并且具有实践意识的自由行动理念；（3）自组织——辨别各种东西对自己的重要性从而做出决定与计划。

生平轨迹的冲突：自我文化产生的核心范畴是风险，现代化带来的风险体现在个体身上就是生平轨迹中各个部分的冲突，比如社会教育与家庭教育的冲突。动态社会的多元化、不连续性、异质化导致了个体认知边界上的模糊，从而让个人选择了一种"自主赋权"的人生。

综合上述概念，"自反性"生活是个体化进程中"自我文化"的表象，"自我文化"是对"自反性"生活的提炼与总结，而个体生平轨迹的冲突是形成"自我文化"后多重因素共同作用的逻辑，只有在现象的形态中发掘踪迹，才能追根溯源。因此，本文先从"90后"青年的单身生活与择偶观出发，发现"自我文化"中影响择偶观念

---

① 自反性：在贝克的个体化理论中，"反思"假定存在着必然的知识和确定性，而"自反性"个体则生活在知识不断被更新的环境中。

② 〔德〕乌尔里希·贝克、伊丽莎白·贝克－格恩斯海姆：《个体化》，李荣山等译，北京大学出版社，2011，第104页。

的各要素，最后挖掘"90后"的生平轨迹，厘清特征背后多重因素发挥的作用。

三 "自反性"生活：择偶中的自我建构

Markus从自我和他人关系的角度提出了"自我建构理论"，他认为个体的自我建构包含三个部分，即个体自我、关系自我与集体自我[①]。本文从"90后"的自我建构来理解其极力盼望彰显个性，却又要完成各种传统压力施予的任务，从而不得不变被动为主动的思维方式，即"自反性"特征。

（一）个体自我的建构：自由、自主、自我实现

"90后"的个体自我建构成长和熏染于互联网时代下的多元价值观，集体主义文化传承的断裂使大多数"90后"以自我为轴心构建生活。与"80后"不同的是，"90后"不再认可埋头苦干的奋斗理应成为追求目标，对底层个人力量足以改变世界的信念产生怀疑，相反，他们用"自由、自主、自我实现"来定义自我是其叙述话语的核心，在择偶问题中，"90后"单身自我定义为"独而不孤"的状态，其自我建构空间更多地来自社会关系互动后的反思，在"单身狗"的自嘲中，择偶观实际上也体现了这种自我定义。首先，这里的自由是在社会限制与个人原则范围内对思想、表达、行动受意志支配的独特性。他们认为无论"单"或"不单"，个人的自由都不能够被剥夺。一部分渴望"脱单"的青年希望双方都有较大的独立空间，择偶应建立在平等与互相尊重的基础之上；另一部分"独身主义者"

---

① Marcus, H. R., and Kitayama, S., *Culture, Self, and the Reality of the Social*, *Psychological Inquiry*, 2003, pp. 277 – 283.

也不排斥择偶，但是单身的状态可以让他们更好地体验自由生活，因为无人限制自己选择当"背包客"还是去参加社交活动。其次，"90后"的自我建构中很重要的一点就是不受他人支配，对自己的行为负责，即一种"自主"。无论是男性还是女性，在他们的观念中都不应让渡选择权。他们认为择偶是一个自主选择的过程，一旦认定对象，就应该自己主动选择策略去赢得对方的好感，尤其是对于女性来说，主动追求不再是什么"不矜持"的决定，追求一个对的人比主动还是被动的选择本身更为重要。反之，被追求的女性越来越少地选择被动接受，她们会渐渐反思——接受一个自己不爱的人是一种不负责任，在此问题上女性更认同主动拒绝的"不将就"态度。

> "去主动表达一下自己的好感、主动接近啊。如果你确定这个人是你想要的那个人的话，你应该不会想错过。"——F2[1]

最后，此次访谈对象均生活于北京，大部分访谈对象都承认，"90后"看重自我价值的实现，而大都市生活使得这种自我实现有来自"物质"和"精神"两个层面的考量。在物质层面，高消费带来的压力使他们被迫优先将时间精力投入忙碌的工作，经济基础是所有精神自我实现的前提，相比之下，择偶需求的紧迫性则在时空格局的压迫下被不断置后，这使得工作圈层占据了交友圈层，工作实践替代了择偶实践。

> "工作太忙了，压力也很大，整个人脑子里面基本上全是工作。我已经好久没有休息了，最近要到年底了，工作特别忙，一直都是在一种加班的状态，要不然就是在睡觉。没有时间也没有

---

[1] 为叙述方便，本文将访谈对象按照访谈时间进行了编码，其中 F 代表女性，M 代表男性。

太大的精力去找对象。"——F1

在精神层面，探索以兴趣为导向的精神世界是"90后"自我实现的一种路径，工作以外的时间他们倾向从自己的兴趣中汲取养分，崇拜并且渴望成为某一兴趣领域的"大神"。尤其是在大城市，各种以兴趣为原点的青年社群对"90后"有着惊人的集聚效应，"会玩"不会被理解为玩物丧志，反而彰显了个性与魅力，大部分访谈对象将单身的原因归结为自身的吸引力不足，并且也更倾向于先追求志趣或精神层面的自我实现，认为在此过程中择偶范围会自然而然地拓宽。

"可能也是我自身的问题吧，我比较挑女孩的性格。我觉得女孩喜欢你，首先是你自身的条件很好，无论是性格还是能力、智慧之类的，我没有达到女孩的要求，另外我自己还是有一点要求的，这可能导致了我没有找到。"——M5

（二）关系自我的建构：价值观、安全感、生活方式的共同体

关系自我意指从自我与他人的双向关系中来定义自我。择偶实质上就是在情感驱动中去构建一种亲密关系，而"90后"关系自我建构的基础是不破坏"自由、自主、自我实现"的个体自我，因此他们在建立亲密关系时优先考虑三方面的匹配，即共通的"价值观"、基于信任的安全感及可接受的生活方式。第一，他们承认经济与社会资本对个人的价值观影响显著，但是不认为物质因素是必要条件，无论经济地位在择偶中占多大的比重，价值观所揭示的性格、谈吐、举止、品味、生活方式才是形成"共同语言"的先决条件，他们会在此基础上，再去评估双方的经济、社会资本是否合适。受访青年F3在自己的择偶标准中说，"爱情"比"面包"更为重要，维持一段恋

爱关系是在思想上能够交流，在某些理念态度上可以达成共识。

> "我所认为的门当户对是两个人要处在差不多的经济水平，差不多的消费、思想观念，比如我跟他聊兴趣，我们两个人政治立场可以不一样，但是两个人之间必须要能够交流，但不用量化到学历标准，比如你是重点本科的，而他是个专科生，但你们两个人能够很愉快地交流，这个时候不是你拿的文凭是怎样的，而是你们能不能聊到一块去。"——F3

第二，多数单身青年的择偶动机都是来源于独自生活的不安全感，他们常常会在这种孤独与不安全感到达顶点时产生强烈的"脱单"愿望，但与此同时，更大的不安全感来自维持一段不信任的亲密关系，"90后"不断地反思安全感究竟来自他人还是自我，社会身份的复杂化，地域空间的流动性使得他们不断在关系自我中抽离并且重新适应，这导致了信任关系共同体越来越难以建立。在他们的话语中，婚恋网站或者"相亲"形式不受"90后"一代的喜爱，其中重要的原因就是没有"感情基础"会产生这种不信任，亲密关系本身就与不信任感无法交融，因此更多人宁愿单着也不愿意以相亲的形式恋爱。

> "着急不至于，只是比较孤单，毕竟是外地人，自己一个人在这边也没什么家人，比如一个人去医院看病，已经发烧得很厉害了，还要一个人去挂号缴费，一个人搬重物的时候发现根本搬不动，还有就是一个人在家做饭，吃不完。一个人会有挺无助的时候，这时候会觉得两个人挺好的，其他时间觉得一个人也不错。"——F11

> "我相过亲，其实我挺讨厌相亲的，相亲就是两个人把自己打扮得很亮丽光鲜，彼此都在装，内在什么样，大家都不知道。

我上次相亲是我同事给我介绍的，他一开始就跟我说他的家庭背景，说很多。我觉得喜欢他就是喜欢，不喜欢你说再多也没用。"——F8

第三，"90后"单身越来越意识到重构生活方式共同体的重要性，单身时他们追求过一种属于自己的精致生活，而恋爱以至结婚是重建两个人的精致生活。步调的不一致、习惯的不兼容及生活细节上的冲突都会成为亲密关系的裂痕，因此他们更加认同婚前"同居"，且认为深入交往正是要在不断调整、磨合中重构共同的生活方式。

"跟前男友生活在一起后，发现他有许多自己无法容忍的缺点。他比较娇生惯养，不能吃苦，太容易对周边的事情抱怨，没有担当；我们两人都从事艺术创作，性格都比较自我，在一些事情上很难达成共识。"——F8

（三）集体自我建构：角色压力下"和谁结婚"？

集体自我是个人在团体成员中对自己的定义[①]。社会功能区的分化已经使个体担任着各类社会角色。"90后"一方面在建构一个有别于传统的独立、自由、精致的生活，另一方面又独自承担着来自家庭和社会的压力。在原生家庭角色中，"90后"独生子女居多，受到家庭较多的关注或期望，多数父母对他们"何时结婚"与"和谁结婚"有着自己的一套标准。在家庭角色的压力下，他们认为自己应该为结束单身做出一些努力，在择偶标准中将父母的标准纳入考量，但是又不愿意在感情问题上匆忙将就，更愿意等待爱情

---

① 王沛、贺雯主编《社会认知心理学》，北京师范大学出版社，2015，第5页。

出现。在社会角色中，大龄单身常常被指摘为"剩男"或"剩女"，"90后"单身青年虽然暂时坚持自我的信念，但是对未来也存在恐惧，因为大龄单身青年面临着更严峻的择偶困境，选择空间越来越窄，独自生活的制度环境压力越来越大，显然社会制度还跟不上个体不断延迟婚龄的步伐。

> "父母催得非常厉害，家里催得非常的急，基本每周、每次打电话、视频都会聊到这个问题，十次还能有一次吵起来。因为表哥今年结婚了，嫂子还怀孕了，所以妈妈就更急了，觉得别人家其乐融融，你不在我身边还找不到对象。家长到处托人帮忙找对象，找亲戚朋友认识在北京的男孩，把我的简历到处发，问朋友在北京的亲戚有没有认识的男孩子之类的。"——F2

四 "自我文化"形成的择偶观

在贝克的个体化理论中，"自我文化"是一种不再以阶级地位为根基，而是以"为自己而活"为新的价值取向的自我驱动文化。"自我文化"呈现了自我表演（审美方式的塑造与管理）、自由理念（实践意识的内在化）、自组织（辨别外界事物对自身的重要性并进行筛选和组织）等特征，在"自我文化"的驱动下，"90后"青年在择偶中呈现新的特点。

（一）"自我表演"下理想配偶的塑造

大多数"90后"单身青年注重塑造一种专属于自己的品质生活，生活中的每一个细节都要符合自己的审美方式，比如床单、衣服、吊坠等私人物品背后都是一种自我印记，其目的并不仅仅是展现给他人

自我形象，而是构造自我的审美方式与独立空间。在择偶观上，"90后"经常调侃"颜值"的重要性，相信"荷尔蒙"的激发是确定关系的前提。但是这种"颜值"并不是完全看脸，而是对对方外在形象塑造的考量，比如男性在看女性时，对长发还是短发、甜美还是成熟气质的偏好都是一种自己审美方式的投射。在与"90后"青年的对话中，多数单身越来越坚定地认为他人眼中的"合适"也取代不了自己"没感觉"。他们或多或少能说出韩剧、美剧、二次元动漫中自己追求的理想配偶，两个人即使拥有了诸如收入、阶层、家庭情况等条件的"同质匹配"，他们也会觉得"感觉"不对。但是所谓的"标准苛刻"不能完全用来形容这种理想化，大多"90后"同样厌恶无自知之明之人，不相信浪漫的爱情童话，而是认为现实的爱情至少不至于破坏自己塑造的生活方式与生活节奏。

"我觉得自己一个人挺开心的。因为你不用再找一个人，不用根据对方的生活节奏来调整（自己的生活）。平常还需要联络感情、经常联系啊。我这个人比较懒。我在网上看见一个说法是不谈恋爱的人归根结底还是因为懒。这么多年自己已经有了自己的生活节奏和生活习惯了，不想再因为别人进行改变了。"——M8

"我有时候也在想，我不想找对象的原因会不会是把这部分感情寄托在偶像身上了。我是双鱼座嘛，是生活在幻想里的人，可以通过幻想满足（愿望）的。对择偶也没有特别的向往，因为我不想找对象，所以也没什么标准。"——F11

"我是会先看他的短板。我也觉得自己生活挺好的，干吗为了结婚而降低自己的要求呢？干吗去跟自己看不上的人朝夕相处呢？如果你看不上这个人，朝夕相处多郁闷呀。"——F13

（二）"自由理念"下的择偶实践

贝克在"自我文化"阐述中的"自由理念"是一种以实践为特征的理念，齐美尔曾经指出，自由不是单纯的行动自由或者思想解放，而是对自身特殊性的一种保留①，这种实践与"自我保留"意识下的"自由理念"不断内化于"90后"的思维与行动中。他们的择偶实践是以"共同语言"为目标的，在学习或工作中结识的对象会因为共同经历而产生"共同语言"，因而与自己的同学或同事交往的依然居多；除此之外，越来越多的人倾向于以兴趣为中心的交往活动，热衷于将自己的闲暇时间丰富化，但是不局限于面对面的交流，这种兴趣空间可以以网络社区为基础建立线下联结。通常这些"兴趣点"都来源于线上资源的分享，如"饭圈"、二次元圈、电竞圈等，"90后"可以在"兴趣同质圈"以内无话不谈，但是在"兴趣异质圈"中表现冷漠，因此因兴趣而结识的择偶实践成为越来越多年轻人的选择。

> "我觉得书店举办的兴趣交友活动好，要是以读书或者兴趣活动为主题的话，那大家肯定都是对读书感兴趣的。起码我们在书的方面有得聊，我们做不成恋人还能做朋友。"——F12

> "我想的是能遇到就遇到，不想为了结婚而结婚。婚姻应该是比较美好的吧，之前看一段话说，中国人说外国人随便，见一面就可以上床；外国人也说中国人随便，见一次面就可以结婚。外国人的婚姻观念其实是比较成熟的，两个人必须特别合适，经历了很长时间的磨合了，认定对方是自己生命中不可缺少的那个人了再来结婚，这样我觉得是比较好的婚姻。"——M6

---

① 张阅：《齐美尔城市社会学思想述评及其现代意义》，硕士学位论文，华中师范大学，2013，第16页。

（三）"自组织"下的"择偶"时间投入

自我文化的最后一种特征是"自组织"①。"自组织"是系统论中的观点，意指系统通过内在机制的作用，不断变得精细和复杂的过程。自我文化下的个体不再依靠外因的主宰作用，而只考虑各种与自身有关因素的"微观决策②"。"宅"是"90后"业余时间的标配，他们不仅认为这是大都市繁忙工作缝隙中的一种解压，更是一种探索自我的方式。许多青年承认自己的"脱单"需求十分强烈，但否认自己过去一年为"脱单"做出了很多努力。他们对财富的认知不再是金钱那么简单，"时间支配权"对"90后"来说是一种更为重要的财富——角色的多样化，交通中所浪费的时间，上班与开会中虚度的时间都是"时间支配权"流失，而"支配自己的时间"意味着自决权利、做自己喜欢的事等无法用金钱衡量的价值。在个案访谈中发现，相对于刻意花费时间"相亲"，他们更习惯在单身生活中探索自我。M6是一个工科毕业的在职青年，他大多数闲暇时间都在网络游戏中度过，除了工作同事以外，通过建立虚拟－现实的联系，与线上的游戏伙伴偶尔进行线下的聚会与旅行，相比直接的线下交友，游戏中共同的伙伴使其更有安全感。M9坦言闲暇时喜欢一个人的短期旅行，在旅途中用摄影记录风景，"背包客"的旅行可以认识更多陌生人，也是与自己对话的一种方式。"90后"视自我世界为一片有待开发的区域，对孤独感有着较强的适应力，与其在社交中忍受"群体性孤独③"，不

---

① 〔德〕乌尔里希·贝克、伊丽莎白·贝克－格恩斯海姆：《个体化》，李荣山等译，北京大学出版社，2011，第106页。

② J. Math. Phys. *Time Evolution of a Two-dimensional Model System.* 14：pp. 746－759.

③ 群体性孤独：雪梨·特克儿在《群体性孤独》中指出年轻一代的"电子土著"的三种状态：一是从现实世界抽离，通过社交网络工具把自己标为不在场的人；二是虚拟与现实世界可以随时交互切换；三是同一时间可以进行多任务处理。现实在场的无交流，而依赖虚拟在场的联系可称之为"群体性孤独"。

如先让自己对兴趣领域足够了解再与他人分享。

> "但我也不是很急，因为我觉得一个人其实也蛮好的。我觉得没什么，屌丝惯了，其实也挺喜欢这种生活的。有的时候你要替姑娘着想，这也是人家看不上你的一个原因吧。"——M1

五　生平轨迹冲突：择偶困境背后的矛盾

在个体化理论中，"自我文化"发展背后的逻辑来自个体人生轨迹各个部分的共同作用，我们通过考察"90后"青年的生平轨迹来发现这种"自我文化"下形成的择偶观，可以更深刻地发现其择偶偏好与特征中的某些矛盾。

（一）矛盾之一：地域流动中的融入性矛盾

第一，户口、房产导致的身份区隔。随着市场经济的发展和城市化进程的加快，许多"90后"从原生家庭开始已经发生地域性流动，户口与房产的获得出现了先赋性角色与自致性角色的区隔。与上一代不同的是，"90后"向中心城市的流动更多地源于教育资源在中心城市的聚集，文化资本向经济资本实现转化的路径愈来愈艰难，户口与房产设置的高门槛使年轻一代不得不将其纳入择偶的考量因素。按照"同质匹配"中的相似性与邻近性原则[1]，传统理论认为人们偏好选择统一社会阶层内的配偶，阶层的差异直接划分了交际圈。但是，地域流动使其原来的社会阶层与新的城市融入并不一致，中小城市的

---

[1] 李煜、陆新超：《择偶配对的同质性与变迁——自致性与先赋性的匹配》，《青年研究》2008年第6期。

"贵族"来到大城市也面临着无法扎根的问题，因此"房产"与"户口"在婚姻"资源交换"中起到了一定作用（即北京户口与房产所带来的物质与非物质权利上的一系列收益，使无法通过自己能力得到这些的外地人倾向通过婚姻来取得），这使一部分女性倾向于通过"男高女低"的择偶梯度①来进行阶层的向上流动。在这个问题上，本地与外地青年就存在着一定的分歧，通过比较本地与外地的访谈对象发现，北京本地人主观上更愿意与本地人结婚，他们认为双方成长环境差异会造成价值观不匹配，同时担心外地人的功利性意图会造成以后更多的家庭冲突。但是外地户口青年在"北京户口"的看法上较"80后"有所转变，尤其是女性，她们认为与其通过婚姻来获得北京户口，不如转向通过工作来获得。除此之外，离开北京也是"90后"的备选项之一，越来越多的"90后"外地青年对自己是否留在北京无法抉择，他们担心户口上的不平等会造成家庭话语权的不平等，从而产生家庭矛盾。这些认同上的冲突在两性关系中成为一种"多重选择"风险的内在化，使得"90后"青年在大城市身份融入中形成持续性的"认同挣扎"。

> "即使留京可能也不会买房，不是北京的人可能想要留京就还想着嫁个北京人呢，但是女生不敢找北京人。这种情况女生很没安全感，万一离婚了，而且她的父母也会给她提建议，提得多了想法就会很多，男方也还好，所以可能这样女孩子的问题会比较多。这种情况父母会非常影响女孩子的想法，可能女生需要知足一点吧。"——M12

---

① 李煜、徐安琪：《择偶模式和性别偏好研究——西方理论和本土经验资料的解释》，《青年研究》2004年第10期。

第二,"底层奋斗"文化造成的认同分化。"90后"单身青年对于留京工作与生活大多有一些共识,即他们从原来熟悉的环境和角色中"抽离",要在新的环境下争取到"床位",他们认为自己暂时是制度保护缺失的一批人,同时假定自己的去留选择是可变动的,因此,"底层奋斗"文化是外地青年认同的一种文化。大多数"90后"不会把择偶放在首要位置去考虑,而认为应该先获得一份有户口的工作,然后才能选择到条件更优的配偶。他们在这种"底层奋斗"的过程中将自己的时间排满,打工、考证、提高学历、出国留学、创业,许多单身青年在疲于"为自己而活"的过程中,没有时间和意愿去花费额外的精力或搜索专门的途径来考虑择偶。外地单身青年的另一个择偶困境是,他们在融入这个城市的过程中,一方面认为,选择一个北京人结婚是一条收益最大化的捷径,另一方面又主观上不认同北京人"安逸"、"享乐"的生活节奏,尤其是外地女性在择偶标准上更加重视"追求上进"的品质,她们来到北京不是为了过不如家乡的生活,而是寻求一个更好的平台去提升自己和后代的生活质量,在这一点上,"底层奋斗"文化成为外地人与北京人价值观上的鸿沟。

> "北京的男生可能相对来讲要稍微安逸一些,因为大部分北京人不需要拼命奋斗就能得到想要的,以前也有老北京人讲过:现在社会上的精英阶层大部分都不是北京人,所以就算北京人在我的面前,我也可能不会选他们。我之前也相亲过北京的人,他们以享乐生活为主。但是作为外地人来北京我希望能在这扎根,能在这里做出点成绩来,有这么个潜在的意识,虽然我现在还很落魄吧,但是觉得自己至少还有一个目标。我也有想过,可能跟我最合适的还是外地人。"——F10
>
> "两个人要能够共同进步,我在往前走你也要自我进步,不

分男女，其实女生也是这样的，要是男生一直在进步，你不进步，他迟早会把你抛弃的。男生说很多时候找女生什么都不在乎，其实这只是一时的，如果你要跟他两个人建立长久的婚姻关系，一直在一起，你就必须要跟他一起进步，达到同等的思想水平，这样在婚姻关系里才能有同等的话语权。他们可能刚开始看到你漂亮、觉得你好，然后就想得到你，但是过了这一阵，可能他都不知道自己会做什么，因为有很多优秀的女孩儿在外面，又漂亮又会干事，他就会开始比。你没点进步，可能就留不住他。"——F2

（二）矛盾之二：代际冲突中需求共同体的"裂痕"

第一，"90后"家庭关系：观念割裂的需求共同体。"90后"多数成长在"计划生育"时期的核心家庭中，与父母的关系不再是羞于情感表达的情感关系，而是一种更为平等与亲密的关系。两代人在择偶问题中实质上是一个需求共同体，但是由于生平路径的不同却出现了对共同目标的差异化解读，这使得需求共同体被迫割裂。相比过去的代际关系，平等协商为这种"裂痕"的弥合创造了可能，一旦出现了沟通、理解上的严重差异则会使"裂痕"更大。从"90后"的生平路径来说，全球化开启了一种多元功能逻辑，即两性交往、婚姻家庭观念不应是一成不变的，而应是一个更加自由的领域，女权主义、同性恋、开放的性关系都在这个文化场域中求同存异地存在着，"90后"观念中没有什么权威或者两性关系的共同标准，而是呈现一种去传统化的特征，越来越多的人选择一种"随自己意愿而过的人生"。因此分歧就在于他们的"去传统化"观念怎么迎合父母的传统观念，他们既要权衡父母对自己择偶的要求，以在情感上尊重父母，又不愿意被外在因素所"强迫"，因此观念上的分歧使得越来越多青年的择偶标准模糊化、拖延主观认定的择偶时机，以及谨慎选择择偶对象。

第二，择偶标准"裂痕"："物质"与"价值观"的代际差异。在择偶过程中，代际需求共同体实际上都是在认同"同质匹配"的基础上选择（子女）对象，但是优先级指标却存在显著的代际差异，即父母衡量子女配偶优越性的标准在于对方已获得的经济资本，而"90后"更倾向于把价值观，并且是与自己相同的价值观纳入首要考量的方向。从布迪厄的文化－社会－经济资本流动理论①来理解，文化资本来自家庭与学校投入一个人身上的经济资本，好的教养与品位最终还是来源于家庭的物质基础，也就是说，"价值观"的同质匹配可能仍然会实现"物质"上的同质匹配，当代的择偶标准仍然会导致"阶层内婚"，但是在个体化进程中，"90后"追求的已经不是简单符号化的价值观，而是与自己相似的价值观，纳入了许多横向的评判指标，比如兴趣、取向、自我独立、同情心与进取心等。

> "说实话，北京的孩子，婚姻方面受父母的影响是非常大的，说白了就是北京的孩子腰杆不硬，很多东西得靠家里，没法对家里说以后咱们就保持正常的父子关系，什么都不靠家里了，很难这样做。因此在选择方面受到家里的影响比较多。很多感情都一样，家里不同意，即使结婚也得不到家里的祝福，有时候家里的意见会影响到这段感情能不能继续。这就是贫贱夫妻百事哀。因此现在就多攒钱呀。"——F6

---

① 〔法〕高宣扬：《布迪厄的社会理论》，同济大学出版社，2004，第22页。

六　结语

本文在观察与理解"90后"青年的择偶观念中对其具有"自反性"特征的自我建构进行了陈述与归纳，在此基础上引入了贝克个体化理论中关于"自我文化"的核心意涵——"被迫的独立"，解读单身青年择偶观上某些共同特征。笔者发现"自我文化"下，单身青年的择偶困境主要表现在个体自我建构的目标与社会系统强加的责任不断存在着对话与冲突上，如择偶标准的代际差异、理想与现实配偶的矛盾、强烈需求与行动拖延等。贝克给我们的启示是，所有这些现实的情境与表现，可以从"90后"个体的生平路径上寻找其观念上形成的逻辑或原因，从访谈过程中得知，地域流动的融入性矛盾与代际观念的"裂痕"在其生平路径中占有较为突出的位置，新旧因素的并存使得年轻人开始反思传统和自身，也通过反思探寻新时代下的择偶观念与实践，这也是"个体崛起"在中国社会语境中的某些鲜明特征。如何使"90后"单身青年摆脱这种困境、解决冲突、弥合裂缝成为亟须解决的问题。从当下青年的发展趋势来看，社会对多元文化观念的包容和不断更新成为一种必然的趋势，青年在现实中的择偶观会随着时间推移和经验的积累而愈发清晰，但是在传统与去传统的碰撞中必然会出现部分突围者，为多元社会提供新的婚姻家庭模式。

B.5
从恋爱到婚姻的时间距离

祁　静*

摘　要： 文章根据 2016 年北京青年婚恋状况调查数据，分析了北京市已婚青年与配偶从相恋到初婚所经历的时间及其影响因素。结果表明，北京青年平均经历 28.82 个月 （2.4 年） 的恋爱期后结婚。回归分析的结果表明，受教育程度较高的男性青年，恋爱时间更长。对男性来说，男方家庭经济实力更强，缩减了男性的恋爱时间，有助于男性进入婚姻状态。无论是男性还是女性，通过相亲的方式恋爱有效地缩短了恋爱的时间，使得青年群体快速地进入婚姻。文章对从恋爱到婚姻的时间距离的分析有助于我们更好地认识当前青年人婚恋模式的最新情况，理解婚姻家庭发展中的最新变化。

关键词： 时间距离　恋爱　婚姻　北京青年

一　问题的提出

从人的生命历程来看，恋爱和婚姻是人生的重要组成部分。人们

---

* 祁静，中国人民大学社会与人口学院博士，研究方向：青年发展、迁移流动与健康。

通常认为，婚姻是恋爱的结局，并以此来判断恋爱成功与否。但是很少人关注从恋爱到婚姻的过程，对适婚人群来说，与一个人恋爱多久后结婚？本文关注青年群体与配偶从恋爱到结婚的时间长度，将之定义为从恋爱到婚姻的时间距离，简称"恋爱时间"。

目前，关于恋爱时间的定量研究并不多，涉及定量数据的只有两篇，主要来自新闻报道。一篇是，国外知名交友网站调查了 2000 多名英国男性和女性，发现他们从第一次约会到结婚，平均时间为 3 年又 2 个月①，即为 38 个月。另一篇是，新加坡社会学家保林·斯特劳恩分析 1026 名已婚者和 827 名离婚者后得出结论，对一般情侣来说，谈恋爱时间最好不要短于 6 个月。恋爱时间较长的情侣，婚后不和甚至离婚的概率比恋爱时间较短的夫妻要低，这一结论为"速配婚姻不稳定"提供了有力支持②。其他相关文献以抒情或情感类文章为主，对本研究的参考意义较小。

西方国家已经经历第二次人口转变，在婚姻和家庭领域发生了广泛而深刻的变化。在中国，第二次人口转变也正在影响青年群体的婚恋观念和行为，特别是"80 后"和"90 后"青年群体，他们的婚恋模式出现了新趋势。主要体现为传统的"男大女小"的婚配模式有所改变，"女大男小"的婚配模式成为一股潮流；"适婚"、"婚前财产公证"等现象增多③。在这些新趋势的背后，体现出了当代青年对社会急速变迁和婚配条件变化的应对。此外，大龄青年"不婚"情况也引起社会的广泛关注，特别是在北京、上海等大城市"剩男剩女"现象更为突出。"剩女现象"、"父母逼婚"导致了青年人的

① 《婚恋之旅要多久？网站总结男女婚恋时间表》，http：//news. xinhuanet. com/world/2016 – 01/19/c_ 128640655. htm，2017 年 7 月 15 日。
② 《新加坡社会学家调查发现：恋爱期越长，婚姻越持久》，《中国新闻网》2017 年 7 月 15 日。
③ 张巍：《大都市单身青年"婚恋焦虑"现象调查及成因分析》，《当代青年研究》2014 年第 6 期。

"婚恋焦虑","闪婚"、"闪离"现象增多①。可以说,这是一种"中国式的婚姻焦虑",是社会发展到一定阶段各种原因导致的一种代与代之间关于婚姻问题的一种冲突②。

从以上新现象可以看出,我国青年人群从恋爱到婚姻的时间距离有两种:一是,相比于传统社会的"适龄而婚",大都市越来越多的年轻人将生活重心放在个人发展上,选择"只恋爱不结婚",或者成为"晚婚族",甚至从"晚婚"转变到"超晚婚"、"不婚族"③。在这一过程中,恋爱时间不断延长,初婚年龄不断推迟。二是,"剩男剩女"的增加,使得适龄未婚人口面临着单身压力,这种压力不仅来自父母、朋友,甚至会带来普遍化的社会焦虑④。从而,在父母亲友的催促下,在朋友同事的压力下,青年人通常选择以相亲的方式实现从恋爱到婚姻的快速转换,成为"闪婚族"。这导致青年群体只经历了短暂的恋爱时间就进入婚姻状态。

针对以上现实情况,本研究关注在第二次人口转变的背景下,青年群体的恋爱时间及其影响因素。本文主要考察以下两个问题:一是,分析北京青年从恋爱到结婚的时间距离;二是,考察哪些因素会影响北京青年从恋爱到婚姻的时间的长短。

二 数据、理论与方法

(一)数据来源

本文使用的数据来自 2016 年北京青年婚恋状况调查,本调查由

---

① 张巍:《大都市单身青年"婚恋焦虑"现象调查及成因分析》,《当代青年研究》2014 年第6 期。

② 《80 后 90 后婚恋模式出现新趋势:女大男小婚姻明显增多》,《中国新闻网》2017 年 7 月 15 日。

③ 胡小武:《城市性:都市"剩人社会"与新相亲时代的来临》,《中国青年研究》2010 年第 9 期。

④ 胡小武:《城市性:都市"剩人社会"与新相亲时代的来临》,《中国青年研究》2010 年第 9 期。

共青团北京市委员会和对外经贸大学青年发展研究中心联合组织实施，依据科学抽样的原则，在不同区域、不同界别的青年中展开。调研对象为在京居住半年以上、大专及以上学历的 20~36 周岁的青年人口，包括流动人口。调查内容主要包括人口信息、家庭信息、婚恋观念、住房状况等。将调查人群分为未婚无恋爱对象、未婚有恋爱对象、已婚、离婚尚未再婚四类，共收回有效问卷 5965 份。本调查涉及北京各行业青年婚恋的方方面面，内容翔实丰富，能够为分析北京青年婚恋状况提供有力的数据支持。

本研究使用已婚青年样本数据，为保证青年之间恋爱时间的可比性，本文选取婚姻状态为初婚的青年进行分析，筛选出初婚青年 2120 人，其中男性 807 人、女性 1313 人。最终进入模型的有效样本量为 2001 人，其中男性 757 人、女性 1244 人。

（二）理论与研究假设

青年群体的恋爱时间与其初婚年龄密切相关，因此，本文在探讨影响青年恋爱时间的因素时参考了关于初婚年龄的相关研究。

已有大量研究关注青年群体初婚年龄推迟的现象。研究发现，经济发展、就业压力、受教育水平提高[1]、昂贵的婚姻市场费用、婚前性行为和同居现象的普遍增加等因素对青年进入婚姻起到了推迟作用[2][3]。

1. 个人教育与恋爱时间

高校扩招使得大量青年有机会接受高等教育，整体上推迟了青年

---

[1] 刘昊：《高校扩招对我国初婚年龄的影响——基于普查数据的分析》，《人口与经济》2016 年第 1 期。

[2] 王仲：《结婚年龄之制约性条件研究——平均初婚年龄为什么推迟了》，《西北人口》2010 年第 1 期。

[3] 崔小璐：《高知大龄未婚女性的婚恋问题浅析》，《西北人口》2011 年第 5 期。

群体的初婚年龄①。随着个人受教育程度的提高，在校学习的时间延长也客观上推迟了结婚年龄②，对于在学习中已经认识恋爱对象的青年来说，这也延长了他们的恋爱时间。对青年群体来说，在求学过程中婚姻与学业存在竞争关系。Thornton 等人的研究表明，学生角色和婚姻角色存在不相容性，学生在求学过程中大多需要依赖父母提供经济支持，如果在这一过程中进入婚姻，可能会影响其学业，也不利于履行家庭责任③。因此，接受过高等教育的青年更可能处于未婚状态，初婚年龄更晚④。结合上述情况，本文提出假设：

假设 1：受教育程度越高的青年，恋爱时间越长。

2. 家庭经济实力与恋爱时间

人们常说，恋爱是两个人的事情，婚姻涉及两个家庭。当青年人打算从恋爱状态转为婚姻状态时就不得不考虑双方的家庭状况。在婚姻匹配中，自古以来，对方家庭的经济实力一直被视为非常重要的考虑因素。对比双方家庭经济实力可能出现三种结果：男方家庭好于女方家庭、女方家庭好于男方家庭和双方家庭差不多（门当户对）。

在现实的婚配模式中，女性总是期待寻找比自己条件更好的男性，属于"向上婚"的婚配模式，因此如果男方家庭经济状况更好，有利于双方进入婚姻状态。如果女方家庭经济状况好于男方，与女性"向上婚"的婚配模式不符，可能会延长进入婚姻状态的时间。因此，本研究提出以下假设：

假设 2：对比双方家庭经济实力，男方家庭经济实力较强的恋

---

① 刘昊：《高校扩招对我国初婚年龄的影响——基于普查数据的分析》，《人口与经济》2016年第 1 期。

② 王鹏、吴愈晓：《初婚年龄的影响因素分析——基于 CGSS2006 的研究》，《社会》2013 年第 3 期。

③ 王鹏、吴愈晓：《初婚年龄的影响因素分析——基于 CGSS2006 的研究》，《社会》2013 年第 3 期。

④ 宋健、范文婷：《高等教育对青年初婚的影响及性别差异》，《青年研究》2017 年第 1 期。

人，恋爱时间较短。

3.恋爱方式与恋爱时间

这是一个恋爱自由、婚姻自主的年代，也是一个对恋爱方式兼容并包的时代。随着社会的发展，青年人的恋爱方式也在不断变化。常见的恋爱方式是在学习和工作中相识相恋，最后进入结婚。以相亲的方式走入婚姻在中国社会自古有之，但是近年来相亲的内容和形式却发生了较大的变化。传统的相亲方式包括父母亲戚介绍、朋友同事介绍；随着互联网时代的到来，各种相亲网站、交友软件和以相亲为目的的兴趣小组，甚至电视相亲、父母代为相亲已经变得非常普遍。

"剩人社会"催生"新相亲时代"①，在城市化的背景下，为了解决青年的婚恋问题，相亲成为新时代婚姻匹配的重要方式。相亲使双方信息匹配更加直接，以相亲的方式进入婚姻状态比自然相恋更加快速高效。

假设3：通过相亲的方式择偶的青年，其恋爱时间较短。

（三）主要变量及其操作化

本文的研究对象为20～36周岁的已婚青年，考察他们从恋爱到结婚的时间距离。为了更准确反映从恋爱到结婚之间的时间长短并具可比性，本研究仅涉及初婚状态的青年群体。基于上文所述研究假设，本部分进行变量的选取和操作化。

本研究的因变量为恋爱时间。具体测量问题为"您与您配偶确认恋人关系多久后结婚?"，对这一变量以"月"为单位进行统计，属于连续变量。因此，本文使用多元线性回归模型对北京青年的恋爱时间及其影响因素进行分析。

---

① 胡小武：《城市性：都市"剩人社会"与新相亲时代的来临》，《中国青年研究》2010年第
9期。

　　核心自变量包括个人与配偶的受教育状况、婚前双方家庭经济实力和恋爱方式。个人与配偶的受教育程度包括"高中及以下"、"本科/大专"和"研究生"三个维度，将"高中及以下"设定为参照组。婚前双方经济实力分为"男方家更好"、"女方家更好"、"两家差不多"和"不清楚"，以"男方家更好"为参照组。恋爱方式有"学习/工作中认识"、"相亲①"、"社交网站"和"偶遇及其他"四个方面，以"工作/学习中认识"为参照组。

　　控制变量主要从本人特征和配偶特征两方面进行考虑。个人特征包括基本特征和婚恋状况。基本特征涉及性别、出生队列（"1980 年以前"、"1980～1984"、"1985～1989"和"1990～1996"，"1990～1996"为参照组）、户籍状况（"北京户籍"和"非北京户籍"，"北京户籍"为参照组）、城乡状况（"城镇"和"农村"，"农村"为参照组）和工作单位［"党政机关/事业单位"、"国有企业/集体企业"、"外资/中外合资/私有企业"、"学校（学生）"和"其他"，"党政机关/事业单位"为参照组］，婚恋状况主要有恋爱次数（"1次"、"2 次"和"3 次及以上"，"1 次"为参照组）和初婚年龄（连续变量）；配偶特征包括基本情况、婚前物质条件。配偶的基本情况包括性别（"男性"和"女性"）、出生队列（"1980 年以前"、"1980～1984"、"1985～1989"和"1990～1996"，"1990～1996"为参照组）、婚前户籍状况（"北京户籍"和"非北京户籍"，"北京户籍"为参照组）、婚前城乡状况（"城镇"和"农村"，"农村"为参照组）和婚前工作单位［"党政机关/事业单位"、"国有企业/集体企业"、"外资/中外合资/私有企业"、"学校（学生）"和"其他"，"党政机关/事业单位"为参照组］，婚前物质条件包括婚前是否有住

---

　　① 问卷中的相亲具体包括朋友/同事/邻里介绍的相亲、父母/亲人介绍的相亲和各类机构组织的相亲。

房（"是"、"否"和"不清楚"，"是"为参照组）、婚前是否有车辆（"是"和"否"，"是"为参照组）、婚前是否有学区资质（"是"、"否"和"不清楚"，"是"为参照组）。主要变量及统计描述见表1。

表1　主要变量及其统计描述

变量名称	变量分类	被访青年		配偶	
		人数	比例	人数	比例
性别	男	807	38.07	1313	61.93
	女	1313	61.93	807	38.07
出生队列	1980 年以前	0	0.00	138	6.51
	1980～1984	803	37.88	724	34.15
	1985～1989	1041	49.10	939	44.29
	1990～1996	276	13.02	319	15.05
户籍状况	北京户籍	1408	66.42	1274	60.09
	非北京户籍	712	33.58	846	39.91
城乡状况	城镇	1305	61.88	1340	63.87
	农村	804	38.12	758	36.13
受教育程度	高中及以下	124	5.85	208	9.81
	本科/大专	1428	67.36	1499	70.71
	研究生	568	26.79	413	19.48
工作状况	党政机关/事业单位	713	33.63	477	22.50
	国有企业/集体企业	590	27.83	679	32.03
	外资/中外合资/私有企业	500	23.58	664	31.32
	学校（学生）	14	0.66	42	1.98
	其他	303	14.29	258	12.17
婚前经济条件					
是否有房产	是	—	—	479	22.59
	否	—	—	1600	75.47
	不清楚	—	—	41	1.93
是否有车辆	是	—	—	453	21.37
	否	—	—	1667	78.63

续表

变量名称	变量分类	被访青年		配偶	
		人数	比例	人数	比例
是否有学区资质	是	—	—	307	14.48
	否	—	—	1621	76.46
	不清楚	—	—	192	9.06
婚前家庭经济实力	男方家更好	576	27.17	—	—
	女方家更好	620	29.25	—	—
	两家差不多	829	39.10	—	—
	说不清	95	4.48	—	—
恋爱经历					
恋爱次数	1 次	621	30.09	—	—
	2 次	628	30.42	—	—
	3 次及以上	815	39.49	—	—
恋爱方式	学习/工作中认识	1071	50.52	—	—
	相亲	804	37.92	—	—
	社交网站	130	6.14	—	—
	偶遇及其他	115	5.42	—	—
初婚年龄(岁)		2081	26.10	—	—

注：数据来自①北京青年婚恋状况调查。总样本量为2120人，个别变量样本有缺失，比例中的分母为各自变量的相应样本量。"—"表示数据未获得。

②配偶的户籍状况、城乡状况、受教育程度、工作状况、经济条件等数据是婚前的情况。

通过描述统计，可以大致了解，本次调查的北京市青年以女性居多，占61.93%。"85后"（1985~1989年出生）青年占近一半的比例。拥有北京户籍（66.42%）、来自城镇（61.88%）的青年居多。绝大多数青年接受了高等教育（本科/大专及以上），主要在党政机关/事业单位（33.63%）和国有企业/集体企业（27.83%）工作。

从恋爱经历来看，被调查的北京青年恋爱经历较为丰富，近40%的青年有过3次及以上恋爱经历。约50%的青年在学习/工作中认识现配偶并相恋结婚，37.92%的青年通过相亲的方式认识现配偶。

对比婚前双方家庭经济实力发现，两家差不多的比例较多（39.1%），女方家更好的占29.25%，男方家更好的占27.17%。婚前配偶有房、有车和有学区资质的比例不高，分别为22.59%、21.37%和14.48%。

三 研究发现

（一）描述性结果

表2显示了样本数据中北京青年平均恋爱时间在不同自变量间的差异。总体来看，北京青年平均恋爱28.82个月（标准差为0.578个月）后结婚，即平均恋爱时间为2.4年。男性平均恋爱时间为28.22个月（标准差为0.917个月），女性平均恋爱时间为29.20个月（标准差为0.744个月）。

无论从总体情况看还是分性别来看，随着受教育水平的提高，北京青年的平均恋爱时间逐渐延长。受教育程度对女性恋爱时间的延长时间多于男性，具有研究生学历的女性平均恋爱时间为33.28月（标准差为1.660个月），男性研究生的平均恋爱时间为31.38个月（标准差为1.773个月）。

一直以来，人们在进入婚姻状况之前不仅会考虑对方的个人条件，而且会对家庭经济实力进行综合考虑。对女性而言，在婚姻匹配的过程中以"向上婚"为主。一般而言，女性更倾向于寻找比自己家庭经济状况好的男性。样本数据显示，对比双方家庭经济实力，男方家更好的青年恋爱时间更短，平均恋爱26.07个月（标准差为0.999个月）后结婚；女方家更好的青年恋爱时间更长，平均恋爱30.93个月（标准差为1.129个月）后进入婚姻状态。在分性别的对比数据中也显示出同样的趋势。

表 2　北京青年平均恋爱时间在不同自变量间的差异

单位：月

变量名称	总体情况		男性		女性	
	均值	标准差	均值	标准差	均值	标准差
总样本	28.82	0.578	28.22	0.917	29.20	0.744
本人受教育程度						
高中及以下	19.79	1.881	18.37	3.107	20.63	2.374
本科/大专	28.14	0.681	27.73	1.123	28.38	0.858
研究生	32.53	1.223	31.38	1.773	33.28	1.660
家庭经济实力						
男方家更好	26.07	0.999	25.82	1.482	26.29	1.355
女方家更好	30.93	1.129	30.82	2.141	30.98	1.331
两家差不多	29.43	0.955	29.12	1.461	29.64	1.257
说不清	26.40	2.289	24.95	3.657	27.41	2.951
恋爱方式						
学习/工作中认识	38.85	0.937	37.78	1.471	39.53	1.214
相亲	16.73	0.492	15.80	0.706	17.29	0.662
社交网站	22.72	1.927	22.43	3.179	22.93	2.418
偶遇及其他	26.91	1.870	30.79	3.446	25.00	2.199

随着社会的发展，青年群体的恋爱方式变得越来越多元化。不同恋爱方式下的恋爱时间存在较大的差别。总体来看，在学习/工作中认识的青年平均经过 38.85 个月（标准差为 0.937 个月）恋爱后结婚；通过社交网站认识而恋爱的青年平均经过 22.72 个月（标准差为 1.927 个月）后结婚；通过相亲的方式认识而恋爱的青年平均经过 16.73 个月（标准差为 0.492 个月）进入婚姻殿堂，完成相遇、相知、相守的过程。可以说，相亲大大加速了青年群体的恋爱进程。通过对比性别差异发现，通过"学习/工作中认识"、"相亲"和"社交网站"恋爱的男性进入婚姻的时间快于女性；通过"偶遇或其他"方式恋爱的女性进入婚姻的时间快于男性。

（二）回归分析结果

表3为对北京青年恋爱时间影响因素的回归分析，分为总体、男性和女性三个模型进行探讨。总体来看，三个模型的最终解释力（R-squared）分别为19.6%、21.5%和21.0%，并且模型的P值均为0.000，说明模型具有较好的解释力并且高度显著。

表3 对影响北京青年恋爱时间的回归分析及性别差异

变量名称	总体	男性	女性
核心自变量			
本人受教育程度（参照组：高中及以下）			
本科/大专	3.872	9.114*	1.494
研究生	4.943	9.689*	3.097
婚前家庭经济实力（参照组：男方家更好）			
女方家更好	3.435**	7.487***	1.235
两家差不多	1.764	3.743*	0.349
说不清	1.485	5.371	−0.273
恋爱方式（参照组：学习/工作中认识）			
相亲	−20.540***	−20.940***	−20.320***
社交网站	−14.070***	−13.950***	−14.310***
偶遇及其他	−10.280***	−4.992	−12.140***
控制变量			
本人出生队列（参照组：1990～1996）			
1985～1989	−4.995**	−9.653**	−2.648
1980～1984	−4.855*	−11.590**	−2.200
本人城乡状况（参照组：农村）			
城镇	2.166*	3.008	2.080
本人户口性质（参照组：北京户籍）			
非北京户籍	−1.304	−0.172	−2.833
本人工作单位（参照组：党政机关/事业单位）			
国有企业/集体企业	0.780	−0.376	2.026

变量名称	总体	男性	女性
外资/中外合资/私有企业	− 0.133	4.339	− 2.363
学校(学生)	7.663	9.482	7.417
其他	2.523	5.947 *	1.441
恋爱次数(参照组:1 次)			
2 次	− 7.137 ***	− 4.714 **	− 8.285 ***
3 次及以上	− 9.735 ***	− 5.001 *	− 13.260 ***
本人初婚年龄	9.235 ***	7.079	11.720 ***
本人初婚年龄的平方	− 0.172 ***	− 0.126	− 0.221 ***
配偶出生队列(参照组:1990~1996)			
1985~1989	4.963 ***	9.052 ***	1.837
1980~1984	5.128 **	11.000 ***	1.778
1980 年以前	3.239	3.140	0.746
配偶受教育程度(参照组:高中及以下)			
本科/大专	− 1.224	− 3.684	− 1.140
硕士及以上	− 1.478	− 2.064	− 2.501
配偶城乡(参照组:农村)			
城镇	− 1.073	− 4.678 **	0.184
配偶户口性质(参照组:北京户籍)			
非北京户籍	− 0.338	− 0.302	0.017
配偶工作单位(参照组:党政机关/事业单位)			
国有企业/集体企业	1.528	0.816	2.334
外资/中外合资/私有企业	1.643	− 1.192	3.256
学校(学生)	2.857	4.059	− 0.812
其他	2.079	− 3.397	4.944 *
配偶婚前是否有房产(参照组:是)			
否	1.319	2.686	1.757
不清楚	− 4.319	− 4.906	− 2.925
配偶婚前是否有车(参照组:是)			
否	0.143	− 1.894	0.913
配偶婚前是否有学区资质(参照组:是)			

变量名称	总体	男性	女性
否	1.939	3.416	1.087
不清楚	-1.473	-0.900	-1.746
截距	-87.600**	-67.140	-115.100**
样本量	2001	757	1244
R-squared	0.196	0.215	0.210
模型显著性P值	0.000	0.000	0.000

注：***p<0.01，**p<0.05，*p<0.1。

首先，本研究关注受教育程度对北京青年的恋爱时间的影响。从整体模型来看，在控制其他变量的前提下，受教育程度越高，恋爱时长有所延长，但是并没有统计学上的显著差异。分性别来看，在男性模型中，不同受教育程度的男性在恋爱时间上存在显著差异。在控制其他变量的前提下，研究生学历的男性和本科/大专学历的男性恋爱时间分别比高中及以下学历的男性延长9.689个月和9.114个月。但是，在女性模型中，受教育程度对青年恋爱时间的影响未见统计学上的差异。由此，本文的假设1"受教育程度越高的青年，恋爱时间越长"得到部分支持。这一假设，仅在男性样本中得到验证。

其次，本研究进一步验证婚前家庭经济状况对北京青年恋爱时间的影响。通过总体模型可以看出，在控制其他变量后，相比较于男方家庭经济实力更好，女性家庭经济实力更好的青年恋爱时间更长，平均恋爱时间增长3.435个月，并在统计学上具有显著性。对男性而言，女方家庭经济实力更好或者两家经济实力相当都会延长男性青年的恋爱时间，分别延长7.487个月和3.743个月，并在统计学上具有显著差异。对女性而言，女方家庭经济实力更好会延长其恋爱时间，但是影响并不显著。假设2"男方家庭经济实力较强的恋人，恋爱时间较短"在总体模型和男性模型中得到验证，在女性模型中未得到验证。

值得注意的是，无论从总体还是从男性和女性的角度来分析，恋爱方式的不同显著地影响青年群体的恋爱时间的长短。特别是，相亲极大地缩短了青年的恋爱时间。具体来看，在控制了其他变量后，相比于在学习/工作中恋爱并结婚，通过相亲的方式恋爱到结婚的时间减少了 20.54 个月，通过社交网站认识配偶的青年恋爱时间减少 14.07 个月，通过偶遇或其他方式认识配偶的青年恋爱时间减少 10.28 个月，并且均具有统计学上的显著差异。在男性模型和女性模型中也显示出以上趋势，并且具有统计学上的显著差异。因此，假设 3 "通过相亲的方式择偶的青年，其恋爱时间较短" 得到了验证。

此外，在控制变量中，不同出生队列的青年恋爱时间存在显著差异。在总体模型中，控制其他变量后，相比 "90 后"（1990～1996 年出生）青年，"85 后"（1985～1989 年出生）和 "80 后"（1980～1984 年出生）的恋爱时间更短，并具有显著差异。这可能的原因是，对于 "80 后" 和 "85 后" 而言，如果还没有恋爱，他们更可能选择 "相亲" 的方式恋爱结婚，这极大地缩短了恋爱时间。恋爱次数显著地影响青年群体从恋爱到结婚的时间，相对于只有一次恋爱经历的青年来说，拥有多次恋爱经历的青年最后进入婚姻的恋爱时间相对较短。

最后，关于初婚年龄与恋爱时间的关系需要进一步分析。在总体模型中可以看到，随着初婚年龄的推迟，青年恋爱时间有所延长；加入初婚年龄的平方项后，随着初婚年龄平方的增长，青年恋爱时间略微缩减。这说明，青年的初婚年龄与恋爱时间的关系呈现 "倒 U 型" 曲线，即随着初婚年龄的推迟，青年群体的恋爱时间是先不断延长，然后不断缩减。在现实生活中，较早或较晚结婚，但是恋爱时间较短现象可以理解为青年群体中的 "闪婚族"。但是，这两种青年 "闪

婚"的原因可能不尽相同，前者可能是源自年轻气盛所带来的冲动，后者可能多是向现实和年龄所带来压力的妥协。

四　结论与讨论

恋爱期是青年群体从单身角色转换为已婚角色的重要中间阶段。然而，当前我们对青年群体恋爱状况关注不够，少有涉及对我国青年从恋爱到婚姻的时间距离的定量研究。本研究使用2016年北京青年婚恋状况调查数据，重点关注北京市青年的恋爱时间及其影响因素，并从性别差异的角度进行验证。

研究结果表明，北京青年平均恋爱28.82个月后进入婚姻。男性平均恋爱时间为28.22个月，女性平均恋爱时间为29.20个月，两者在时间长度上不存在显著差异，但是在影响恋爱时间的因素上存在性别差异。受教育程度较高的男性青年，恋爱时间更长。受教育程度对恋爱时间的影响未在女性青年样本中体现出来。对男性来说，男方家庭经济实力更强，缩减了男性的恋爱时间，有助于男性进入婚姻状态。这一点未在女性样本中体现。无论是男性还是女性，通过相亲的方式恋爱显著地缩短了恋爱的时间，使得青年群体快速地进入婚姻。

在第二次人口转变的背景下，结合我国现阶段社会背景及青年群体婚恋状态，本研究提出了可能影响青年恋爱时间的研究假设，受教育程度和家庭经济状况对青年恋爱时间的影响得到部分验证，恋爱方式对青年恋爱时间的影响得到完全验证。这说明，青年的恋爱方式，特别是相亲正在深刻地影响着他们的婚恋状况。

现阶段，相亲市场异常火爆，但也可谓"乱象丛生"。"中国式相亲价目表"曾在网络上引起广泛讨论，在价目表中，相亲者的父母将"户籍、收入、房产、学历"等条件列为挑选儿女相亲对象的硬性指标①，甚至将"生肖属羊"一票否决。这让一些适婚青年无所适从，觉得荒唐却又无奈。我们对青年婚恋状况的关注不能只着眼于"门当户对"等物质条件，还需要关注"性格、品行"等内在的条件，这样匹配的婚姻才能更和谐美满。而恋爱的过程就是不断发现对方和自己是否匹配的过程。谈恋爱时间较长，有利于双方感情的磨合，有助于从婚姻中获得心灵和情感的寄托，实现精神上的契合。较长的恋爱周期可以提供充分的时间长远地考虑婚姻问题，从而有利于婚后生活的和谐②。当然，我们不能否认相亲是一种高效的婚姻匹配方式，它能够明确地提出婚恋要求，快速地找到合适的配偶。虽然恋爱磨合的时间短，但是也能获得幸福的婚姻生活。

由于数据限制，本研究也存在一些不足之处。首先，本研究关注从恋爱到婚姻的时间距离，只涉及对时间长短的测量，未涉及对相处质量的测量。如果能够加入恋爱相处质量的相关内容，能够更加深入地分析从恋爱到婚姻的距离的影响因素。其次，缺乏婚前同居的相关信息。已有研究表明，当前我国有 10% 的居民具有初婚前同居经历。其中，在年轻群体中这一比例更高。特别是在近期结婚的人群中，有 1/3 的人群选择同居③。婚姻不再是恋爱的终结，也不是组成家庭的唯一方式，同居关系的形成也被视为家庭形成的标志④。那么，对青年群体来说，婚姻似乎不再是人生的必选项。婚前同居无形中影响青年群体从恋爱进入婚姻的时间，甚至会影响他们决定是否结婚。

---

① 《中国式相亲价目表：我儿子才33，不考虑没北京户口的姑娘，有户口残疾也行》，《凤凰网》2017 年 7 月 15 日。
② 《新加坡社会学家调查发现：恋爱期越长，婚姻越持久》，《中国新闻网》2017 年 7 月 15 日。
③ 於嘉、谢宇：《我国居民初婚前同居状况及影响因素分析》，《人口研究》2017 年第 2 期。
④ 於嘉、谢宇：《我国居民初婚前同居状况及影响因素分析》，《人口研究》2017 年第 2 期。

综上所述，了解青年群体从恋爱到婚姻的时间距离及其影响因素，不仅涉及青年群体的"闪婚闪离"、"晚婚不婚"等重要话题，也涉及恋爱方式的变化给青年婚恋状况带来的新变化。随着相亲内容和形式的多样化、婚前同居日益普遍化，未来更需要关注青年群体从恋爱到婚姻的时间距离变化情况，进而针对青年的婚恋状况更加深入地分析和讨论。

B.6
大城市青年的结婚压力及其性别差异

范文婷*

摘　要：　基于 2016 年北京市婚恋调查，研究发现约 57.95% 的
北京单身未婚青年承受着结婚带来的心理压力，男性
与女性之间并不存在显著差异。分性别来看，对于接
受过高等教育的男青年来说，收入确实会影响对结婚
压力的感知，但是存在溢时作用，即当年龄增长时低
收入带来的结婚压力会增加；此外家庭特征也会影响
北京男青年的婚姻压力，"农村务农家庭"青年的结婚
压力明显更大。与其他较低受教育程度的女性相比，
研究生学历的女性更有可能感受到结婚压力，且压力
值随着年龄增长明显增加。与男性相同的是，女性最
大的婚姻压力来自父母，其次是自己。

关键词：　北京青年　结婚压力　性别

一　问题的提出

长久以来，中国是一个崇尚普婚普育文化的国家，直至今日，婚

---

* 范文婷，西南交通大学公共管理与政法学院教师，研究方向为青年群体、婚姻家庭与人口老
龄化等。

姻的地位与作用仍然非常重要。近年来，随着现代化进程的推进以及社会发展，我国的婚姻家庭结构也呈多元化发展趋势。

首先，适婚期青年处于未婚状态的比例明显增加，刘爽和蔡圣晗基于普查数据分析发现，我国 30 岁人口的已婚比例从 1990 年的 94.07% 降至 2010 年的 84.79%，几乎减少了 10 个百分点①。此外，在互联网迅猛发展的当代，不少独身主义者开始在各类社交媒体中发声，他们崇尚个人主义，追求享受自我，他们对婚姻不抱有期待，不愿意成立家庭。

其次，青年的初婚年龄不断推迟。国人不仅崇尚"普婚普育"，"早婚早育"也是一大传统特点，近年来在相关人口政策与文化观念转变的影响下，我国婚龄推迟明显。普查结果显示，1980 年人口平均初婚年龄为 23.78 岁，2010 年升至 24.85 岁。不少学者认为，虽然略有波动，但是新中国成立之后，我国初婚年龄的整体趋势是缓慢升高的②③。陈友华指出，1960～1979 年中国女性平均初婚年龄基本上呈上升的趋势，进入 20 世纪 80 年代后出现下降趋势，但从 1985 年开始又出现缓慢上升的趋势④。分性别而言，男性的初婚年龄始终高于女性。

在普婚文化的影响下，不管是不结婚还是婚龄推迟，都引发了国民的广泛热议。近年来，各类电视相亲节目大行其道，多种婚恋网站、交友 APP 如雨后春笋般出现，"剩男剩女"、"脱单"等新词成了热门词，青年的婚恋话题始终热度不减。淘宝等商家甚至将其扩展

① 刘爽、蔡圣晗：《谁被"剩"下了？——对我国"大龄未婚"问题的再思考》，《青年研究》2015 年第 4 期。

② 郭志刚、段成荣：《北京市人口平均初婚年龄的研究》，《南京人口管理干部学院学报》1999 年第 2 期。

③ 王鹏、吴俞晓：《初婚年龄的影响因素分析——基于 CGSS2006 的研究》，《社会》2013 年第 3 期。

④ 陈友华：《近年来中国人口初婚情况的基本估计》，《人口与计划生育》1999 年第 5 期。

成商机，将"光棍节"开发成了"双十一"狂欢购物节。无法忽视的还有"催婚"现象。每到春节，"催婚"、"逼婚"都会成为媒体争相报道的热点话题，因父母逼婚而离家出走甚至自杀的事件也有发生，让人不甚唏嘘。

青年个人的婚恋问题成了备受关注的社会问题，实质上是社会经济发展与传统"普婚文化"碰撞下的特有现象，也给青年带来了巨大的婚姻压力。学界现有的研究主要集中在农村男性与高知女性的结婚困难问题上，且多是理论探讨，而且受限于数据，缺乏对结婚压力的量化分析。本研究基于2016年北京青年婚恋状况调查数据，将定量与定性分析相结合，深入分析了北京市青年的结婚压力及其性别差异。

二 数据、理论与方法

（一）数据来源

本文的数据来源于2016年共青团北京市委员会和对外经济贸易大学青年发展研究中心联合组织开展的北京青年婚恋状况调查项目。依据科学抽样原则，在北京市不同区域、不同行业的青年中发放了问卷。该课题的调查对象为在京居住半年以上，大专及以上学历20～36周岁的青年人口，包括流动人口。调查内容主要包括人口信息、家庭信息、婚恋观念、住房状况等。将调查人群分为未婚无恋爱对象、未婚有恋爱对象、已婚、离婚尚未再婚四类，共收回有效问卷5965份。本调查涉及北京各行业青年婚恋的方方面面，内容翔实丰富，能够为分析北京青年婚恋状况提供有力的数据支持。调查问卷中询问了未婚没有恋爱对象青年的结婚压力，并要求青年给自己的压力值打分，分值从1到10，样本对象共有1593人。

（二）理论基础与假设

中国是"普婚普育"文化盛行的国家，结婚与生育都是国人非常重要的生命事件；社会伦理规范又要求婚内生育，通常说来，结婚然后生育往往是国人最常见的人生事件顺序。在婚姻市场中，择偶标准是存在性别差异的。中国社会对男性与女性的要求长久以来便不一致，这一点深受男女社会地位和家庭分工影响①。传统社会中男性是家庭的主要经济来源，女性在婚后主要负责打理家庭事务，充当男性的"贤内助"。因此，衡量男性是否值得婚配的最重要标准便是其经济水平。

当然，家庭经济特征和社会地位也会纳入考量。这是因为中国家庭成员的代际联系非常紧密，尤其表现在财产方面。婚姻是整个家庭的重要事件，在中国社会传统的父系家庭制度影响下，"男婚女嫁"、婚后"从夫居"是主流婚配模式，女性不单单是与个人成婚，也是与男性的家庭缔结姻缘。换个角度来说，男性个人的经济条件一方面会受到个人禀赋的影响，另一方面也会受到家庭社会经济地位的制约。在中国社会的婚姻市场中，如果男性个人条件较弱，但是家庭社会经济地位较高，可以补足其个人条件的不足；但是如果个人和家庭经济条件都较差，便会在婚姻市场中处于不利地位。

婚姻会给在婚姻市场中处于不利地位的青年带来不小的压力。笔者认为，受到婚姻挤压的人群更有可能感受到结婚压力，婚姻挤压越严重，结婚压力更大。对于男性来说，主要有两个维度：一方面是经济水平带来的结构性影响，经济水平越低，越有可能感受到心理压力，且压力值更大；另一方面是初婚时间延迟带来的影响，年龄越

---

① Becker, G. S., "A Theory of Marriage：Part I", *Journal of Political Economy*, Vol. 81, No. 4, 1973.

大，未婚单身的青年更有可能承受结婚压力，且压力值随着年龄增长而增加。

对于女性来说，教育的影响力更大。教育作为重要的自致性个人禀赋变量，一方面，有助于增加女性的人力资本含量，使其在劳动力市场中更具有优势，经济更加独立；另一方面，教育也推迟了女性进入劳动力市场和婚姻市场的年龄，提升了其在婚姻市场中的年龄梯度与教育梯度等级[1]。其对女性的具体影响也存在两个维度：一方面是高等教育带来的结构性影响，受教育水平越高，越有可能感受到结婚压力，且压力值更大；另一方面是初婚时间延迟带来的影响，年龄越大，未婚单身的女性更有可能承受结婚压力，且压力值随着年龄增长而增加。

接下来，笔者将利用北京市青年婚恋状况调查数据与资料来对这两个维度的压力影响机制进行验证。

（三）研究方法

本研究将分别针对男性与女性两类群体的婚姻压力进行分析比较，将定量与定性分析方法相结合。以下具体介绍一下定量部分的模型设置与变量选择。

男性与女性群体内部各自分两类模型，一类针对所有男性或女性，以"是否感受到结婚压力"为因变量，感受到压力设定为1，没有感受到压力设定为0，作为参照组；另一类则针对感受到压力的男性或女性，将"压力值"划分为三类：1~4分为"低压力"，5~7分为"中等压力"，8~10分为"高压力"，作为定序 Logistic 回归模型的定序因变量。

---

① Oppenheimer Valerie K. , "A Theory of Marriage Timing", *American Journal of Sociology*, Vol. 94, No. 3, 1988.

男性所有模型的自变量均为四分类的收入水平（高收入作为参照组）、年龄（连续变量）以及是否具有房产（有房产设置为"0"，作为参照组）、收入水平与年龄的交互项、是否具有房产与年龄的交互项。女性所有模型的自变量均为三分类的受教育程度（分为大专、大学本科、硕士及博士三类，大专为参照组）、年龄（连续变量）、受教育程度与年龄的交互项。

控制变量主要包括个人社会经济特征以及家庭经济特征。个人特征包括受教育程度（分为大专、大学本科、硕士及博士三类，大专为参照组）或四分类的收入水平（以低收入作为参照组）、户籍属性（分为北京户口与非北京户口两类，以非北京户口为参照组），职业类型（国家企业、非国家企业、事业机关、其他机构/自由职业，国企为参照组）、对自身所处的社会阶层的感知（下层、中下层、中上层三分类，中上层为参照组）；家庭经济特征主要观察父母在单位中所处位置，选取父母在单位中所处位置更高的一方，根据其在单位所处位置将家庭阶层分为四类：父母的阶层最高为负责人/高层管理人员、中层管理人员和基层管理人员的属于"管理人员家庭"；为普通正式职工和普通兼职人员的属于"普通职工家庭"；为个体工商户的划分为"个体工商家庭"；为务农的划分为"农村务农家庭"，以"负责人/高层管理人员"为参照组。

三 青年男性的结婚压力

数据结果显示，结婚压力面前，男女平等。62.71%的北京未婚单身青年正承受着结婚带来的压力，男女差异不大。北京男性青年的结婚压力高于女性青年：约63.72%的男性感受到了结婚压力，比女性要高出了大约1个百分点；感受到结婚压力的男性，压力值平均分为6.65，比女性要高0.2分。卡方检验发现，北京青年的结婚压力在统计上并不存在显著的性别差异。接下来，根据前文的理论基础与研究假设，我们分性别讨论结婚压力的影响因素。

表1 北京青年的结婚压力与性别的卡方列联表

单位：%

性别	结婚压力				
	无压力	低压力	中等压力	高压力	合计
男性	36.81	10.43	30.53	22.24	100.00
女性	37.77	11.04	29.23	21.96	100.00

Pearson chi2 （3） = 0.4748   Pr = 0.924.

（一）随着年龄增长，收入较低的男性更有可能感受到结婚压力

如表2所示，模型1未加入交互项，与高收入男青年相比，较低收入的男性更有可能感受到结婚压力，发生比为1.59；但是出乎笔者意料，没房产的男性感到结婚压力的可能性是有房产的52.95%，反而较低，值得深入探讨；年龄每增加一岁，感受到结婚压力的可能性是没有感受到的1.15倍。除此之外，其他变量均不显著。

对于接受过高等教育的男青年来说，收入确实会影响对结婚压力的感知，但是存在溢时作用，即当年龄增长时低收入带来的结婚压力会增加。具体表现如模型2与模型4所示，模型2在模型1的基础上加入了收入水平与年龄的交互项，整个模型的拟合优度增加（从9.39%增加到10.69%）。模型2显示，在控制了其他变量之后，对所有高等学历男性来说都一样，收入水平的影响由正变负，较低收入更有可能没有结婚压力，年龄变量不再显著，但是较低收入与性别的交互项之后在0.01的统计水平上显著，即年龄每增加一个单位，较低收入感受到结婚压力的可能性增加1.30倍。由此可见，收入水平

153

表2　经济水平与结婚压力的二元 Logistic 回归（男性）

因变量：是否感到结婚压力 （没有压力＝参照组）	模型 1		模型 2		模型 3		模型 4	
	发生比	标准差	发生比	标准差	发生比	标准差	发生比	标准差
自变量								
收入水平（高收入＝0）								
较高收入	1.325	0.301	0.120	0.202	1.330	0.302	0.124	0.207
较低收入	1.588†	0.378	0.002**	0.004	1.600*	0.381	0.002**	0.005
低收入	0.813	0.214	0.227	0.401	0.833	0.220	0.311	0.560
年龄	1.154***	0.030	1.063	0.046	1.106*	0.048	1.033	0.055
房产（没有＝0）	0.529**	0.110	0.537**	0.113	0.110	0.148	0.155	0.215
收入水平＊性别								
较高收入＊年龄			1.094	0.069			1.093	0.069
较低收入＊年龄			1.303**	0.104			1.293**	0.103
低收入＊年龄			1.045	0.074			1.032	0.075
房产＊年龄					1.062	0.054	1.049	0.055
控制变量								
受教育程度（硕博研究生＝0）								
大学本科	0.800	0.168	0.754	0.160	0.809	0.170	0.760	0.161
大专	1.299	0.310	1.266	0.306	1.307	0.312	1.271	0.308

续表

因变量：是否感到结婚压力 （没有压力＝参照组）	模型 1		模型 2		模型 3		模型 4	
	发生比	标准差	发生比	标准差	发生比	标准差	发生比	标准差
户籍（北京户口＝0）	1.163	0.207	1.182	0.212	1.162	0.207	1.180	0.212
职业类型（国家企业＝0）								
非国家企业	1.052	0.201	1.090	0.211	1.043	0.200	1.082	0.210
事业机关	0.875	0.205	0.849	0.201	0.885	0.207	0.858	0.203
其他机构/自由职业	0.766	0.315	0.713	0.295	0.760	0.315	0.712	0.296
社会阶层感知（中上层＝0）								
中下层	0.979	0.189	1.019	0.198	1.002	0.195	1.036	0.203
下层	1.134	0.247	1.150	0.255	1.141	0.249	1.161	0.258
家庭情况（管理人员家庭＝0）								
普通职工家庭	1.103	0.231	1.124	0.237	1.110	0.233	1.130	0.239
个体工商家庭	1.487	0.409	1.490	0.414	1.500	0.414	1.503	0.418
农村务农家庭	2.481***	0.541	2.473***	0.544	2.511***	0.549	2.502***	0.552
Log Likelihood	-474.559		-468.155		-473.863		-467.746	
LR chi2	98.31		111.12		99.7		111.94	
Pseudo R2	0.0939		0.1061		0.0952		0.1069	
样本量	796		796		796		796	

注：*** $p<0.01$，** $p<0.01$，* $p<0.5$，† $p<0.1$。

155

与年龄双重作用于男性青年，年龄越大，收入越低的男性越有可能感受到心理压力。

模型 3 中加入了是否具有房产与年龄的交互项，结果发现交互项并不显著，而房产变量也由模型 1 的显著变为不再显著，由此可见本次样本中没房男青年没有感受到婚姻压力的原因在于他们比较年轻，没房男青年的平均年龄为 25.76 岁，比有房（26.92 岁）的小了 1.16 岁。没房青年中只有 14.82% 的男性超过了 30 岁，而 29.28% 的有房青年在 30 岁及以上。

除此之外，家庭特征也会影响子女的结婚压力。数据显示，"个体工商家庭"的男青年中只有 54.89% 感受到了结婚压力，是四类家庭中最低的，"农村务农家庭"最高，占比 69.2%。4 个模型中，与父母是管理人员家庭相比，"农村务农家庭"的青年更有可能感受到结婚压力，且非常显著，模型 4 中的发生比是前者的 2.5 倍，且在 0.001 的统计水平上显著。众所周知，在北京生活经济压力较大，单靠个人收入想在北京立足往往是不够的，而务农带来的经济收入又比较低，家庭可以给青年支持的比较少。"农村务农家庭"的青年拥有的资源不如其他青年，从而加剧了他们在婚姻市场中的弱势地位，压力也会更大。另外，农村青年初婚年龄比城镇早，农村父母的结婚生育观念要比城镇父母更加传统，更有可能催子女结婚，受客观经济与主观思想约束，农村务农家庭的子女更容易感受到结婚压力。

（二）对自身所处社会阶层以及家庭经济地位的感知会影响结婚压力值的大小

如表 3 所示，对感受到压力的男性来说，收入水平、是否有房产以及年龄对压力值的大小并无显著影响。从模型 1 到模型 4，整个模型的拟合度在不断变好，从 3.52% 升至 3.97%。

表3 经济水平与结婚压力分值的序次 Logistic 回归（男性）

因变量:结婚压力值 （低压力=参照组）	模型 1		模型 2		模型 3		模型 4	
	发生比	标准差	发生比	标准差	发生比	标准差	发生比	标准差
自变量								
收入水平（高收入=0）								
较高收入	0.956	0.233	1.670	2.937	0.949	0.232	1.071	1.915
较低收入	0.774	0.190	0.092	0.170	0.767	0.189	0.059	0.110
低收入	0.827	0.258	0.706	1.491	0.807	0.253	0.377	0.816
年龄	1.061*	0.027	1.045	0.050	1.108*	0.046	1.082	0.058
房产（没有=0）	1.022	0.226	1.028	0.228	6.125	8.380	7.463	10.500
收入水平*性别								
较高收入*年龄			0.980	0.063			0.996	0.065
较低收入*年龄			1.083	0.074			1.100	0.076
低收入*年龄			1.005	0.084			1.029	0.088
房产*年龄					0.936	0.047	0.929	0.048
控制变量								
受教育程度（硕博研究生=0）								
大学本科	0.664†	0.154	0.655†	0.153	0.656†	0.153	0.644†	0.150
大专	1.040	0.263	1.018	0.260	1.036	0.262	1.003	0.257

续表

因变量:结婚压力值 (低压力=参照组)	模型 1		模型 2		模型 3		模型 4	
	发生比	标准差	发生比	标准差	发生比	标准差	发生比	标准差
户籍(北京户口=0)	0.919	0.185	0.936	0.190	0.918	0.185	0.933	0.189
职业类型(国家企业=0)								
非国家企业	0.920	0.191	0.929	0.194	0.924	0.192	0.934	0.195
事业机关	0.927	0.237	0.948	0.244	0.912	0.234	0.928	0.239
其他机构/自由职业	1.093	0.543	1.071	0.535	1.096	0.546	1.064	0.533
社会阶层感知(中上层=0)								
中下层	1.497†	0.318	1.544*	0.331	1.448†	0.310	1.499†	0.323
下层	2.230**	0.531	2.267**	0.543	2.216**	0.528	2.247**	0.539
家庭情况(管理人员家庭=0)								
普通职工家庭	1.192	0.299	1.194	0.301	1.183	0.297	1.189	0.300
个体工商家庭	1.543	0.497	1.517	0.490	1.536	0.495	1.518	0.491
农村务农家庭	1.904**	0.457	1.876**	0.451	1.869**	0.450	1.838*	0.444
Log Likelihood	−493.207		−491.945		−492.324		−490.923	
LR chi2	35.99		38.51		37.75		40.55	
Pseudo R2	0.0352		0.0377		0.0369		0.0397	
样本量	503		503		503		503	

注:***p<0.001,**p<0.01,*p<0.5,†p<0.1。

最终发现，男青年对自身所处社会阶层的感知会明显影响其结婚压力值，与感觉自己处于中上层的男性相比，认为自己处于中下层或者下层的男青年压力更大的可能性分别是 1.50 倍和 2.25 倍，且统计水平均显著。此次样本中，感觉自己处于社会中上层以及上层的青年较少，仅占 7.29%，因此与中间层合并为中上层。结果发现，自我感知处于社会下层的平均压力值为 7.23 分，远高于中下层与中上层，分别高了 0.67 和 1.06 分。下层青年的"高压力"比例最多，占 45.75%，而中上层和中下层的"中等压力"占比最高，均超过了 50%。

此外，与父母是管理人员的家庭相比，"农村务农家庭"青年压力更大的可能性是 1.84 倍，且在 0.5 的统计水平上显著。"农村务农家庭"青年的平均压力值为 7 分，是四类家庭中最高的，分别比"单位中负责人/高层管理人员家庭"、"普通职工家庭"、"个体工商家庭"高出 0.86、0.52 和 0.14 个百分点，压力分值在 8 分及以上的分别比上述三类家庭高出 13.07、8.52 和 3.3 个百分点，差距明显。

四 青年女性的结婚压力

（一）年龄增长会增加女性感受到结婚压力的可能性，特别是研究生及以上学历的女性

分受教育程度来看，硕士学历感到压力的比例最小，仅为 59.25%，硕博学历的比例最高，为 68.09%。看上去似乎硕博学历的女性更容易感到结婚压力，但是模型结果并非如此（见表 4）。以是否感受到结婚压力为因变量，模型 1 未加入交互项，发现与大专学历的女性相比，本科以及硕博女性都没有明显的压力差异，但是年龄变量是非常显著的。年龄每增长一个单位，女性更有可能感受到结婚压力，发生

比为1.20，且在0.001的统计水平上非常显著。对于女性来说，年龄本身就是婚姻压力的重要影响因素，即使模型2中控制住了交互项的作用，年龄变量依旧在0.01的统计水平上显著：年龄每增长一个单位，女性感受到结婚压力的可能性会增加1.12倍。

表4 受教育水平与结婚压力的二元 Logisitc 回归模型（女性）

因变量:是否感到结婚压力（没有压力 = 参照组）	模型1		模型2	
	发生比	标准差	发生比	标准差
自变量				
受教育程度（硕博研究生 = 0）				
大学本科	0.775	0.153	0.090†	0.125
大专	0.874	0.219	0.010*	0.020
年龄	1.203***	0.032	1.123**	0.047
受教育程度 * 年龄				
大学本科 * 年龄			1.091	0.060
硕博研究生 * 年龄			1.193*	0.096
控制变量				
收入水平（低收入 = 0）				
较低收入	1.708*	0.384	1.636*	0.371
较高收入	1.381	0.320	1.332	0.312
高收入	1.936*	0.542	1.818*	0.513
户籍（北京户口 = 0）	1.412†	0.257	1.398†	0.255
职业类型（国家企业 = 0）				
非国家企业	1.119	0.233	1.110	0.231
事业机关	1.753**	0.379	1.611*	0.355
其他机构/自由职业	0.637	0.232	0.628	0.227
房产（没有 = 0）	0.842*	0.195	0.855	0.200
社会阶层感知（中上层 = 0）				
中下层	1.312	0.243	1.287	0.240
下层	1.872	0.456	1.807*	0.440

续表

因变量:是否感到结婚压力 (没有压力 = 参照组)	模型 1		模型 2	
	发生比	标准差	发生比	标准差
家庭情况(管理人员家庭 = 0)				
普通职工家庭	1.147	0.245	1.172	0.252
个体工商家庭	0.697	0.192	0.714	0.197
农村务农家庭	1.077	0.253	1.080	0.255
Log Likelihood	− 474.559		− 468.155	
LR chi2	98.31		111.12	
Pseudo R2	0.0939		0.1061	
样本量	796		796	

注: *** p < 0.001, ** p < 0.01, * p < 0.5, †p < 0.1。

有意思的是,如模型 2 所示,在加入了受教育程度与年龄的交互项之后,与大专学历的女性相比,大学本科女性感到压力的发生比只有 9%,硕士及以上学历女性明显更有可能感受到结婚压力。同时硕博学历对女性的影响会随着年龄增加,即年龄每增加一个单位,硕博学历女性感受到压力的可能性是大专学历女性的 1.19 倍,统计水平显著。可见,更高学历本身并不会带来结婚压力,但是随着年龄增长,学历的作用会加强,可见学历对女性的婚姻压力也会存在溢时效应。

同时显著的还有收入水平、户籍属性、职业类型以及女性对自己身处社会阶层的感知。结果发现,与低收入相比,较低收入与高收入感受到结婚压力的发生比分别为 1.64 倍和 1.82,可见收入越高,越有可能感到压力;非北京户籍的女性更有可能感受到结婚压力,发生比是北京户籍女性的 1.40 倍,尽管只是边际显著。与在国企上班的女性相比,事业单位的女性,更有可能感受到结婚压力,发生比为 1.61 倍。另外,自我感觉处在社会下层的女性,明显更有可能感受到压力,发生比为 1.81 倍。

（二）随着年龄增长，女性的结婚压力值增大

针对感受到结婚压力的人群，大专学历女性的平均压力值为6.83分，明显高于其他两类学历，大学本科学历与硕博学历分别为6.24分和6.48分。43.51%的大专学历女性属于"高压"群体，大学本科学历感受压力者占比相对最低，仅占31.22%，硕博学历比大专学历低了9.13个百分点。如表5所示，以三分类的压力值为因变量的模型中，模型1控制了其他变量，发现本科与硕博学历女性的压力值确实有可能比大专学历更小，发生比分别为55.3%和62.6%，且统计水平均较为显著。模型2分学历加入了与年龄的交互项，结果发现学历变量不再显著。年龄每增加一岁，硕博学历女性压力值比大专学历更高的可能性是1.10倍，尽管在统计水平上并不显著。由此可见，学历展现出来的压力值差异实际上受到年龄因素的影响。

年龄始终是影响女性婚姻压力值的重要因素，将年龄分为三类："25岁以下"、"25～29岁""30岁及以上"，结果发现三组的压力均值分别为6分、6.58分以及6.69分，大专学历女性的压力均值相对较低。分年龄组来看，42.61%的30岁及以上的女性属于"高压力"群体，而大专学历仅占25%，大学本科学历仅占36.96%，差距明显。模型2也显示，年龄每增加一岁，女性的压力值增加1.10倍。

除此之外，可以发现，尽管边际显著，但是工作不够稳定的女性压力值更大，"其他机构/自由职业"的压力值比在国家企业的要高2.14倍。对于在北京生活的女性来说，压力值也会与经济社会地位密切相关，北京生活成本高、压力大，女性要承担的经济压力也会转化为心理压力。感觉到自己处于社会下层的女性，压力值是中上层的1.98倍，且在0.01的统计水平显著。

表5　教育水平与结婚压力分值的序次 Logistic 回归（女性）

因变量:结婚压力分值 （低压力 = 参照组）	模型 1		模型 2	
	发生比	标准差	发生比	标准差
自变量				
受教育程度(硕博研究生 = 0)				
大学本科	0.553 **	0.123	1.014	1.629
大专	0.626 †	0.167	0.046	0.089
年龄	1.098 **	0.030	1.084 †	0.050
受教育程度 * 年龄				
大学本科 * 年龄			0.978	0.060
硕博研究生 * 年龄			1.099	0.078
控制变量				
收入水平(高收入 = 0)				
较高收入	0.874	0.228	0.898	0.236
较低收入	1.082	0.297	1.120	0.310
低收入	1.426	0.452	1.440	0.460
户籍(北京户口 = 0)	0.953	0.195	0.950	0.194
职业类型(国家企业 = 0)				
非国家企业	0.809	0.185	0.797	0.182
事业机关	1.019	0.240	0.971	0.231
其他机构/自由职业	2.118	0.974	2.136 †	0.983
房产(没有 = 0)	1.309	0.317	1.325	0.321
社会阶层感知(中上层 = 0)				
中下层	1.328	0.273	1.322	0.274
下层	1.955 **	0.508	1.984 **	0.519
家庭情况(管理人员家庭 = 0)				
普通职工家庭	1.098	0.245	1.137	0.256
个体工商家庭	1.251	0.412	1.268	0.419
农村务农家庭	1.130	0.280	1.162	0.289
Log Likelihood	−493.290		−491.657	
LR chi2	34.47		37.74	
Pseudo R2	0.0338		0.037	
样本量	496		496	

注：*** p < 0.001，** p < 0.01，* p < 0.5，† p < 0.1。

五 结婚压力来源的性别差异

与男性相比，北京女青年更容易感受到外在的结婚压力，尤其是来自父母的压力。49.92%的北京高等学历女性的结婚压力来源于父母，印证了社交媒体广泛报道的父母催婚现象。如图1与图2所示，父母给的压力，女性比男性高了5.3个百分点；同样，就亲戚给的压力而言，女性比男性高了4.22个百分点。由此可见，亲属圈明显更关注女性的婚姻状况，对女性的"逼婚"程度更大。

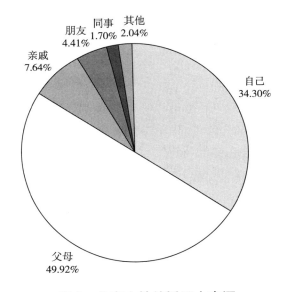

图1 北京女性结婚压力来源

在现代婚恋中，青年更注重两人相处的感觉，父母则更倾向于从现实的物质条件考虑，有访谈对象说道："他们会更重视门当户对。现在看他们给别人介绍对象的时候特别有意思，就跟做买卖的一样。我妈之前给人介绍对象会打听得特别仔细，身高啊学历啊长相各个方面都打听得特别详细了才安排两个人见面。就好像市场上买白菜那

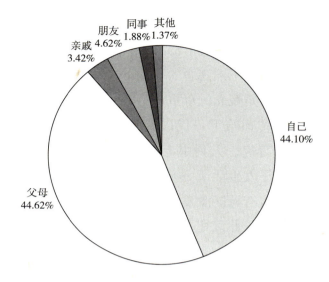

图2　北京男性结婚压力来源

种，挑挑拣拣的。两个人要是这样结婚的话，也挺没意思的。"亲代与子代婚恋观念的不同自然会产生一定矛盾。

还有被访者说道："我有一个北京朋友，快满 26 岁了，在我们看来年纪并不大，但是因为有爸妈的压力，她爸妈会觉得 25 岁还没有稳定的相亲对象就很着急，所以一直安排她相亲，我们也在帮她介绍。"

还有一个访谈对象说："同事里有个女孩，是北京平谷的，她妈妈每天都会催她去相亲，后来跟她妈妈闹了矛盾。起因是她有个亲戚给介绍了一个在平谷当地事业单位有正式编制的男生，男生除了父母的房子以外还有一套独立住房，女孩的妈妈觉得这样就不错了。女孩是 1989 年的，妈妈觉得对她来说男生这样的条件已经很好了，但是女孩不喜欢，她妈妈就一直逼她去见，还说'人家条件已经很不错了，你为什么不喜欢？'后来女孩闹矛盾一直不回家，最后她妈妈才罢休了。"

"催婚"、"逼婚"是中国父母的一大特色，本质上源于婚恋观念

的代际差异。在父母辈的眼里，结婚生子、实现家庭的传承是大事，然而对于在现代化社会成长起来的青年来说，婚恋是个人的事，婚恋观念也更加多元化，在不同观念的碰撞下代际矛盾更加突出。中国式的父母缺乏对子女结婚观念的尊重，将自己的婚恋观念强行灌输给子女，把自身的焦虑传递给下一代，造成代际关系紧张。"想抱孙子女"类的观点也较普遍，人到中老年的父母将自己的人生寄托在子女身上。过度干预子女生活，一方面容易引发代际冲突，最终影响家庭和谐，另一方面也有可能激发子女做出不理性的结婚行为，比如仓促或者将就着结婚，长此以往并不利于提升婚姻质量，甚至会造成婚姻失败的情况。

访谈中 LF 女士说："身边有个女孩 1985 年的，现在着急找对象。家里介绍了一个她不喜欢，但是后来迫于家里的压力，还有自己年龄的压力，就交往了。她跟我说，我不像你（1989 年出生）还可以挑，这男孩条件已经不错了。其实他们俩并不合适，经常吵架，但还是没有分手。"

W 女士说道："有被催婚啊，我跟我妈两个人经常也会说这件事儿。刚开始我上高中的时候她跟我说，不能早恋啊；上大学的时候她跟我说可以找一找了（笑）。但是大学时候因为我学心理学，男生比较少。我这个人呢，也比较宅，跟宿舍五六个女生玩得比较好，跟女生接触比较多。所以大学也就没有找到合适的。工作之后呢，觉得自己一个人生活也挺好的。当然家里也着急，但是也不会特别催，偶尔会说一说。我要是觉得想听就听，不想听就回她两句也就算了。"

L 女士虽然已经有男朋友，但是一直未告知父母，她的父母就会为她着急，甚至为她安排相亲："父母曾经给介绍过一个朋友的孩子，我们也相互加了微信，但是通过聊天内容就觉得对方是一个比较'傻'的人，因此就不再理会。"

LL 女士虽然已经结婚，但是也经历了一些波折。当时虽然她的母亲也对她的婚姻很着急，但是因为周围没有合适的对象，也没办法给 LL 女士安排相亲，后来与爱人的感情也受到了家人的阻挠："我和现在的爱人因为年龄差距过大，双方家长以及周围的朋友都不看好我们的爱情。我爱人的父母反对我们交往的原因主要是有两点：一个就是我们之间的年龄差距太大；另一个就是因为我是单亲家庭的孩子，他们觉得单亲家庭的孩子可能在性格上存在缺陷，所以曾经比较反对，在交往的过程中，我们由于双方家庭的反对而分开过一段时间。"

与男性一致，女性结婚压力第二大来源是自己，占比 34.30%，可见还是有一部分女性是向往婚姻生活而不得的。但是自己给的压力比男性低了近 10 个百分点。此外，目前寻找配偶的态度也存在较大的性别差异。59.25% 感受到压力的女性"想找配偶，但是并不着急"，比男性高了 7.97 个百分点；"想尽快摆脱单身状态"的比例为 35.65%，比男性低了 8.11 个百分点。可见男性想摆脱单身状态的意愿更强烈。不过总体说来，"单身主义"的青年非常少，男女都一样，分别占 2.37% 和 2.56%。

LF 女士阐述了她的婚恋观："我有个朋友 40 岁了，女孩，还没结婚，一开始我还惊讶的，但是现在挺理解的，她说宁可一辈子不结婚，也不愿意为了结婚而降低自己的生活品质，委屈自己嫁一个人。如果实在遇不到对的人，我也可能会像她那样，就一个人过一辈子好了。虽然我很期待爱情，而且我觉得 30 岁之前还是会遇到会结婚的，但是如果实在遇不到，还是宁缺毋滥。不过，如果我不结婚，我爸妈肯定不会同意，到时候我努力自立，努力说服他们吧。"

可以发现，代与代之间的结婚观念存在差异，父母催婚效果也因人而异。很多情况下是父母着急但无法直接改变子女的结婚想法，这也从侧面说明子女针对父母的催婚有自己的处理方式，并不会盲从。

六 结论与讨论

本文利用北京青年婚恋状况调查的数据实证分析发现，57.95%的北京单身未婚青年承受着结婚带来的心理压力，卡方检验结果显著，男性与女性之间并不存在显著差异。分性别来看，对于北京男青年来说，收入水平会影响结婚压力的大小，但是存在溢时作用，即当年龄增长时低收入带来的结婚压力会增加；另外，家庭特征也会影响北京男青年的婚姻压力，"农村务农家庭"青年的结婚压力明显更大。与其他较低受教育程度的女性相比，研究生学历的女性更有可能感受到结婚压力，且压力值随着年龄增长明显增加。女性最大的婚姻压力来自父母，其次是自己。调查访谈中，诸多女性被访者也反映了被家人催婚的情况。基于上述研究结论，笔者提出以下三点建议。

（一）传播正确的婚恋观，为青年男女创造宽松的婚恋环境

"父母之命、媒妁之言"的婚恋制度在我国历史发展中占据了较长时间，直至今日中国父母仍然过度关注以及干预子女的婚恋，一定程度上造成了青年的婚恋问题。具体来看，"棒打鸳鸯"事件也不少见，因父母影响造成子女婚后生活不幸福的例子也屡见不鲜。父母往往过度关注婚配的物质层面，而忽略了婚姻的本质在于两人的性格人品匹配。向父母传播正确的婚恋观，促进代与代之间的沟通，有助于减轻青年承受的结婚心理压力。

此外，还应加强正确婚恋观与男女平等思想在农村的传播。通过移风易俗、推进男女性别平等事业的发展，让农村群众重新认识"彩礼"的真实意义，不再将女性"待价而沽"，使得男性及其家庭免受"天价彩礼"的经济压迫，促进农村婚配市场的正常运行。

对于当代青年人来说，尤其需要树立正确的婚恋观。婚恋观是青

年婚恋行为健康发展的主要动力，没有正确积极的婚恋观念作为指引，可能就会出现一些婚恋问题。在社会日益多元化的今天，婚恋观念也受到了深刻的影响，如现在一些婚恋节目和婚恋社交软件逐渐占据人们的视野。一些节目为了提高自身收视率以便攫取更多的经济利益，不惜炒作包装一些"网红男女"，频频爆出各种物质主义的语句，传播不健康的价值观念，带来了非常负面的影响，使得"干得好不如嫁得好"、"不做房奴做小三"这些较为负面的观念在青年人群中流传较广。

最后，对于在北上广深这类大城市生活的青年人群而言，在获得众多发展机会的同时，也会面临非常大的经济、交通、工作、生活等各方面压力。减轻他们的压力，可以一边从物质环境上缓解他们的压力，比如说控制房价、提供多类保障性住房、加强公共交通与服务设施建设等；一边开展心理文化建设，疏导他们的心理问题。

（二）推广多元化的交友方式，提高交友方式的质量

因交友圈狭窄导致无法适时婚配，是农村与城市青年同样面临的问题。在劳动参与率极高的当今社会，城市青年因工作压力与时间限制，交友圈小，交友时间也较少，这点对于城市男青年与女青年同样适用。对于农村大龄未婚男性来说，农村结婚年龄早，且女性数量相对较少，部分地区女性流出现象比较严重，身边缺少合适的婚配对象；而在城市生活的农村低收入男性，社交圈也很狭窄，同样难以找到合适的婚配女性。

因此搭建平台，为不同的人群提供给沟通渠道，以便拓展他们的交友圈子非常重要。对于居住在农村的青年，要发挥熟人社会与基层组织的作用，增加其婚配机会。对于居住在城市的青年来说，首先要努力构建沟通和交友的平台，促进各行业人群的交流，为其婚恋交友提供一定的参考信息；同时组织各种形式的联谊活动，创造单身青年

认识的机会。

在推广多元化交友方式的同时，首先要提高交友活动的质量。组织者要有一定的权威性和可信度，政府部门要有主导性；其次要转变形式，将单纯以相亲为目的的活动转变为以单身青年为主的兴趣爱好活动可能更为有效；再次要对青年的需求进行分类，根据不同青年的需求类型开展一些小型化、易参与的活动来调动广大单身青年的积极性，使得活动常规化；最后要尊重青年意愿，提高青年参与活动的自主性，在活动中规避"相亲"等容易引发尴尬感的表述，淡化其"相亲"意味，更多地突出"结识朋友"。

访 谈 篇

Interviews

B.7
我的"奇葩"婚姻

——"北京青年婚恋状况调查"访谈之一

梁晨曦*

一 被访者情况简介

F女士，33岁，2007年与相恋半年的北京人W先生结婚，两人育有一子，婚后因丈夫出轨及与对方家庭价值观的差异最终于2010年结束了三年的婚姻。法院判决孩子的抚养权归父亲。离婚后经过几年的奋力打拼，F女士在北京拥有自己的房产和车，事业处于上升期，生活也趋于安稳，目前已有交往对象，对方也是离异并带有孩子。双方已见过父母，两人感情稳定。

---

* 梁晨曦，对外经济贸易大学国际经济贸易学院研究生。

与 F 女士的会面可谓一波三折，由于其工作性质，总会面临临时的工作调动，来来回回协调几次都作罢，但让我感动的是无论如何她还是腾出一小时左右的时间接受了我的访谈。其实与 F 女士见面之前我从联系名单上已经知晓她离异的婚姻情况，不过当时想当然地以为两个人离婚的原因应该是繁重的工作导致有效沟通的缺失。但听了她的故事后，才发现我想得太简单了。

二　访谈主要内容

（一）离婚本因——"三观"不搭

F 女士：我们离婚的原因很简单，"三观"不搭。我前夫是北京农村人，他们家在村里比较有权势，我是 XX①人，所以地域上还是有差异。那时我刚刚大学毕业来到北京工作，经过媒人介绍相识，大概恋爱半年就结婚了，算是闪婚。

我：是父母催着结婚还是两个人认为该结婚了呢？

F 女士：对方家里很着急，男方大我三岁，我那时刚来北京，对这里一切比较生疏，自己也没想太多，而且考虑到女孩二十四五也到了适婚年龄，就听从了对方安排。后来反思，闪婚一大弊病就是双方不够了解，感情基础很不牢固。

婚后因这些"三观"的不一致，会活得特别难受。他们认为钱可以解决一切，后来我才发现他的学历证书全是花钱买的，然后他们会怀疑你那些辛辛苦苦奋斗得来的是不是也是买的，比如驾照是买的吗，学历是买的吗，完全不尊重你的努力。再举个最简单的例子，2008 年汶川地震时我通过一些渠道捐款，他们家会觉得我有病，我

---

①　为保护被访者隐私，关于地域、学校、单位等个人信息一律用 XX 替代。

在做这件事时内心很快乐很满足，我是在跟你们分享，不需要得到你们夸奖，但也不能骂我呀，我认为善良是我的优点，但你认为那是蠢。那时我已经怀孕了，确实有很多怨气，但是因为孩子也只能忍着，因为他们多年形成的观念，改变不了的。还有很多生活上不同的冲击，在外人看来他们家可能挺有权势，但是一些生活习惯会让你很别扭，比如说不仅自己喝完水的罐子要存起来留着卖，而且饭店里看到别人扔下的也捡回来，牙膏外边的包装盒留着卖，牙膏用完的牙膏皮也要卖，他们会嫌煤气贵还要生火，活生生的守财奴形象。

最后让我忍无可忍的是得知他在我孕期时出轨，当时女方竟然找上门来。我觉得婚姻是对双方的一种约束，我能为了这个家这个孩子做到一心一意，你也应该一样，因为我们是为了这样的目的才在一块的，如果你是为了自己能过得更潇洒那你别结婚，别要这种约束。但对方并没有认识到这是他错了，而是觉得只要把钱交到家里就没问题。而他父母对他的教育似乎只有一条，只要不吸毒，做什么都可以，从小教育的缺失，让他有些飞扬跋扈。更可笑的是他父母也认为这没有问题。之所以找外地人是因为他们以为外地人看重的是物质，他们以为我给你提供了物质生活，你就应该满足，你就应该在家踏踏实实照顾孩子，甭管我在外边怎么样。可能他们整个村子风气就是那样，比如谁家有钱在外边怎么怎么样，在他们看来好像还是一种荣耀，一种本事。

他们全家人都不认为有问题，这才是问题。我觉得再也没有忍下去的必要，整个婚姻价值观的冲突根本没办法调和。所以知道他出轨后我就提出了离婚。

（二）"我会要回我的孩子"

F 女士：我们离婚的过程是让你想象不到的奇葩经历。

我；是因为分财产吗？

F女士：他们太自私。不仅别想在他那分到财产，他还会给你制造债务，因为离婚的话夫妻双方会共同分割财产同时也要分担债务。他会出去随便写个欠条，让你背债。他们家有法律顾问，离婚前他们已经把法律都参透了，仗着自己的权势，制造了一系列的麻烦，我因为不懂法，在不懂得如何保护自己的时候并没有掌握太多的证据，但人家是有备而来的。只能眼睁睁地看人家指鹿为马、信口胡诌，自己却根本没有什么办法。比如刚发现对方出轨时我就提出离婚，他们就想办法拖着你，简单一个民事案不停延期审理，我当时也不太懂法律，一直以为法律是偏向妇女儿童的，只要妈妈要孩子，不会不给，结果一直拖到孩子满三岁，这样孩子就不必非跟母亲。另外，对于孩子的抚养，法院会比较双方的物质条件，当时他们家用了各种手段，证明能给孩子提供更好的生活环境，把孩子抢走，而且到现在也不让看。

我（惊愕）：不让看！六年都不让看？

F女士：对，不让看，你打电话永远是挂机，门也不给你开。法律上给的探视权实际上是无法执行的，法院没有办法要求你在某一个时间某一个地点必须干什么。当时觉得整个世界都塌了，无助、绝望，有过无数次轻生的念头。我在北京唯一的信念就是孩子，从他出生我就天天陪着他，咯噔一下生生把我们分开，你让我怎么办？当时一天不看就难受得要命，后来慢慢的一个月，两个月，再三个月，然后一年，再两年。经历过一段你会认为你自己已经走出来了，但实际上那是麻木，那不是看开，是用意识去催眠自己说我不看了、我当没生过，麻木过后只能逼迫自己去承认之所以放手是因为我可能给不了他更好的生活。去年我去学校堵他，很庆幸孩子还认识我，很健康、很有礼貌，然后他管我叫阿姨……眼泪瞬间下来。

说到这里，F女士再也忍不住打转的泪水，"阿姨"两个字再一次触痛了她内心最脆弱的部分，几年前与孩子朝夕相处的陪伴，咿呀学语时声声喊着"妈妈"的宝贝，如今站在自己的面前，好似看待一个陌生人一样对着自己，怎能不让一个母亲心痛，"我和他聊天来慢慢唤起他的回忆，他当时问我'妈妈是什么'，一个 7 岁的孩子不知道妈妈是什么！"在 F 女士的眼里，我看到了深深的无奈甚至是绝望。母子就这样被无情地拆散，母亲为见不到儿子终日以泪洗面，心头无时无刻不在牵挂，而孩子在最美好的童年和成长阶段却缺失了母爱的呵护。

F 女士：以前都是见不到，我给他的回忆都是他三岁之前的，去年终于见到，一下长那么大了。我和老师聊他的表现，老师说他会帮助同学，有独立的人格，看着他现在成长得挺好也就释然了。我就怕他思想上像他们家庭一样，从小享受一些特权，会和别人不一样。看到他健康快乐就好。遗憾的是他三岁之后的时光没有我的陪伴，我没能见证他的成长。

我：有没有机会能把孩子要回来？

F 女士：比较棘手的问题是我不是北京户口，但孩子是北京户口。而且要提起诉讼变更抚养权是很难的事情，因为等于破坏孩子现有的生活环境，除非对方有较大变故，但这需要举证。搜集这方面的材料很耗精力，我平时上班忙，根本没有足够的时间，一度我想要辞职，被领导劝说这也不能急于一时，后来发现确实是这样，况且没有工作就没有收入来源那更不能保证把孩子要回来。另外一方面的障碍是要在对方地区立案，不仅存在很多的信息不对称，他们还会用权力来影响。不过现在已经有一线希望，去年他们家被"双规"，所以现在需要等待判决结果，应该还是有机会争夺回抚养权。

F 女士：这一路走来，在和他们家打官司备受摧残的过程中百炼成钢。有的时候只能看开点说是命运的安排。当时我提出离婚有人认为我太傻了，因为放弃了衣食无忧的生活，但是等到他们家出事了大家都在为我庆幸，没有当初的毅然决然现在卷进去的也有我，怎么都

脱不开干系，如果当初不离开，孩子更可怜，现在起码孩子还有妈妈在等他。我很庆幸能从那一段黑暗中走出来，你永远不知道什么是最好的，什么是最不好的，可能现在出现的所有事情都是有意义的，总之在遇见不好的时候也别放弃，也不能堕落，糟蹋自己。

（三）开始新的感情

我：既然您现在已经走出了，有没有开始一段新的感情呢？

F女士：现在有交往对象，双方也见过父母了。离婚后除了一心一意寻思怎么能把孩子弄回来外就一直不停地工作，想靠自己的本事给孩子的将来有一定的积累。几年打拼下来，房子买了，车买了，事业也稳定上升，孩子过来我已经有条件养他，然后就开始考虑自己的感情，去年也是经人介绍试着交往了一个，但是这次我明确了两个要求，一是对方是东北人，毕竟地域差异还是在的，一方水土养一方人，所以还是希望找一个相同地域的人，比较有共鸣。二是男方离异带孩子，如果找一个没有孩子的对方肯定会希望要个孩子，我是觉得现在年纪大了，生孩子也有风险，而且对于二婚还是比较谨慎，不要因为孩子而不能离，另外如果对方带过来孩子也能弥补我的一些遗憾，经常和孩子有感情上的互动，有利于孩子的成长。我们现在就达成共识，不会为了生孩子而怎样，他心里也会觉得踏实，如果再要一个，以后我的孩子过来，整个家庭关系比较乱，负担比较重。

我：有没有对对方物质方面有所要求呢？

F女士：他在房地产行业，但其实没有房也没有车，女人的二婚市场自降价很多，所以我找的就是人品好，经济差不多就行，对物质不会看重，这样才能匹配，你想他这个年纪如果有车有房，应该也不会找我，谁不希望找年轻一点的呢？而且在北京要是有车有房很多都不能单拼个人能力，很大程度上要靠父母，他的父母就是普通工人，本分朴实，整个家是他撑下来，不像前夫的父母过于强势，导致男方心智不成熟，担不起家庭。我现在就觉得不管有没有钱，人品好是第一位的，我自己年轻犯过的错要自己为之买单，跟头跌得太大了，所以接下来的生活就要吃一堑长一智。当时前夫家特别急于促成我们结婚，现在想来一定是有问题的，那么着急把这事儿定下来就是怕我反悔，他们在当地名声不太好，以他们的口碑应该不会有人嫁进去，所以趁着你还不了解就赶紧定下来。现在我就建议我同事朋友一定要有过一定的了解再交往，深入了解后再决定是否结婚。两个完全陌生的人，完全陌生的家庭，完全陌生的领域，需要克服的困难会很多。

我：所以说经历过第一段婚姻，您的观念应该也会有所转变吧？对于门当户对的看法是不是也有所不同了？

F女士：之前的话，他父亲在当地有官职，我爸在我们那也有官职，我没觉得高攀，也没觉得不门当户对，但是后来才想明白门当户对不仅仅指这种门当户对，还指两个家庭包括父母的思想文化和"三观"。比如，你要是学金融你就能理解银行人，我是文艺圈的我可能就不理解，这就有可能导致不门当户对。以前的门当户对可能更多的指双方父母是一个层次的。现在在我看来扩展得比较大，主要还是看两个人、两个家庭的价值观，夫妻之间特别容易因为生活上的琐碎小事争吵：有的人认为我不需要去电影院看这个电影，但对方必须要去看，两个就会吵一架；出去旅游，关于选择什么价位的宾馆也能吵一架；地域差异导致关于早上吃什么也可能吵一架。另外，比如一个宁愿在二环住30平方米因为我去哪都方便，另一个宁愿在六环住100平方米因为我住着舒服，这就是价值观的差异。其实没有对与错，只有适合不适合。图你好看，能忍你一个月两个月，但是能忍你一辈子吗？价值观不同硬凑合在一起，肯定不幸福、不快乐。

我：您在和男友交往之前有选择过其他的相亲方式吗？

F女士：通过一些网站相亲，但是上边骗子好多，很不靠谱，尤其是他们抓住离异人的心理来骗财，我也遇到过这种事，当时我们在

线互动时那骗子就吹自己特别有钱，因为我不看重这个我不在乎，所以骗我没得逞。但有的人看重这个就被套进去，后来那骗子也被抓了起来，警察还打电话问过我情况，据说他骗了 5 个人。所以说相亲的话，通过这种方式或是相亲会很难与陌生人建立起信任的，还是经过熟人介绍比较靠谱。

（四）周围同事婚恋难问题

听了 F 女士的婚姻经历，终于明白一开始她一直和我强调的"奇葩"，戏剧般的残酷经历在现实当中上演让我为 F 女士的不幸遭遇感到深深的心痛，当然也明白真实的磨难与痛苦绝非这三言两语可以一带而过的，没有足够的勇气和强大的内心很难摆脱那段心理阴影。很欣慰的是她没有放弃自己，走出了那段暗无天日的时光，现在拥抱一份新的踏实安稳的感情，还怀有自己孩子归来的希望，生活朝着越来越好的方向迈进。其实看到她的精神状态也相信 F 女士现在过得幸福。可能上一段婚姻经历让她参透了很多，所以对待婚恋她想得更深，看得更远，现在在单位里她经常扮演婚恋知心姐姐，F 女士也大方向我分享起她同事的婚恋情况。

F 女士：我有一些女同事，比我年纪还大，北京人，到现在没有结婚也没有对象，很难遇到合适的了，在单位工作时间比我还长，收入可观，在北京有车有房，学历高，在她那个年龄段可选择的有离异的，可人家还不想找离异，单身的可匹配的更是少之又少，而且尤其是北京人的话，要求会更高，既有物质上的又有精神层次的匹配。其实我们单位特别多的大龄女青年找不到对象，主要是工作特别忙，每天早上 7 点多到单位，晚上 7 点多下班，回到家什么都不想说什么都不想干，周末也很少休息，经常性一个月每天都在上班，所以根本没有闲暇时间。另外也体现出一定的行业性，一般来说我们这个行业剩男很少，往往以女孩子居多，毕竟女孩面临结婚生子哺乳，就会有断档，领导在面试你的时候这些问题都会谈，比如我们竞聘时领导会问你孩子有谁帮你带、能否承受长期加班等。

F女士：当然我们单位平时也会组织一起活动，比如登山啊、舞蹈、篮球，还有各种比赛，也是为了促进这些大龄单身青年的交流互动，不过貌似并没有促成过。都是越挑越想挑，要求就越高，大家挑上的都是高于自己标准的，其实在婚恋市场应该给自己一个明确的定位，你要知道什么样的人是适合你的，不能高攀。

我：这些同事有没有偏好什么样的标准呢？

F女士：比如我们这有一个男孩，1982年的，有车有房，他就明确要求女方是"90后"，要长得漂亮，其他就无所谓。女选男一般要求有房有车有稳定工作，户口倒不是很重要，因为女孩一般认为有这些物质保障后我不需要再跟你奋斗。

F女士：我们行里有个经典的案例，一个男孩比我小两岁，开始各种相亲不下三四十次，每次别人都看不上，这男孩长得一般，可能不太会说话。他是外地人但有北京户口，经济条件很好，就是没有房，而且他当时没有买房不是没有钱而是他有免费的房子可以住，当时每次相亲都不成，我们就给他出主意说他必须有一套自己的房，因为你没有办法跟人家解释这个房可以永远免费居住，就算免费居住，人家姑娘也会有疑虑。后来这男孩在通州买了房，即便那么远，相亲了三次全成功了，还都是对方姑娘看上了他。同样的人，有房没房差距就这么大。其实也能理解，女生可能就觉得有房就是有保障，最起码不用租房子颠沛流离。

三 访谈小结

正如F女士所说，两个人在一起的基础是物质，但决定能不能走到最后还是要靠人品。很多道理在没有自己亲身经历过时往往如同雾

里看花，模糊且不真切。年轻人在婚恋市场上寻觅自己另一半时为其设定一道道标准，越挑越想挑，越挑标准越高，结果迷失了对自身的定位，满足于物质或是光鲜表象带来的慰藉，却往往忽略了内心最真实的渴望。两个人走到一起，单靠物质的维系很容易貌合神离，而彼此最有效的沟通来自双方的思想价值观的契合，也许我们真应该问问自己，我们将来会以何种姿态生活？

艺术家的婚恋观

——"北京青年婚恋状况调查"访谈之二

韩 伟[*]

一 被访者情况简介

X 女士，28 岁。为了追寻自己的绘画梦想，只身来到北京求学。她身上有一种艺术家特有的气质，言谈开放、性格开朗，比较认同国外的文化和生活。在访谈的整个过程中，始终都能在她的眼角眉间读出强大的自信和骄傲。

二 访谈主要内容

（一）对画画有着近乎执着的追求

一件灰色的过膝大衣、一头紫色的披肩长发，这身时尚的装束使我一眼就认出了马路边的 X 女士。不得不承认，X 女士的装束令人印象深刻。与此同时，我对 X 女士的职业产生了极大的兴趣。因为在我看来，如此特立独行的装束一定是思想比较前卫的人，从事的工作应该也比较前卫。在经过简单的交谈后，我了解到 X 女士是从事绘画艺术的一名画家，而这恰恰符合艺术家给大众的一般

---

* 韩伟，对外经济贸易大学保险学院研究生。

印象。

X女士大学学的是新闻，家境优越，毕业后本可以留在家乡发展，像周围的同学一样找一份轻松的工作，然后结婚生子，过上安逸的生活。但是由于非常热爱画画，X女士不想放弃自己的梦想，不想像周围的同学一样碌碌无为一辈子，X女士在毕业后毅然放弃在家乡的一切，选择只身到北京求学，追求自己的绘画梦想。X女士坦言，自己最大的梦想就是能够成为一位知名的画家，希望有一天自己的作品能够得到更多人的认可。

听着X女士对自己的事业以及梦想侃侃而谈，当看到她谈到绘画时脸上流露的那种幸福与享受的表情，我知道她是真的热爱绘画，绘画已经成了她生命中不可或缺的一部分。说实话，看到X女士这么有勇气追求自己的梦想我是很有感触的，我们周围有多少人为了求一时的安逸而选择碌碌无为，我们周围有多少人每天高喊着梦想却原地踏步。看着X女士坚毅的眼神，我知道，也许，为了绘画，她可以放弃许多事情。

（二）"为了绘画，我放弃了我的第一段感情"

X女士略带惋惜地和我诉说她的第一段感情经历。大学时代的爱情，总是甜蜜而美好，对于X女士来说也不例外。X女士很骄傲地向我介绍她大学时的男朋友，"帅"和"优秀"在谈话中出现了很多次。可见在X女士眼中，自己的男朋友是多么的完美。从认识一直交往到毕业，他们的感情都非常好。可是，当我问到他们最终为什么没有在一起时，X女士露出一个苦涩的笑容。原来，毕业后她的男朋友想留在本地发展，而X女士则想来北京追求自己的绘画梦想，二人最终因为没办法达成一致意见而选择和平分手。说到这里，我明显能感觉到X女士的情绪有点低落，可见这段感情在她的心中还是很有分量的。我问她是否后悔过自己的决定，X女士笑着摇了摇头，如

皮书品牌20年
YEAR BOOKS

皮书系列

2017年

智 库 成 果 出 版 与 传 播 平 台

社会科学文献出版社
SOCIAL SCIENCES ACADEMIC PRESS (CHINA)

2017年正值皮书品牌专业化二十周年之际，世界每天都在发生着让人眼花缭乱的变化，而唯一不变的，是面向未来无数的可能性。作为个体，如何获取专业信息以备不时之需？作为行政主体或企事业主体，如何提高决策的科学性让这个世界变得更好而不是更糟？原创、实证、专业、前沿、及时、持续，这是1997年"皮书系列"品牌创立的初衷。

1997～2017，从最初一个出版社的学术产品名称到媒体和公众使用频率极高的热点词语，从专业术语到大众话语，从官方文件到独特的出版型态，作为重要的智库成果，"皮书"始终致力于成为海量信息时代的信息过滤器，成为经济社会发展的记录仪，成为政策制定、评估、调整的智力源，社会科学研究的资料集成库。"皮书"的概念不断延展，"皮书"的种类更加丰富，"皮书"的功能日渐完善。

1997～2017，皮书及皮书数据库已成为中国新型智库建设不可或缺的抓手与平台，成为政府、企业和各类社会组织决策的利器，成为人文社科研究最基本的资料库，成为世界系统完整及时认知当代中国的窗口和通道！"皮书"所具有的凝聚力正在形成一种无形的力量，吸引着社会各界关注中国的发展，参与中国的发展。

二十年的"皮书"正值青春，愿每一位皮书人付出的年华与智慧不辜负这个时代！

社会科学文献出版社社长
中国社会学会秘书长

2016年11月

社会科学文献出版社简介

社会科学文献出版社成立于1985年，是直属于中国社会科学院的人文社会科学学术出版机构。成立以来，社科文献出版社依托于中国社会科学院和国内外人文社会科学界丰厚的学术出版和专家学者资源，始终坚持"创社科经典，出传世文献"的出版理念、"权威、前沿、原创"的产品定位以及学术成果和智库成果出版的专业化、数字化、国际化、市场化的经营道路。

社科文献出版社是中国新闻出版业转型与文化体制改革的先行者。积极探索文化体制改革的先进方向和现代企业经营决策机制，社科文献出版社先后荣获"全国文化体制改革工作先进单位"、中国出版政府奖·先进出版单位奖，中国社会科学院先进集体、全国科普工作先进集体等荣誉称号。多人次荣获"第十届韬奋出版奖""全国新闻出版行业领军人才""数字出版先进人物""北京市新闻出版广电行业领军人才"等称号。

社科文献出版社是中国人文社会科学学术出版的大社名社，也是以皮书为代表的智库成果出版的专业强社。年出版图书2000余种，其中皮书350余种，出版新书字数5.5亿字，承印与发行中国社科院院属期刊72种，先后创立了皮书系列、列国志、中国史话、社科文献学术译库、社科文献学术文库、甲骨文书系等一大批既有学术影响又有市场价值的品牌，确立了在社会学、近代史、苏东问题研究等专业学科及领域出版的领先地位。图书多次荣获中国出版政府奖、"三个一百"原创图书出版工程、"五个'一'工程奖"、"大众喜爱的50种图书"等奖项，在中央国家机关"强素质·做表率"读书活动中，入选图书品种数位居各大出版社之首。

社科文献出版社是中国学术出版规范与标准的倡议者与制定者，代表全国50多家出版社发起实施学术著作出版规范的倡议，承担学术著作规范国家标准的起草工作，率先编撰完成《皮书手册》对皮书品牌进行规范化管理，并在此基础上推出中国版芝加哥手册——《SSAP学术出版手册》。

社科文献出版社是中国数字出版的引领者，拥有皮书数据库、列国志数据库、"一带一路"数据库、减贫数据库、集刊数据库等4大产品线11个数据库产品，机构用户达1300余家，海外用户百余家，荣获"数字出版转型示范单位""新闻出版标准化先进单位""专业数字内容资源知识服务模式试点企业标准化示范单位"等称号。

社科文献出版社是中国学术出版走出去的践行者。社科文献出版社海外图书出版与学术合作业务遍及全球40余个国家和地区并于2016年成立俄罗斯分社，累计输出图书500余种，涉及近20个语种，累计获得国家社科基金中华学术外译项目资助76种、"丝路书香工程"项目资助60种、中国图书对外推广计划项目资助71种以及经典中国国际出版工程资助28种，被商务部认定为"2015-2016年度国家文化出口重点企业"。

如今，社科文献出版社拥有固定资产3.6亿元，年收入近3亿元，设置了七大出版分社、六大专业部门，成立了皮书研究院和博士后科研工作站，培养了一支近400人的高素质与高效率的编辑、出版、营销和国际推广队伍，为未来成为学术出版的大社、名社、强社，成为文化体制改革与文化企业转型发展的排头兵奠定了坚实的基础。

经 济 类

经济类皮书涵盖宏观经济、城市经济、大区域经济，
提供权威、前沿的分析与预测

经济蓝皮书

2017年中国经济形势分析与预测

李扬/主编　2017年1月出版　定价：89.00元

◆　本书为总理基金项目，由著名经济学家李扬领衔，联合中国社会科学院等数十家科研机构、国家部委和高等院校的专家共同撰写，系统分析了2016年的中国经济形势并预测2017年中国经济运行情况。

中国省域竞争力蓝皮书

中国省域经济综合竞争力发展报告（2015～2016）

李建平　李闽榕　高燕京/主编　2017年5月出版　定价：198.00元

◆　本书融多学科的理论为一体，深入追踪研究了省域经济发展与中国国家竞争力的内在关系，为提升中国省域经济综合竞争力提供有价值的决策依据。

城市蓝皮书

中国城市发展报告 No.10

潘家华　单菁菁/主编　2017年9月出版　估价：89.00元

◆　本书是由中国社会科学院城市发展与环境研究中心编著的，多角度、全方位地立体展示了中国城市的发展状况，并对中国城市的未来发展提出了许多建议。该书有强烈的时代感，对中国城市发展实践有重要的参考价值。

人口与劳动绿皮书

中国人口与劳动问题报告 No.18

蔡昉　张车伟 / 主编　2017 年 10 月出版　估价：89.00 元

◆　本书为中国社会科学院人口与劳动经济研究所主编的年度报告，对当前中国人口与劳动形势做了比较全面和系统的深入讨论，为研究中国人口与劳动问题提供了一个专业性的视角。

世界经济黄皮书

2017 年世界经济形势分析与预测

张宇燕 / 主编　2017 年 1 月出版　定价：89.00 元

◆　本书由中国社会科学院世界经济与政治研究所的研究团队撰写，2016 年世界经济增速进一步放缓，就业增长放慢。世界经济面临许多重大挑战同时，地缘政治风险、难民危机、大国政治周期、恐怖主义等问题也仍然在影响世界经济的稳定与发展。预计 2017 年按 PPP 计算的世界 GDP 增长率约为 3.0%。

国际城市蓝皮书

国际城市发展报告（2017）

屠启宇 / 主编　2017 年 2 月出版　定价：79.00 元

◆　本书作者以上海社会科学院从事国际城市研究的学者团队为核心，汇集同济大学、华东师范大学、复旦大学、上海交通大学、南京大学、浙江大学相关城市研究专业学者。立足动态跟踪介绍国际城市发展时间中，最新出现的重大战略、重大理念、重大项目、重大报告和最佳案例。

金融蓝皮书

中国金融发展报告（2017）

王国刚 / 主编　2017 年 2 月出版　定价：79.00 元

◆　本书由中国社会科学院金融研究所组织编写，概括和分析了 2016 年中国金融发展和运行中的各方面情况，研讨和评论了 2016 年发生的主要金融事件，有利于读者了解掌握 2016 年中国的金融状况，把握 2017 年中国金融的走势。

农村绿皮书
中国农村经济形势分析与预测（2016 ~ 2017）

魏后凯　杜志雄　黄秉信 / 主编　2017 年 4 月出版　估价：89.00 元

◆　本书描述了 2016 年中国农业农村经济发展的一些主要指标和变化，并对 2017 年中国农业农村经济形势的一些展望和预测，提出相应的政策建议。

西部蓝皮书
中国西部发展报告（2017）

徐璋勇 / 主编　2017 年 7 月出版　估价：89.00 元

◆　本书由西北大学中国西部经济发展研究中心主编，汇集了源自西部本土以及国内研究西部问题的权威专家的第一手资料，对国家实施西部大开发战略进行年度动态跟踪，并对 2017 年西部经济、社会发展态势进行预测和展望。

经济蓝皮书·夏季号
中国经济增长报告（2016 ~ 2017）

李扬 / 主编　2017 年 9 月出版　估价：98.00 元

◆　中国经济增长报告主要探讨 2016~2017 年中国经济增长问题，以专业视角解读中国经济增长，力求将其打造成一个研究中国经济增长、服务宏微观各级决策的周期性、权威性读物。

就业蓝皮书
2017 年中国本科生就业报告

麦可思研究院 / 编著　2017 年 6 月出版　估价：98.00 元

◆　本书基于大量的数据和调研，内容翔实，调查独到，分析到位，用数据说话，对中国大学生就业及学校专业设置起到了很好的建言献策作用。

社 会 政 法 类

 社会政法类皮书聚焦社会发展领域的热点、难点问题，提供权威、原创的资讯与视点

社会蓝皮书

2017年中国社会形势分析与预测

李培林　陈光金　张翼／主编　2016年12月出版　定价：89.00元

◆　本书由中国社会科学院社会学研究所组织研究机构专家、高校学者和政府研究人员撰写，聚焦当下社会热点，对2016年中国社会发展的各个方面内容进行了权威解读，同时对2017年社会形势发展趋势进行了预测。

法治蓝皮书

中国法治发展报告No.15（2017）

李林　田禾／主编　2017年3月出版　定价：118.00元

◆　本年度法治蓝皮书回顾总结了2016年度中国法治发展取得的成就和存在的不足，对中国政府、司法、检务透明度进行了跟踪调研，并对2017年中国法治发展形势进行了预测和展望。

社会体制蓝皮书

中国社会体制改革报告No.5（2017）

龚维斌／主编　2017年3月出版　定价：89.00元

◆　本书由国家行政学院社会治理研究中心和北京师范大学中国社会管理研究院共同组织编写，主要对2016年社会体制改革情况进行回顾和总结，对2017年的改革走向进行分析，提出相关政策建议。

社会心态蓝皮书
中国社会心态研究报告（2017）

王俊秀 杨宜音／主编　2017年12月出版　估价：89.00元

◆　本书是中国社会科学院社会学研究所社会心理研究中心"社会心态蓝皮书课题组"的年度研究成果，运用社会心理学、社会学、经济学、传播学等多种学科的方法进行了调查和研究，对于目前中国社会心态状况有较广泛和深入的揭示。

生态城市绿皮书
中国生态城市建设发展报告（2017）

刘举科 孙伟平 胡文臻／主编　2017年7月出版　估价：118.00元

◆　报告以绿色发展、循环经济、低碳生活、民生宜居为理念，以更新民众观念、提供决策咨询、指导工程实践、引领绿色发展为宗旨，试图探索一条具有中国特色的城市生态文明建设新路。

城市生活质量蓝皮书
中国城市生活质量报告（2017）

中国经济实验研究院／主编　2017年7月出版　估价：89.00元

◆　本书对全国35个城市居民的生活质量主观满意度进行了电话调查，同时对35个城市居民的客观生活质量指数进行了计算，为中国城市居民生活质量的提升，提出了针对性的政策建议。

公共服务蓝皮书
中国城市基本公共服务力评价（2017）

钟君 刘志昌 吴正杲／主编　2017年12月出版　估价：89.00元

◆　中国社会科学院经济与社会建设研究室与华图政信调查组成联合课题组，从2010年开始对基本公共服务力进行研究，研创了基本公共服务力评价指标体系，为政府考核公共服务与社会管理工作提供了理论工具。

行业报告类

行业报告类皮书立足重点行业、新兴行业领域，
提供及时、前瞻的数据与信息

企业社会责任蓝皮书

中国企业社会责任研究报告（2017）

黄群慧　钟宏武　张蒽　翟利峰 / 著　2017 年 10 月出版　估价：89.00 元

◆　本书剖析了中国企业社会责任在 2016 ~ 2017 年度的最新发展特征，详细解读了省域国有企业在社会责任方面的阶段性特征，生动呈现了国内外优秀企业的社会责任实践。对了解中国企业社会责任履行现状、未来发展，以及推动社会责任建设有重要的参考价值。

新能源汽车蓝皮书

中国新能源汽车产业发展报告（2017）

中国汽车技术研究中心　日产（中国）投资有限公司

东风汽车有限公司 / 编著　2017 年 7 月出版　估价：98.00 元

◆　本书对中国 2016 年新能源汽车产业发展进行了全面系统的分析，并介绍了国外的发展经验。有助于相关机构、行业和社会公众等了解中国新能源汽车产业发展的最新动态，为政府部门出台新能源汽车产业相关政策法规、企业制定相关战略规划，提供必要的借鉴和参考。

杜仲产业绿皮书

中国杜仲橡胶资源与产业发展报告（2016 ~ 2017）

杜红岩　胡文臻　俞锐 / 主编　2017 年 4 月出版　估价：85.00 元

◆　本书对 2016 年杜仲产业的发展情况、研究团队在杜仲研究方面取得的重要成果、部分地区杜仲产业发展的具体情况、杜仲新标准的制定情况等进行了较为详细的分析与介绍，使广大关心杜仲产业发展的读者能够及时跟踪产业最新进展。

企业蓝皮书

中国企业绿色发展报告 No.2（2017）

李红玉　朱光辉 / 主编　　2017 年 8 月出版　　估价：89.00 元

◆　本书深入分析中国企业能源消费、资源利用、绿色金融、绿色产品、绿色管理、信息化、绿色发展政策及绿色文化方面的现状，并对目前存在的问题进行研究，剖析因果，谋划对策，为企业绿色发展提供借鉴，为中国生态文明建设提供支撑。

中国上市公司蓝皮书

中国上市公司发展报告（2017）

张平　王宏淼 / 主编　　2017 年 10 月出版　　估价：98.00 元

◆　本书由中国社会科学院上市公司研究中心组织编写的，着力于全面、真实、客观反映当前中国上市公司财务状况和价值评估的综合性年度报告。本书详尽分析了 2016 年中国上市公司情况，特别是现实中暴露出的制度性、基础性问题，并对资本市场改革进行了探讨。

资产管理蓝皮书

中国资产管理行业发展报告（2017）

智信资产管理研究院 / 编著　　2017 年 6 月出版　　估价：89.00 元

◆　中国资产管理行业刚刚兴起，未来将成为中国金融市场最有看点的行业。本书主要分析了 2016 年度资产管理行业的发展情况，同时对资产管理行业的未来发展做出科学的预测。

体育蓝皮书

中国体育产业发展报告（2017）

阮伟　钟秉枢 / 主编　　2017 年 12 月出版　　估价：89.00 元

◆　本书运用多种研究方法，在体育竞赛业、体育用品业、体育场馆业、体育传媒业等传统产业研究的基础上，并对 2016 年体育领域内的各种热点事件进行研究和梳理，进一步拓宽了研究的广度、提升了研究的高度、挖掘了研究的深度。

国际问题类

国际问题类皮书关注全球重点国家与地区，
提供全面、独特的解读与研究

美国蓝皮书

美国研究报告（2017）

郑秉文　黄平／主编　2017年6月出版　估价：89.00元

◆　本书是由中国社会科学院美国研究所主持完成的研究成果，它回顾了美国2016年的经济、政治形势与外交战略，对2017年以来美国内政外交发生的重大事件及重要政策进行了较为全面的回顾和梳理。

日本蓝皮书

日本研究报告（2017）

杨伯江／主编　2017年5月出版　估价：89.00元

◆　本书对2016年日本的政治、经济、社会、外交等方面的发展情况做了系统介绍，对日本的热点及焦点问题进行了总结和分析，并在此基础上对该国2017年的发展前景做出预测。

亚太蓝皮书

亚太地区发展报告（2017）

李向阳／主编　2017年4月出版　估价：89.00元

◆　本书是中国社会科学院亚太与全球战略研究院的集体研究成果。2017年的"亚太蓝皮书"继续关注中国周边环境的变化。该书盘点了2016年亚太地区的焦点和热点问题，为深入了解2016年及未来中国与周边环境的复杂形势提供了重要参考。

德国蓝皮书

德国发展报告（2017）

郑春荣 / 主编　2017 年 6 月出版　估价：89.00 元

◆　本报告由同济大学德国研究所组织编撰，由该领域的专家学者对德国的政治、经济、社会文化、外交等方面的形势发展情况，进行全面的阐述与分析。

日本经济蓝皮书

日本经济与中日经贸关系研究报告（2017）

张季风 / 编著　　2017 年 5 月出版　　估价：89.00 元

◆　本书系统、详细地介绍了 2016 年日本经济以及中日经贸关系发展情况，在进行了大量数据分析的基础上，对 2017 年日本经济以及中日经贸关系的大致发展趋势进行了分析与预测。

俄罗斯黄皮书

俄罗斯发展报告（2017）

李永全 / 编著　2017 年 7 月出版　估价：89.00 元

◆　本书系统介绍了 2016 年俄罗斯经济政治情况，并对 2016 年该地区发生的焦点、热点问题进行了分析与回顾；在此基础上，对该地区 2017 年的发展前景进行了预测。

非洲黄皮书

非洲发展报告 No.19（2016 ~ 2017）

张宏明 / 主编　2017 年 8 月出版　估价：89.00 元

◆　本书是由中国社会科学院西亚非洲研究所组织编撰的非洲形势年度报告，比较全面、系统地分析了 2016 年非洲政治形势和热点问题，探讨了非洲经济形势和市场走向，剖析了大国对非洲关系的新动向；此外，还介绍了国内非洲研究的新成果。

地方发展类

地方发展类皮书关注中国各省份、经济区域，
提供科学、多元的预判与资政信息

北京蓝皮书

北京公共服务发展报告（2016~2017）

施昌奎／主编　2017年3月出版　定价：79.00元

◆　本书是由北京市政府职能部门的领导、首都著名高校的教授、知名研究机构的专家共同完成的关于北京市公共服务发展与创新的研究成果。

河南蓝皮书

河南经济发展报告（2017）

张占仓　完世伟／主编　2017年4月出版　估价：89.00元

◆　本书以国内外经济发展环境和走向为背景，主要分析当前河南经济形势，预测未来发展趋势，全面反映河南经济发展的最新动态、热点和问题，为地方经济发展和领导决策提供参考。

广州蓝皮书

2017年中国广州经济形势分析与预测

庚建设　陈浩钿　谢博能／主编　2017年7月出版　估价：85.00元

◆　本书由广州大学与广州市委政策研究室、广州市统计局联合主编，汇集了广州科研团体、高等院校和政府部门诸多经济问题研究专家、学者和实际部门工作者的最新研究成果，是关于广州经济运行情况和相关专题分析、预测的重要参考资料。

文化传媒类

文化传媒类皮书透视文化领域、文化产业，
探索文化大繁荣、大发展的路径

新媒体蓝皮书

中国新媒体发展报告 No.8（2017）

唐绪军 / 主编　2017 年 6 月出版　估价：89.00 元

◆　本书是由中国社会科学院新闻与传播研究所组织编写的关于新媒体发展的最新年度报告，旨在全面分析中国新媒体的发展现状，解读新媒体的发展趋势，探析新媒体的深刻影响。

移动互联网蓝皮书

中国移动互联网发展报告（2017）

官建文 / 主编　　2017 年 6 月出版　　估价：89.00 元

◆　本书着眼于对 2016 年度中国移动互联网的发展情况做深入解析，对未来发展趋势进行预测，力求从不同视角、不同层面全面剖析中国移动互联网发展的现状、年度突破及热点趋势等。

传媒蓝皮书

中国传媒产业发展报告（2017）

崔保国 / 主编　2017 年 5 月出版　估价：98.00 元

◆　"传媒蓝皮书"连续十多年跟踪观察和系统研究中国传媒产业发展。本报告在对传媒产业总体以及各细分行业发展状况与趋势进行深入分析基础上，对年度发展热点进行跟踪，剖析新技术引领下的商业模式，对传媒各领域发展趋势、内体经营、传媒投资进行解析，为中国传媒产业正在发生的变革提供前瞻行参考。

经济类

"三农"互联网金融蓝皮书
中国"三农"互联网金融发展报告（2017）
著(编)者：李勇坚 王弢　2017年8月出版 / 估价：98.00元
PSN B-2016-561-1/1

G20国家创新竞争力黄皮书
二十国集团（G20）国家创新竞争力发展报告（2016~2017）
著(编)者：李建平 李闽榕 赵新力　周天勇
2017年8月出版 / 估价：158.00元
PSN Y-2011-229-1/1

产业蓝皮书
中国产业竞争力报告（2017）No.7
著(编)者：张其仔　2017年12月出版 / 估价：98.00元
PSN B-2010-175-1/1

城市创新蓝皮书
中国城市创新报告（2017）
著(编)者：周天勇 旷建伟　2017年11月出版 / 估价：89.00元
PSN B-2013-340-1/1

城市蓝皮书
中国城市发展报告 No.10
著(编)者：潘家华 单菁菁　2017年9月出版 / 估价：89.00元
PSN B-2007-091-1/1

城乡一体化蓝皮书
中国城乡一体化发展报告（2016~2017）
著(编)者：汝信 付崇兰　2017年7月出版 / 估价：85.00元
PSN B-2011-226-1/2

城镇化蓝皮书
中国新型城镇化健康发展报告（2017）
著(编)者：张占斌　2017年8月出版 / 估价：89.00元
PSN B-2014-396-1/1

创新蓝皮书
创新型国家建设报告（2016~2017）
著(编)者：詹正茂　2017年12月出版 / 估价：89.00元
PSN B-2009-140-1/1

创业蓝皮书
中国创业发展报告（2016~2017）
著(编)者：黄群慧 赵卫星 钟宏武等
2017年11月出版 / 估价：89.00元
PSN B-2016-578-1/1

低碳发展蓝皮书
中国低碳发展报告（2016~2017）
著(编)者：齐晔 张希良　2017年3月出版 / 估价：98.00元
PSN B-2011-223-1/1

低碳经济蓝皮书
中国低碳经济发展报告（2017）
著(编)者：薛进军 赵忠秀　2017年6月出版 / 估价：85.00元
PSN B-2011-194-1/1

东北蓝皮书
中国东北地区发展报告（2017）
著(编)者：姜晓秋　2017年2月出版 / 定价：79.00元
PSN B-2006-067-1/1

发展与改革蓝皮书
中国经济发展和体制改革报告No.8
著(编)者：邹东涛 王再文　2017年4月出版 / 估价：98.00元
PSN B-2008-122-1/1

工业化蓝皮书
中国工业化进程报告（2017）
著(编)者：黄群慧　2017年12月出版 / 估价：158.00元
PSN B-2007-095-1/1

管理蓝皮书
中国管理发展报告（2017）
著(编)者：张晓东　2017年10月出版 / 估价：98.00元
PSN B-2014-416-1/1

国际城市蓝皮书
国际城市发展报告（2017）
著(编)者：屠启宇　2017年2月出版 / 定价：79.00元
PSN B-2012-260-1/1

国家创新蓝皮书
中国创新发展报告（2017）
著(编)者：陈劲　2017年12月出版 / 估价：89.00元
PSN B-2014-370-1/1

金融蓝皮书
中国金融发展报告（2017）
著(编)者：王国刚　2017年2月出版 / 定价：79.00元
PSN B-2004-031-1/6

京津冀金融蓝皮书
京津冀金融发展报告（2017）
著(编)者：王爱俭 李向前
2017年4月出版 / 估价：89.00元
PSN B-2016-528-1/1

京津冀蓝皮书
京津冀发展报告（2017）
著(编)者：文魁 祝尔娟　2017年4月出版 / 估价：89.00元
PSN B-2012-262-1/1

经济蓝皮书
2017年中国经济形势分析与预测
著(编)者：李扬　2017年1月出版 / 定价：89.00元
PSN B-1996-001-1/1

经济蓝皮书·春季号
2017年中国经济前景分析
著(编)者：李扬　2017年6月出版 / 估价：89.00元
PSN B-1999-008-1/1

经济蓝皮书·夏季号
中国经济增长报告（2016~2017）
著(编)者：李扬　2017年9月出版 / 估价：98.00元
PSN B-2010-176-1/1

经济信息绿皮书
中国与世界经济发展报告（2017）
著(编)者：杜平　2017年12月出版 / 定价：89.00元
PSN G-2003-023-1/1

就业蓝皮书
2017年中国本科生就业报告
著(编)者：麦可思研究院　2017年6月出版 / 估价：98.00元
PSN B-2009-146-1/2

就业蓝皮书
2017年中国高职高专生就业报告
著(编)者：麦可思研究院　2017年6月出版 / 估价：98.00元
PSN B-2015-472-2/2

科普能力蓝皮书
中国科普能力评价报告（2017）
著(编)者：李富 强李群　2017年8月出版 / 估价：89.00元
PSN B-2016-556-1/1

临空经济蓝皮书
中国临空经济发展报告（2017）
著(编)者：连玉明　2017年9月出版 / 估价：89.00元
PSN B-2014-421-1/1

农村绿皮书
中国农村经济形势分析与预测（2016～2017）
著(编)者：魏后凯 杜志雄 黄秉信
2017年4月出版 / 估价：89.00元
PSN G-1998-003-1/1

农业应对气候变化蓝皮书
气候变化对中国农业影响评估报告 No.3
著(编)者：矫梅燕　2017年8月出版 / 估价：98.00元
PSN B-2014-413-1/1

气候变化绿皮书
应对气候变化报告（2017）
著(编)者：王伟光 郑国光　2017年6月出版 / 估价：89.00元
PSN G-2009-144-1/1

区域蓝皮书
中国区域经济发展报告（2016～2017）
著(编)者：赵弘　2017年6月出版 / 估价：89.00元
PSN B-2004-034-1/1

全球环境竞争力绿皮书
全球环境竞争力报告（2017）
著(编)者：李建平 李闽榕 王金南
2017年12月出版 / 估价：198.00元
PSN G-2013-363-1/1

人口与劳动绿皮书
中国人口与劳动问题报告 No.18
著(编)者：蔡昉 张车伟　2017年11月出版 / 估价：89.00元
PSN G-2000-012-1/1

商务中心区蓝皮书
中国商务中心区发展报告 No.3（2016）
著(编)者：李国红 单菁菁　2017年4月出版 / 估价：89.00元
PSN B-2015-444-1/1

世界经济黄皮书
2017年世界经济形势分析与预测
著(编)者：张宇燕　2017年1月出版 / 定价：89.00元
PSN Y-1999-006-1/1

世界旅游城市绿皮书
世界旅游城市发展报告（2017）
著(编)者：宋宇　2017年4月出版 / 估价：128.00元
PSN G-2014-400-1/1

土地市场蓝皮书
中国农村土地市场发展报告（2016～2017）
著(编)者：李光荣　2017年4月出版 / 估价：89.00元
PSN B-2016-527-1/1

西北蓝皮书
中国西北发展报告（2017）
著(编)者：高建龙　2017年4月出版 / 估价：89.00元
PSN B-2012-261-1/1

西部蓝皮书
中国西部发展报告（2017）
著(编)者：徐璋勇　2017年7月出版 / 估价：89.00元
PSN B-2005-039-1/1

新型城镇化蓝皮书
新型城镇化发展报告（2017）
著(编)者：李伟 宋敏 沈体雁　2017年4月出版 / 估价：98.00元
PSN B-2014-431-1/1

新兴经济体蓝皮书
金砖国家发展报告（2017）
著(编)者：林跃勤 周文　2017年12月出版 / 估价：89.00元
PSN B-2011-195-1/1

长三角蓝皮书
2017年新常态下深化一体化的长三角
著(编)者：王庆五　2017年12月出版 / 估价：88.00元
PSN B-2005-038-1/1

中部竞争力蓝皮书
中国中部经济社会竞争力报告（2017）
著(编)者：教育部人文社会科学重点研究基地
　　　　南昌大学中国中部经济社会发展研究中心
2017年12月出版 / 估价：89.00元
PSN B-2012-276-1/1

中部蓝皮书
中国中部地区发展报告（2017）
著(编)者：宋亚平　2017年12月出版 / 估价：88.00元
PSN B-2007-089-1/1

中国省域竞争力蓝皮书
中国省域经济综合竞争力发展报告（2017）
著(编)者：李建平 李闽榕 高燕京
2017年2月出版 / 定价：198.00元
PSN B-2007-088-1/1

中三角蓝皮书
长江中游城市群发展报告（2017）
著(编)者：秦尊文　2017年9月出版 / 估价：89.00元
PSN B-2014-417-1/1

中小城市绿皮书
中国中小城市发展报告（2017）
著(编)者：中国城市经济学会中小城市经济发展委员会
　　　　中国城镇化促进会中小城市发展委员会
　　　　《中国中小城市发展报告》编纂委员会
　　　　中小城市发展战略研究院
2017年11月出版 / 估价：128.00元
PSN G-2010-161-1/1

中原蓝皮书
中原经济区发展报告（2017）
著(编)者：李英杰　2017年6月出版 / 估价：88.00元
PSN B-2011-192-1/1

自贸区蓝皮书
中国自贸区发展报告（2017）
著(编)者：王力　2017年7月出版 / 估价：89.00元
PSN B-2016-559-1/1

社会政法类

北京蓝皮书
中国社区发展报告（2017）
著(编)者：于燕燕　　2017年4月出版 / 估价：89.00元
PSN B-2007-083-5/8

殡葬绿皮书
中国殡葬事业发展报告（2017）
著(编)者：李伯森　　2017年4月出版 / 估价：158.00元
PSN G-2010-180-1/1

城市管理蓝皮书
中国城市管理报告（2016~2017）
著(编)者：刘林　刘承水　2017年5月出版 / 估价：158.00元
PSN B-2013-336-1/1

城市生活质量蓝皮书
中国城市生活质量报告（2017）
著(编)者：中国经济实验研究院
2018年7月出版 / 估价：89.00元
PSN B-2013-326-1/1

城市政府能力蓝皮书
中国城市政府公共服务能力评估报告（2017）
著(编)者：何艳玲　　2017年4月出版 / 估价：89.00元
PSN B-2013-338-1/1

慈善蓝皮书
中国慈善发展报告（2017）
著(编)者：杨团　　2017年6月出版 / 估价：89.00元
PSN B-2009-142-1/1

党建蓝皮书
党的建设研究报告 No.2（2017）
著(编)者：崔建民　陈东平　2017年4月出版 / 估价：89.00元
PSN B-2016-524-1/1

地方法治蓝皮书
中国地方法治发展报告 No.3（2017）
著(编)者：李林　田禾　2017年4月出版 / 估价：108.00元
PSN B-2015-442-1/1

法治蓝皮书
中国法治发展报告 No.15（2017）
著(编)者：李林　田禾　2017年3月出版 / 定价：118.00元
PSN B-2004-027-1/1

法治政府蓝皮书
中国法治政府发展报告（2017）
著(编)者：中国政法大学法治政府研究院
2017年4月出版 / 估价：98.00元
PSN B-2015-502-1/2

法治政府蓝皮书
中国法治政府评估报告（2017）
著(编)者：中国政法大学法治政府研究院
2017年11月出版 / 估价：98.00元
PSN B-2016-577-2/2

法治蓝皮书
中国法院信息化发展报告 No.1（2017）
著(编)者：李林　田禾　2017年2月出版 / 定价：108.00元
PSN B-2017-604-3/3

反腐倡廉蓝皮书
中国反腐倡廉建设报告 No.7
著(编)者：张英伟　　2017年12月出版 / 估价：89.00元
PSN B-2012-259-1/1

非传统安全蓝皮书
中国非传统安全研究报告（2016~2017）
著(编)者：余潇枫　魏志江　2017年6月出版 / 估价：89.00元
PSN B-2012-273-1/1

妇女发展蓝皮书
中国妇女发展报告 No.7
著(编)者：王金玲　　2017年9月出版 / 估价：148.00元
PSN B-2006-069-1/1

妇女教育蓝皮书
中国妇女教育发展报告 No.4
著(编)者：张李玺　　2017年10月出版 / 估价：78.00元
PSN B-2008-121-1/1

妇女绿皮书
中国性别平等与妇女发展报告（2017）
著(编)者：谭琳　　2017年12月出版 / 估价：99.00元
PSN G-2006-073-1/1

公共服务蓝皮书
中国城市基本公共服务力评价（2017）
著(编)者：钟君　刘志昌　吴正杲　2017年12月出版 / 估价：89.0
PSN B-2011-214-1/1

公民科学素质蓝皮书
中国公民科学素质报告（2016~2017）
著(编)者：李群　陈雄　马宗文
2017年4月出版 / 估价：89.00元
PSN B-2014-379-1/1

公共关系蓝皮书
中国公共关系发展报告（2017）
著(编)者：柳斌杰　　2017年11月出版 / 估价：89.00元
PSN B-2016-580-1/1

公益蓝皮书
中国公益慈善发展报告（2017）
著(编)者：朱健刚　　2018年4月出版 / 估价：118.00元
PSN B-2012-283-1/1

国际人才蓝皮书
中国国际移民报告（2017）
著(编)者：王辉耀　　2017年4月出版 / 估价：89.00元
PSN B-2012-304-3/4

国际人才蓝皮书
中国留学发展报告（2017）No.5
著(编)者：王辉耀　苗绿　2017年10月出版 / 估价：89.00元
PSN B-2012-244-2/4

海洋社会蓝皮书
中国海洋社会发展报告（2017）
著(编)者：崔凤　宋宁而　2017年7月出版 / 估价：89.00元
PSN B-2015-478-1/1

行政改革蓝皮书
中国行政体制改革报告（2017）No.6
著(编)者：魏礼群　2017年5月出版 / 估价：98.00元
PSN B-2011-231-1/1

华侨华人蓝皮书
华侨华人研究报告（2017）
著(编)者：贾益民　2017年12月出版 / 估价：128.00元
PSN B-2011-204-1/1

环境竞争力绿皮书
中国省域环境竞争力发展报告（2017）
著(编)者：李建平　李闽榕　王金南
2017年11月出版 / 估价：198.00元
PSN G-2010-165-1/1

环境绿皮书
中国环境发展报告（2017）
著(编)者：刘鉴强　2017年4月出版 / 估价：89.00元
PSN G-2006-048-1/1

基金会蓝皮书
中国基金会发展报告（2016~2017）
著(编)者：中国基金会发展报告课题组
2017年4月出版 / 估价：85.00元
PSN B-2013-368-1/1

基金会绿皮书
中国基金会发展独立研究报告（2017）
著(编)者：基金会中心网　中央民族大学基金会研究中心
2017年6月出版 / 估价：88.00元
PSN G-2011-213-1/1

基金会透明度蓝皮书
中国基金会透明度发展研究报告（2017）
著(编)者：基金会中心网　清华大学廉政与治理研究中心
2017年12月出版 / 估价：89.00元
PSN B-2015-509-1/1

家庭蓝皮书
中国"创建幸福家庭活动"评估报告（2017）
国务院发展研究中心"创建幸福家庭活动评估"课题组著
2017年8月出版 / 估价：89.00元
PSN B-2015-508-1/1

健康城市蓝皮书
中国健康城市建设研究报告（2017）
著(编)者：王鸿春　解树江　盛继洪
2017年9月出版 / 估价：89.00元
PSN B-2016-565-2/2

教师蓝皮书
中国中小学教师发展报告（2017）
著(编)者：曾晓东　鱼霞　2017年6月出版 / 估价：89.00元
PSN B-2012-289-1/1

教育蓝皮书
中国教育发展报告（2017）
著(编)者：杨东平　2017年4月出版 / 估价：89.00元
PSN B-2006-047-1/1

科普蓝皮书
中国基层科普发展报告（2016~2017）
著(编)者：赵立　新陈玲　2017年9月出版 / 估价：89.00元
PSN B-2016-569-3/3

科普蓝皮书
中国科普基础设施发展报告（2017）
著(编)者：任福君　2017年6月出版 / 估价：89.00元
PSN B-2010-174-1/3

科普蓝皮书
中国科普人才发展报告（2017）
著(编)者：郑念　任嵘嵘　2017年4月出版 / 估价：98.00元
PSN B-2015-512-2/3

科学教育蓝皮书
中国科学教育发展报告（2017）
著(编)者：罗晖　王康友　2017年10月出版 / 估价：89.00元
PSN B-2015-487-1/1

劳动保障蓝皮书
中国劳动保障发展报告（2017）
著(编)者：刘燕斌　2017年9月出版 / 估价：188.00元
PSN B-2014-415-1/1

老龄蓝皮书
中国老年宜居环境发展报告（2017）
著(编)者：党俊武　周燮珉　2017年4月出版 / 估价：89.00元
PSN B-2013-320-1/1

连片特困区蓝皮书
中国连片特困区发展报告（2017）
著(编)者：游俊　冷志明　丁建军
2017年4月出版 / 估价：98.00元
PSN B-2013-321-1/1

流动儿童蓝皮书
中国流动儿童教育发展报告（2016）
著(编)者：杨东平　2017年1月出版 / 定价：79.00元
PSN B-2017-600-1/1

民调蓝皮书
中国民生调查报告（2017）
著(编)者：谢耘耕　2017年12月出版 / 估价：98.00元
PSN B-2014-398-1/1

民族发展蓝皮书
中国民族发展报告（2017）
著(编)者：郝时远　王延中　王希恩
2017年4月出版 / 估价：98.00元
PSN B-2006-070-1/1

女性生活蓝皮书
中国女性生活状况报告 No.11（2017）
著(编)者：韩湘景　2017年10月出版 / 估价：98.00元
PSN B-2006-071-1/1

汽车社会蓝皮书
中国汽车社会发展报告（2017）
著(编)者：王俊秀　2017年12月出版 / 估价：89.00元
PSN B-2011-224-1/1

青年蓝皮书
中国青年发展报告（2017）No.3
著(编)者：廉思 等　2017年4月出版 / 估价：89.00元
PSN B-2013-333-1/1

青少年蓝皮书
中国未成年人互联网运用报告（2017）
著(编)者：李文革 沈洁 李为民
2017年11月出版 / 估价：89.00元
PSN B-2010-165-1/1

青少年体育蓝皮书
中国青少年体育发展报告（2017）
著(编)者：郭建军 杨桦　2017年9月出版 / 估价：89.00元
PSN B-2015-482-1/1

群众体育蓝皮书
中国群众体育发展报告（2017）
著(编)者：刘国永 杨桦　2017年12月出版 / 估价：89.00元
PSN B-2016-519-2/3

人权蓝皮书
中国人权事业发展报告No.7（2017）
著(编)者：李君如　2017年9月出版 / 估价：98.00元
PSN B-2011-215-1/1

社会保障绿皮书
中国社会保障发展报告（2017）No.8
著(编)者：王延中　2017年1月出版 / 估价：98.00元
PSN G-2001-014-1/1

社会风险评估蓝皮书
风险评估与危机预警评估报告（2017）
著(编)者：唐钧　2017年8月出版 / 估价：85.00元
PSN B-2016-521-1/1

社会管理蓝皮书
中国社会管理创新报告No.5
著(编)者：连玉明　2017年11月出版 / 估价：89.00元
PSN B-2012-300-1/1

社会蓝皮书
2017年中国社会形势分析与预测
著(编)者：李培林 陈光金 张翼
2016年12月出版 / 定价：89.00元
PSN B-1998-002-1/1

社会体制蓝皮书
中国社会体制改革报告No.5（2017）
著(编)者：龚维斌　2017年3月出版 / 定价：89.00元
PSN B-2013-330-1/1

社会心态蓝皮书
中国社会心态研究报告（2017）
著(编)者：王俊秀 杨宜音　2017年12月出版 / 估价：89.00元
PSN B-2011-199-1/1

社会组织蓝皮书
中国社会组织发展报告（2016~2017）
著(编)者：黄晓勇　2017年1月出版 / 定价：89.00元
PSN B-2008-118-1/2

社会组织蓝皮书
中国社会组织评估发展报告（2017）
著(编)者：徐家良 廖鸿　2017年12月出版 / 估价：89.00元
PSN B-2013-366-1/1

生态城市绿皮书
中国生态城市建设发展报告（2017）
著(编)者：刘举科 孙伟平 胡文臻
2017年9月出版 / 估价：118.00元
PSN G-2012-269-1/1

生态文明绿皮书
中国省域生态文明建设评价报告（ECI 2017）
著(编)者：严耕　2017年12月出版 / 估价：98.00元
PSN G-2010-170-1/1

土地整治蓝皮书
中国土地整治发展研究报告No.4
著(编)者：国土资源部土地整治中心
2017年7月出版 / 估价：89.00元
PSN B-2014-401-1/1

土地政策蓝皮书
中国土地政策研究报告（2017）
著(编)者：高延利 李宪文
2017年12月出版 / 定价：89.00元
PSN B-2015-506-1/1

医改蓝皮书
中国医药卫生体制改革报告（2017）
著(编)者：文学国 房志武　2017年11月出版 / 估价：98.00元
PSN B-2014-432-1/1

医疗卫生绿皮书
中国医疗卫生发展报告No.7（2017）
著(编)者：申宝忠 韩玉珍　2017年4月出版 / 估价：85.00元
PSN G-2004-033-1/1

应急管理蓝皮书
中国应急管理报告（2017）
著(编)者：宋英华　2017年9月出版 / 估价：98.00元
PSN B-2016-563-1/1

政治参与蓝皮书
中国政治参与报告（2017）
著(编)者：房宁　2017年9月出版 / 估价：118.00元
PSN B-2011-200-1/1

宗教蓝皮书
中国宗教报告（2016）
著(编)者：邱永辉　2017年4月出版 / 估价：89.00元
PSN B-2008-117-1/1

行业报告类

SUV蓝皮书
中国SUV市场发展报告（2016~2017）
著(编)者：靳军　2017年9月出版 / 估价：89.00元
PSN B-2016-572-1/1

保健蓝皮书
中国保健服务产业发展报告 No.2
著(编)者：中国保健协会 中共中央党校
2017年7月出版 / 估价：198.00元
PSN B-2012-272-3/3

保健蓝皮书
中国保健食品产业发展报告 No.2
著(编)者：中国保健协会
　中国社会科学院食品药品产业发展与监管研究中心
2017年7月出版 / 估价：198.00元
PSN B-2012-271-2/3

保健蓝皮书
中国保健用品产业发展报告 No.2
著(编)者：中国保健协会
　国务院国有资产监督管理委员会研究中心
2017年4月出版 / 估价：198.00元
PSN B-2012-270-1/3

保险蓝皮书
中国保险业竞争力报告（2017）
著(编)者：项俊波　2017年12月出版 / 估价：99.00元
PSN B-2013-311-1/1

冰雪蓝皮书
中国滑雪产业发展报告（2017）
著(编)者：孙承华 伍斌 魏庆华 张鸿俊
　2017年8月出版 / 估价：89.00元
PSN B-2016-560-1/1

彩票蓝皮书
中国彩票发展报告（2017）
著(编)者：益彩基金　2017年4月出版 / 估价：98.00元
PSN B-2015-462-1/1

餐饮产业蓝皮书
中国餐饮产业发展报告（2017）
著(编)者：邢颖　2017年6月出版 / 估价：98.00元
PSN B-2009-151-1/1

测绘地理信息蓝皮书
新常态下的测绘地理信息研究报告（2017）
著(编)者：库热西·买合苏提
2017年12月出版 / 估价：118.00元
PSN B-2009-145-1/1

茶业蓝皮书
中国茶产业发展报告（2017）
著(编)者：杨江帆 李闽榕　2017年10月出版 / 估价：88.00元
PSN B-2010-164-1/1

产权市场蓝皮书
中国产权市场发展报告（2016~2017）
著(编)者：曹和平　2017年5月出版 / 估价：89.00元
PSN B-2009-147-1/1

产业安全蓝皮书
中国出版传媒产业安全报告（2016~2017）
著(编)者：北京印刷学院文化产业安全研究院
2017年4月出版 / 估价：89.00元
PSN B-2014-384-13/14

产业安全蓝皮书
中国文化产业安全报告（2017）
著(编)者：北京印刷学院文化产业安全研究院
2017年12月出版 / 估价：89.00元
PSN B-2014-378-12/14

产业安全蓝皮书
中国新媒体产业安全报告（2017）
著(编)者：北京印刷学院文化产业安全研究院
2017年12月出版 / 估价：89.00元
PSN B-2015-500-14/14

城投蓝皮书
中国城投行业发展报告（2017）
著(编)者：王晨艳 丁伯康　2017年11月出版 / 估价：300.00元
PSN B-2016-514-1/1

电子政务蓝皮书
中国电子政务发展报告（2016~2017）
著(编)者：李季 杜平　2017年7月出版 / 估价：89.00元
PSN B-2003-022-1/1

杜仲产业绿皮书
中国杜仲橡胶资源与产业发展报告（2016~2017）
著(编)者：杜红岩 胡文臻 俞锐
2017年4月出版 / 估价：85.00元
PSN G-2013-350-1/1

房地产蓝皮书
中国房地产发展报告 No.14（2017）
著(编)者：李春华 王业强　2017年5月出版 / 估价：89.00元
PSN B-2004-028-1/1

服务外包蓝皮书
中国服务外包产业发展报告（2017）
著(编)者：王晓红 刘德军
2017年6月出版 / 估价：89.00元
PSN B-2013-331-2/2

服务外包蓝皮书
中国服务外包竞争力报告（2017）
著(编)者：王力 刘春生 黄育华
2017年11月出版 / 估价：85.00元
PSN B-2011-216-1/2

工业和信息化蓝皮书
世界网络安全发展报告（2016~2017）
著(编)者：洪京一　2017年4月出版 / 估价：89.00元
PSN B-2015-452-5/5

工业和信息化蓝皮书
世界信息化发展报告（2016~2017）
著(编)者：洪京一　2017年4月出版 / 估价：89.00元
PSN B-2015-451-4/5

工业和信息化蓝皮书
世界信息技术产业发展报告（2016~2017）
著(编)者：洪京一　2017年4月出版 / 估价：89.00元
PSN B-2015-449-2/5

工业和信息化蓝皮书
移动互联网产业发展报告（2016~2017）
著(编)者：洪京一　2017年4月出版 / 估价：89.00元
PSN B-2015-448-1/5

工业和信息化蓝皮书
战略性新兴产业发展报告（2016~2017）
著(编)者：洪京一　2017年4月出版 / 估价：89.00元
PSN B-2015-450-3/5

工业设计蓝皮书
中国工业设计发展报告（2017）
著(编)者：王晓红 于炜 张立群
2017年9月出版 / 估价：138.00元
PSN B-2014-420-1/1

黄金市场蓝皮书
中国商业银行黄金业务发展报告（2016~2017）
著(编)者：平安银行　2017年4月出版 / 估价：98.00元
PSN B-2016-525-1/1

互联网金融蓝皮书
中国互联网金融发展报告（2017）
著(编)者：李东荣　2017年9月出版 / 估价：128.00元
PSN B-2014-374-1/1

互联网医疗蓝皮书
中国互联网医疗发展报告（2017）
著(编)者：宫晓东　2017年9月出版 / 估价：89.00元
PSN B-2016-568-1/1

会展蓝皮书
中外会展业动态评估年度报告（2017）
著(编)者：张敏　2017年4月出版 / 估价：88.00元
PSN B-2013-327-1/1

金融监管蓝皮书
中国金融监管报告（2017）
著(编)者：胡滨　2017年6月出版 / 估价：89.00元
PSN B-2012-281-1/1

金融蓝皮书
中国金融中心发展报告（2017）
著(编)者：王力 黄育华　2017年11月出版 / 估价：85.00元
PSN B-2011-186-6/6

建筑装饰蓝皮书
中国建筑装饰行业发展报告（2017）
著(编)者：刘晓一 葛道顺　2017年7月出版 / 估价：198.00元
PSN B-2016-554-1/1

客车蓝皮书
中国客车产业发展报告（2016~2017）
著(编)者：姚蔚　2017年10月出版 / 估价：85.00元
PSN B-2013-361-1/1

旅游安全蓝皮书
中国旅游安全报告（2017）
著(编)者：郑向敏 谢朝武　2017年5月出版 / 估价：128.00元
PSN B-2012-280-1/1

旅游绿皮书
2016~2017年中国旅游发展分析与预测
著(编)者：宋瑞　2017年2月出版 / 定价：89.00元
PSN G-2002-018-1/1

煤炭蓝皮书
中国煤炭工业发展报告（2017）
著(编)者：岳福斌　2017年12月出版 / 估价：85.00元
PSN B-2008-123-1/1

民营企业社会责任蓝皮书
中国民营企业社会责任报告（2017）
著(编)者：中华全国工商业联合会
2017年12月出版 / 估价：89.00元
PSN B-2015-510-1/1

民营医院蓝皮书
中国民营医院发展报告（2017）
著(编)者：庄一强　2017年10月出版 / 估价：85.00元
PSN B-2012-299-1/1

闽商蓝皮书
闽商发展报告（2017）
著(编)者：李闽榕 王日根 林琛
2017年12月出版 / 估价：89.00元
PSN B-2012-298-1/1

能源蓝皮书
中国能源发展报告（2017）
著(编)者：崔民选 王军生 陈义和
2017年10月出版 / 估价：98.00元
PSN B-2006-049-1/1

农产品流通蓝皮书
中国农产品流通产业发展报告（2017）
著(编)者：贾敬敦 张东科 张玉玺 张鹏毅 周伟
2017年4月出版 / 估价：89.00元
PSN B-2012-288-1/1

企业公益蓝皮书
中国企业公益研究报告（2017）
著(编)者：钟宏武 汪杰 顾一 黄晓娟 等
2017年12月出版 / 估价：89.00元
PSN B-2015-501-1/1

企业国际化蓝皮书
中国企业国际化报告（2017）
著(编)者：王辉耀　2017年11月出版 / 估价：98.00元
PSN B-2014-427-1/1

企业蓝皮书
中国企业绿色发展报告No.2（2017）
著(编)者：李红玉 朱光辉　2017年8月出版 / 估价：89.00元
PSN B-2015-481-2/2

企业社会责任蓝皮书
中国企业社会责任研究报告（2017）
著(编)者：黄群慧 钟宏武 张蒽 翟利峰
2017年11月出版 / 估价：89.00元
PSN B-2009-149-1/1

企业社会责任蓝皮书
中资企业海外社会责任研究报告（2016~2017）
著(编)者：钟宏武 叶柳红 张蒽
2017年1月出版 / 定价：79.00元
PSN B-2017-603-2/2

汽车安全蓝皮书
中国汽车安全发展报告（2017）
著(编)者: 中国汽车技术研究中心
2017年7月出版 / 估价: 89.00元
PSN B-2014-385-1/1

汽车电子商务蓝皮书
中国汽车电子商务发展报告（2017）
著(编)者: 中华全国工商业联合会汽车经销商商会
　　　　　北京易观智库网络科技有限公司
2017年10月出版 / 估价: 128.00元
PSN B-2015-485-1/1

汽车工业蓝皮书
中国汽车工业发展年度报告（2017）
著(编)者: 中国汽车工业协会 中国汽车技术研究中心
　　　　　丰田汽车（中国）投资有限公司
2017年4月出版 / 估价: 128.00元
PSN B-2015-463-1/2

汽车工业蓝皮书
中国汽车零部件产业发展报告（2017）
著(编)者: 中国汽车工业协会 中国汽车工程研究院
2017年10月出版 / 估价: 98.00元
PSN B-2016-515-2/2

汽车蓝皮书
中国汽车产业发展报告（2017）
著(编)者: 国务院发展研究中心产业经济研究部
　　　　　中国汽车工程学会 大众汽车集团（中国）
2017年8月出版 / 估价: 98.00元
PSN B-2008-124-1/1

人力资源蓝皮书
中国人力资源发展报告（2017）
著(编)者: 余兴安　2017年11月出版 / 估价: 89.00元
PSN B-2012-287-1/1

融资租赁蓝皮书
中国融资租赁业发展报告（2016~2017）
著(编)者: 李光荣 王力　2017年8月出版 / 估价: 89.00元
PSN B-2015-443-1/1

商会蓝皮书
中国商会发展报告No.5（2017）
著(编)者: 王钦敏　2017年7月出版 / 估价: 89.00元
PSN B-2008-125-1/1

输血服务蓝皮书
中国输血行业发展报告（2017）
著(编)者: 朱永明 耿鸿武　2016年8月出版 / 估价: 89.00元
PSN B-2016-583-1/1

社会责任管理蓝皮书
中国上市公司社会责任能力成熟度报告（2017）No.2
著(编)者: 肖红军 王晓光 李伟阳
2017年12月出版 / 估价: 98.00元
PSN B-2015-507-2/2

社会责任管理蓝皮书
中国企业公众透明度报告(2017)No.3
著(编)者: 黄速建 熊梦 王晓光 肖红军
2017年4月出版 / 估价: 98.00元
PSN B-2015-440-1/2

食品药品蓝皮书
食品药品安全与监管政策研究报告（2016~2017）
著(编)者: 唐民皓　2017年6月出版 / 估价: 89.00元
PSN B-2009-129-1/1

世界能源蓝皮书
世界能源发展报告（2017）
著(编)者: 黄晓勇　2017年6月出版 / 估价: 99.00元
PSN B-2013-349-1/1

水利风景区蓝皮书
中国水利风景区发展报告（2017）
著(编)者: 谢婵才 兰思仁　2017年5月出版 / 估价: 89.00元
PSN B-2015-480-1/1

碳市场蓝皮书
中国碳市场报告（2017）
著(编)者: 定金彪　2017年11月出版 / 估价: 89.00元
PSN B-2014-430-1/1

体育蓝皮书
中国体育产业发展报告（2017）
著(编)者: 阮伟 钟秉枢　2017年12月出版 / 估价: 89.00元
PSN B-2010-179-1/4

网络空间安全蓝皮书
中国网络空间安全发展报告（2017）
著(编)者: 惠志斌 唐涛　2017年4月出版 / 估价: 89.00元
PSN B-2015-466-1/1

西部金融蓝皮书
中国西部金融发展报告（2017）
著(编)者: 李忠民　2017年8月出版 / 估价: 85.00元
PSN B-2010-160-1/1

协会商会蓝皮书
中国行业协会商会发展报告（2017）
著(编)者: 景朝阳 李勇　2017年4月出版 / 估价: 99.00元
PSN B-2015-461-1/1

新能源汽车蓝皮书
中国新能源汽车产业发展报告（2017）
著(编)者: 中国汽车技术研究中心
　　　　　日产（中国）投资有限公司 东风汽车有限公司
2017年7月出版 / 估价: 98.00元
PSN B-2013-347-1/1

新三板蓝皮书
中国新三板市场发展报告（2017）
著(编)者: 王力　2017年6月出版 / 估价: 89.00元
PSN B-2016-534-1/1

信托市场蓝皮书
中国信托业市场报告（2016~2017）
著(编)者: 用益信托研究院
2017年1月出版 / 定价: 198.00元
PSN B-2014-371-1/1

信息化蓝皮书
中国信息化形势分析与预测（2016~2017）
著(编)者: 周宏仁　2017年8月出版 / 估价: 98.00元
PSN B-2010-168-1/1

信用蓝皮书
中国信用发展报告（2017）
著(编)者：章政　田侃　　2017年4月出版 / 估价：99.00元
PSN B-2013-328-1/1

休闲绿皮书
2017年中国休闲发展报告
著(编)者：宋瑞　　2017年10月出版 / 估价：89.00元
PSN G-2010-158-1/1

休闲体育蓝皮书
中国休闲体育发展报告（2016~2017）
著(编)者：李相如　钟炳枢　　2017年10月出版 / 估价：89.00元
PSN G-2016-516-1/1

养老金融蓝皮书
中国养老金融发展报告（2017）
著(编)者：董克用　姚余栋
2017年8月出版 / 估价：89.00元
PSN B-2016-584-1/1

药品流通蓝皮书
中国药品流通行业发展报告（2017）
著(编)者：佘鲁林　温再兴　　2017年8月出版 / 估价：158.00元
PSN B-2014-429-1/1

医院蓝皮书
中国医院竞争力报告（2017）
著(编)者：庄一强　曾益新　　2017年3月出版 / 定价：108.00元
PSN B-2016-529-1/1

邮轮绿皮书
中国邮轮产业发展报告（2017）
著(编)者：汪泓　　2017年10月出版 / 估价：89.00元
PSN G-2014-419-1/1

智能养老蓝皮书
中国智能养老产业发展报告（2017）
著(编)者：朱勇　　2017年10月出版 / 估价：89.00元
PSN B-2015-488-1/1

债券市场蓝皮书
中国债券市场发展报告（2016~2017）
著(编)者：杨农　　2017年10月出版 / 估价：89.00元
PSN B-2016-573-1/1

中国节能汽车蓝皮书
中国节能汽车发展报告（2016~2017）
著(编)者：中国汽车工程研究院股份有限公司
2017年9月出版 / 估价：98.00元
PSN B-2016-566-1/1

中国上市公司蓝皮书
中国上市公司发展报告（2017）
著(编)者：张平　王宏淼
2017年10月出版 / 估价：98.00元
PSN B-2014-414-1/1

中国陶瓷产业蓝皮书
中国陶瓷产业发展报告（2017）
著(编)者：左和平　黄速建　　2017年10月出版 / 估价：98.00元
PSN B-2016-574-1/1

中国总部经济蓝皮书
中国总部经济发展报告（2016~2017）
著(编)者：赵弘　　2017年9月出版 / 估价：89.00元
PSN B-2005-036-1/1

中医文化蓝皮书
中国中医药文化传播发展报告（2017）
著(编)者：毛嘉陵　　2017年7月出版 / 估价：89.00元
PSN B-2015-468-1/1

装备制造业蓝皮书
中国装备制造业发展报告（2017）
著(编)者：徐东华　　2017年12月出版 / 估价：148.00元
PSN B-2015-505-1/1

资本市场蓝皮书
中国场外交易市场发展报告（2016~2017）
著(编)者：高峦　　2017年4月出版 / 估价：89.00元
PSN B-2009-153-1/1

资产管理蓝皮书
中国资产管理行业发展报告（2017）
著(编)者：智信资产管理研究院
2017年6月出版 / 估价：89.00元
PSN B-2014-407-2/2

文化传媒类

传媒竞争力蓝皮书
中国传媒国际竞争力研究报告（2017）
著(编)者：李本乾 刘强
2017年11月出版 / 估价：148.00元
PSN B-2013-356-1/1

传媒蓝皮书
中国传媒产业发展报告（2017）
著(编)者：崔保国 2017年5月出版 / 估价：98.00元
PSN B-2005-035-1/1

传媒投资蓝皮书
中国传媒投资发展报告（2017）
著(编)者：张向东 谭云明
2017年6月出版 / 估价：128.00元
PSN B-2015-474-1/1

动漫蓝皮书
中国动漫产业发展报告（2017）
著(编)者：卢斌 郑玉明 牛兴侦
2017年9月出版 / 估价：89.00元
PSN B-2011-198-1/1

非物质文化遗产蓝皮书
中国非物质文化遗产发展报告（2017）
著(编)者：陈平 2017年5月出版 / 估价：98.00元
PSN B-2015-469-1/1

广电蓝皮书
中国广播电影电视发展报告（2017）
著(编)者：国家新闻出版广电总局发展研究中心
2017年7月出版 / 估价：98.00元
PSN B-2006-072-1/1

广告主蓝皮书
中国广告主营销传播趋势报告 No.9
著(编)者：黄升民 杜国清 邵华冬 等
2017年10月出版 / 估价：148.00元
PSN B-2005-041-1/1

国际传播蓝皮书
中国国际传播发展报告（2017）
著(编)者：胡正荣 李继东 姬德强
2017年11月出版 / 估价：89.00元
PSN B-2014-408-1/1

国家形象蓝皮书
中国国家形象传播报告（2016）
著(编)者：张昆 2017年3月出版 / 定价：98.00元
PSN B-2017-605-1/1

纪录片蓝皮书
中国纪录片发展报告（2017）
著(编)者：何苏六 2017年9月出版 / 估价：89.00元
PSN B-2011-222-1/1

科学传播蓝皮书
中国科学传播报告（2017）
著(编)者：詹正茂 2017年7月出版 / 估价：89.00元
PSN B-2008-120-1/1

两岸创意经济蓝皮书
两岸创意经济研究报告（2017）
著(编)者：罗昌智 林咏能
2017年10月出版 / 估价：98.00元
PSN B-2014-437-1/1

媒介与女性蓝皮书
中国媒介与女性发展报告(2016~2017)
著(编)者：刘利群 2017年9月出版 / 估价：118.00元
PSN B-2013-345-1/1

媒体融合蓝皮书
中国媒体融合发展报告（2017）
著(编)者：梅宁华 宋建武 2017年7月出版 / 估价：89.00元
PSN B-2015-479-1/1

全球传媒蓝皮书
全球传媒发展报告（2017）
著(编)者：胡正荣 李继东 唐晓芬
2017年11月出版 / 估价：89.00元
PSN B-2012-237-1/1

少数民族非遗蓝皮书
中国少数民族非物质文化遗产发展报告（2017）
著(编)者：肖远平（彝） 柴立（满）
2017年8月出版 / 估价：98.00元
PSN B-2015-467-1/1

视听新媒体蓝皮书
中国视听新媒体发展报告（2017）
著(编)者：国家新闻出版广电总局发展研究中心
2017年7月出版 / 估价：98.00元
PSN B-2011-184-1/1

文化创新蓝皮书
中国文化创新报告（2017）No.7
著(编)者：于平 傅才武 2017年7月出版 / 估价：98.00元
PSN B-2009-143-1/1

文化建设蓝皮书
中国文化发展报告（2016~2017）
著(编)者：江畅 孙伟平 戴茂堂
2017年6月出版 / 估价：116.00元
PSN B-2014-392-1/1

文化科技蓝皮书
文化科技创新发展报告（2017）
著(编)者：于平 李凤亮 2017年11月出版 / 估价：89.00元
PSN B-2013-342-1/1

文化蓝皮书
中国公共文化服务发展报告（2017）
著(编)者：刘新成 张永新 张旭
2017年12月出版 / 估价：98.00元
PSN B-2007-093-2/10

文化蓝皮书
中国公共文化投入增长测评报告（2017）
著(编)者：王亚南 2017年2月出版 / 定价：79.00元
PSN B-2014-435-10/10

文化蓝皮书
中国少数民族文化发展报告（2016~2017）
著(编)者：武翠英 张晓明 任乌晶
2017年9月出版 / 估价：89.00元
PSN B-2013-369-9/10

文化蓝皮书
中国文化产业发展报告（2016~2017）
著(编)者：张晓明 王家新 章建刚
2017年4月出版 / 估价：89.00元
PSN B-2002-019-1/10

文化蓝皮书
中国文化产业供需协调检测报告（2017）
著(编)者：王亚南 2017年2月出版 / 定价：79.00元
PSN B-2013-323-8/10

文化蓝皮书
中国文化消费需求景气评价报告（2017）
著(编)者：王亚南 2017年2月出版 / 定价：79.00元
PSN B-2011-236-4/10

文化品牌蓝皮书
中国文化品牌发展报告（2017）
著(编)者：欧阳友权 2017年5月出版 / 估价：98.00元
PSN B-2012-277-1/1

文化遗产蓝皮书
中国文化遗产事业发展报告（2017）
著(编)者：苏杨 张颖岚 王宇飞
2017年8月出版 / 估价：98.00元
PSN B-2008-119-1/1

文学蓝皮书
中国文情报告（2016~2017）
著(编)者：白烨 2017年5月出版 / 估价：49.00元
PSN B-2011-221-1/1

新媒体蓝皮书
中国新媒体发展报告No.8（2017）
著(编)者：唐绪军 2017年6月出版 / 估价：89.00元
PSN B-2010-169-1/1

新媒体社会责任蓝皮书
中国新媒体社会责任研究报告（2017）
著(编)者：钟瑛 2017年11月出版 / 估价：89.00元
PSN B-2014-423-1/1

移动互联网蓝皮书
中国移动互联网发展报告（2017）
著(编)者：官建文 2017年6月出版 / 估价：89.00元
PSN B-2012-282-1/1

舆情蓝皮书
中国社会舆情与危机管理报告（2017）
著(编)者：谢耘耕 2017年9月出版 / 估价：128.00元
PSN B-2011-235-1/1

影视蓝皮书
中国影视产业发展报告 （2017）
著(编)者：司若 2017年4月出版 / 估价：138.00元
PSN B-2016-530-1/1

地方发展类

安徽经济蓝皮书
合芜蚌国家自主创新综合示范区研究报告（2016~2017）
著(编)者：黄家海 王开玉 蔡宪
2017年7月出版 / 估价：89.00元
PSN B-2014-383-1/1

安徽蓝皮书
安徽社会发展报告（2017）
著(编)者：程桦 2017年4月出版 / 估价：89.00元
PSN B-2013-325-1/1

澳门蓝皮书
澳门经济社会发展报告（2016~2017）
著(编)者：吴志良 郝雨凡 2017年6月出版 / 估价：98.00元
PSN B-2009-138-1/1

北京蓝皮书
北京公共服务发展报告（2016~2017）
著(编)者：施昌奎 2017年3月出版 / 定价：79.00元
PSN B-2008-103-7/8

北京蓝皮书
北京经济发展报告（2016~2017）
著(编)者：杨松 2017年6月出版 / 估价：89.00元
PSN B-2006-054-2/8

北京蓝皮书
北京社会发展报告（2016~2017）
著(编)者：李伟东 2017年6月出版 / 估价：89.00元
PSN B-2006-055-3/8

北京蓝皮书
北京社会治理发展报告（2016~2017）
著(编)者：殷星辰 2017年5月出版 / 估价：89.00元
PSN B-2014-391-8/8

北京蓝皮书
北京文化发展报告（2016~2017）
著(编)者：李建盛 2017年4月出版 / 估价：89.00元
PSN B-2007-082-4/8

北京律师绿皮书
北京律师发展报告No.3（2017）
著(编)者：王隽 2017年7月出版 / 估价：88.00元
PSN G-2012-301-1/1

北京旅游蓝皮书
北京旅游发展报告（2017）
著(编)者：北京旅游学会 2017年4月出版 / 估价：88.00元
PSN B-2011-217-1/1

北京人才蓝皮书
北京人才发展报告（2017）
著(编)者：于淼　2017年12月出版／估价：128.00元
PSN B-2011-201-1/1

北京社会心态蓝皮书
北京社会心态分析报告（2016～2017）
著(编)者：北京社会心理研究所
2017年8月出版／估价：89.00元
PSN B-2014-422-1/1

北京社会组织管理蓝皮书
北京社会组织发展与管理（2016～2017）
著(编)者：黄江松　2017年4月出版／估价：88.00元
PSN B-2015-446-1/1

北京体育蓝皮书
北京体育产业发展报告（2016～2017）
著(编)者：钟秉枢 陈杰 杨铁黎
2017年9月出版／估价：89.00元
PSN B-2015-475-1/1

北京养老产业蓝皮书
北京养老产业发展报告（2017）
著(编)者：周明明 冯喜良　2017年8月出版／估价：89.00元
PSN B-2015-465-1/1

滨海金融蓝皮书
滨海新区金融发展报告（2017）
著(编)者：王爱俭 张锐钢　2017年12月出版／估价：89.00元
PSN B-2014-424-1/1

城乡一体化蓝皮书
中国城乡一体化发展报告·北京卷（2016～2017）
著(编)者：张宝秀 黄序　2017年5月出版／估价：89.00元
PSN B-2012-258-2/2

创意城市蓝皮书
北京文化创意产业发展报告（2017）
著(编)者：张京成 王国华　2017年10月出版／估价：89.00元
PSN B-2012-263-1/7

创意城市蓝皮书
天津文化创意产业发展报告（2016～2017）
著(编)者：谢思全　2017年6月出版／估价：89.00元
PSN B-2016-537-7/7

创意城市蓝皮书
武汉文化创意产业发展报告（2017）
著(编)者：黄永林 陈汉桥　2017年9月出版／估价：99.00元
PSN B-2013-354-4/7

创意上海蓝皮书
上海文化创意产业发展报告（2016～2017）
著(编)者：王慧敏 王兴全　2017年8月出版／估价：89.00元
PSN B-2016-562-1/1

福建妇女发展蓝皮书
福建妇女发展报告（2017）
著(编)者：刘群英　2017年11月出版／估价：88.00元
PSN B-2011-220-1/1

福建自贸区蓝皮书
中国（福建）自由贸易实验区发展报告（2016～2017）
著(编)者：黄茂兴　2017年4月出版／估价：108.00元
PSN B-2017-532-1/1

甘肃蓝皮书
甘肃经济发展分析与预测（2017）
著(编)者：安文华 罗哲　2017年1月出版／定价：79.00元
PSN B-2013-312-1/6

甘肃蓝皮书
甘肃社会发展分析与预测（2017）
著(编)者：安文华 包晓霞 谢增虎
2017年1月出版／定价：79.00元
PSN B-2013-313-2/6

甘肃蓝皮书
甘肃文化发展分析与预测（2017）
著(编)者：王俊莲 周小华　2017年1月出版／定价：79.00元
PSN B-2013-314-3/6

甘肃蓝皮书
甘肃县域和农村发展报告（2017）
著(编)者：朱智文 包东红 王建兵
2017年1月出版／定价：79.00元
PSN B-2013-316-5/6

甘肃蓝皮书
甘肃舆情分析与预测（2017）
著(编)者：陈双梅 张谦元　2017年1月出版／定价：79.00元
PSN B-2013-315-4/6

甘肃蓝皮书
甘肃商贸流通发展报告（2017）
著(编)者：张应华 王福生 王晓芳
2017年1月出版／定价：79.00元
PSN B-2016-523-6/6

广东蓝皮书
广东全面深化改革发展报告（2017）
著(编)者：周林生 涂成林　2017年12月出版／估价：89.00元
PSN B-2015-504-3/3

广东蓝皮书
广东社会工作发展报告（2017）
著(编)者：罗观翠　2017年6月出版／估价：89.00元
PSN B-2014-402-2/3

广东外经贸蓝皮书
广东对外经济贸易发展研究报告（2016~2017）
著(编)者：陈万灵　2017年8月出版／估价：98.00元
PSN B-2012-286-1/1

广西北部湾经济区蓝皮书
广西北部湾经济区开放开发报告（2017）
著(编)者：广西北部湾经济区规划建设管理委员会办公室
广西社会科学院广西北部湾发展研究院
2017年4月出版／估价：89.00元
PSN B-2010-181-1/1

巩义蓝皮书
巩义经济社会发展报告（2017）
著(编)者：丁同民 朱军　2017年4月出版／估价：58.00元
PSN B-2016-533-1/1

广州蓝皮书
2017年中国广州经济形势分析与预测
著(编)者：庾建设 陈浩钿 谢博能
2017年7月出版／估价：85.00元
PSN B-2011-185-9/14

广州蓝皮书
2017年中国广州社会形势分析与预测
著(编)者：张强 陈怡霓 杨秦　2017年6月出版 / 估价：85.00元
PSN B-2008-110-5/14

广州蓝皮书
广州城市国际化发展报告（2017）
著(编)者：朱名宏　2017年8月出版 / 估价：79.00元
PSN B-2012-246-11/14

广州蓝皮书
广州创新型城市发展报告（2017）
著(编)者：尹涛　2017年7月出版 / 估价：79.00元
PSN B-2012-247-12/14

广州蓝皮书
广州经济发展报告（2017）
著(编)者：朱名宏　2017年7月出版 / 估价：79.00元
PSN B-2005-040-1/14

广州蓝皮书
广州农村发展报告（2017）
著(编)者：朱名宏　2017年8月出版 / 估价：79.00元
PSN B-2010-167-8/14

广州蓝皮书
广州汽车产业发展报告（2017）
著(编)者：杨再高 冯兴亚　2017年7月出版 / 估价：79.00元
PSN B-2006-066-3/14

广州蓝皮书
广州青年发展报告（2016～2017）
著(编)者：徐柳 张强　2017年9月出版 / 估价：79.00元
PSN B-2013-352-13/14

广州蓝皮书
广州商贸业发展报告（2017）
著(编)者：李江涛 肖振宇 荀振英
2017年7月出版 / 估价：79.00元
PSN B-2012-245-10/14

广州蓝皮书
广州社会保障发展报告（2017）
著(编)者：蔡国萱　2017年8月出版 / 估价：79.00元
PSN B-2014-425-14/14

广州蓝皮书
广州文化创意产业发展报告（2017）
著(编)者：徐咏虹　2017年7月出版 / 估价：79.00元
PSN B-2008-111-6/14

广州蓝皮书
中国广州城市建设与管理发展报告（2017）
著(编)者：董皞 陈小钢 李江涛
2017年7月出版 / 估价：85.00元
PSN B-2007-087-4/14

广州蓝皮书
中国广州科技创新发展报告（2017）
著(编)者：邹采荣 马正勇 陈爽
2017年7月出版 / 估价：79.00元
PSN B-2006-065-2/14

广州蓝皮书
中国广州文化发展报告（2017）
著(编)者：徐俊忠 陆志强 顾涧清
2017年7月出版 / 估价：79.00元
PSN B-2009-134-7/14

贵阳蓝皮书
贵阳城市创新发展报告No.2（白云篇）
著(编)者：连玉明　2017年10月出版 / 估价：89.00元
PSN B-2015-491-3/10

贵阳蓝皮书
贵阳城市创新发展报告No.2（观山湖篇）
著(编)者：连玉明　2017年10月出版 / 估价：89.00元
PSN B-2011-235-1/1

贵阳蓝皮书
贵阳城市创新发展报告No.2（花溪篇）
著(编)者：连玉明　2017年10月出版 / 估价：89.00元
PSN B-2015-490-2/10

贵阳蓝皮书
贵阳城市创新发展报告No.2（开阳篇）
著(编)者：连玉明　2017年10月出版 / 估价：89.00元
PSN B-2015-492-4/10

贵阳蓝皮书
贵阳城市创新发展报告No.2（南明篇）
著(编)者：连玉明　2017年10月出版 / 估价：89.00元
PSN B-2015-496-8/10

贵阳蓝皮书
贵阳城市创新发展报告No.2（清镇篇）
著(编)者：连玉明　2017年10月出版 / 估价：89.00元
PSN B-2015-489-1/10

贵阳蓝皮书
贵阳城市创新发展报告No.2（乌当篇）
著(编)者：连玉明　2017年10月出版 / 估价：89.00元
PSN B-2015-495-7/10

贵阳蓝皮书
贵阳城市创新发展报告No.2（息烽篇）
著(编)者：连玉明　2017年10月出版 / 估价：89.00元
PSN B-2015-493-5/10

贵阳蓝皮书
贵阳城市创新发展报告No.2（修文篇）
著(编)者：连玉明　2017年10月出版 / 估价：89.00元
PSN B-2015-494-6/10

贵阳蓝皮书
贵阳城市创新发展报告No.2（云岩篇）
著(编)者：连玉明　2017年10月出版 / 估价：89.00元
PSN B-2015-498-10/10

贵州房地产蓝皮书
贵州房地产发展报告No.4（2017）
著(编)者：武廷方　2017年7月出版 / 估价：89.00元
PSN B-2014-426-1/1

贵州蓝皮书
贵州册亨经济社会发展报告（2017）
著(编)者：黄德林　2017年3月出版 / 估价：89.00元
PSN B-2016-526-8/9

贵州蓝皮书
贵安新区发展报告（2016~2017）
著（编）者：马长青 吴大华　2017年6月出版 / 估价：89.00元
PSN B-2015-459-4/9

贵州蓝皮书
贵州法治发展报告（2017）
著（编）者：吴大华　2017年5月出版 / 估价：89.00元
PSN B-2012-254-2/9

贵州蓝皮书
贵州国有企业社会责任发展报告（2016~2017）
著（编）者：郭丽 周航 万强
2017年12月出版 / 估价：89.00元
PSN B-2015-511-6/9

贵州蓝皮书
贵州民航业发展报告（2017）
著（编）者：申振东 吴大华　2017年10月出版 / 估价：89.00元
PSN B-2015-471-5/9

贵州蓝皮书
贵州民营经济发展报告（2017）
著（编）者：杨静 吴大华　2017年4月出版 / 估价：89.00元
PSN B-2016-531-9/9

贵州蓝皮书
贵州人才发展报告（2017）
著（编）者：于杰 吴大华　2017年9月出版 / 估价：89.00元
PSN B-2014-382-3/9

贵州蓝皮书
贵州社会发展报告（2017）
著（编）者：王兴骥　2017年6月出版 / 估价：89.00元
PSN B-2010-166-1/9

贵州蓝皮书
贵州国家级开放创新平台发展报告（2017）
著（编）者：申晓庆 吴大华 李泓
2017年6月出版 / 估价：89.00元
PSN B-2016-518-1/9

海淀蓝皮书
海淀区文化和科技融合发展报告（2017）
著（编）者：陈名杰 孟景伟　2017年5月出版 / 估价：85.00元
PSN B-2013-329-1/1

杭州都市圈蓝皮书
杭州都市圈发展报告（2017）
著（编）者：沈翔 戚建国　2017年5月出版 / 估价：128.00元
PSN B-2012-302-1/1

杭州蓝皮书
杭州妇女发展报告（2017）
著（编）者：魏颖　2017年6月出版 / 估价：89.00元
PSN B-2014-403-1/1

河北经济蓝皮书
河北省经济发展报告（2017）
著（编）者：马树强 金浩 张贵
2017年4月出版 / 估价：89.00元
PSN B-2014-380-1/1

河北蓝皮书
河北经济社会发展报告（2017）
著（编）者：郭金平　2017年1月出版 / 定价：79.00元
PSN B-2014-372-1/2

河北蓝皮书
京津冀协同发展报告（2017）
著（编）者：陈路　2017年1月出版 / 定价：79.00元
PSN B-2017-601-2/2

河北食品药品安全蓝皮书
河北食品药品安全研究报告（2017）
著（编）者：丁锦霞　2017年6月出版 / 估价：89.00元
PSN B-2015-473-1/1

河南经济蓝皮书
2017年河南经济形势分析与预测
著（编）者：王世炎　2017年3月出版 / 定价：79.00元
PSN B-2007-086-1/1

河南蓝皮书
2017年河南社会形势分析与预测
著（编）者：刘道兴 牛苏林　2017年4月出版 / 估价89.00元
PSN B-2005-043-1/8

河南蓝皮书
河南城市发展报告（2017）
著（编）者：张占仓 王建国　2017年5月出版 / 估价：89.00元
PSN B-2009-131-3/8

河南蓝皮书
河南法治发展报告（2017）
著（编）者：丁同民 张林海　2017年5月出版 / 估价：89.00元
PSN B-2014-376-6/8

河南蓝皮书
河南工业发展报告（2017）
著（编）者：张占仓 丁同民　2017年5月出版 / 估价：89.00元
PSN B-2013-317-5/8

河南蓝皮书
河南金融发展报告（2017）
著（编）者：河南省社会科学院
2017年6月出版 / 估价：89.00元
PSN B-2014-390-7/8

河南蓝皮书
河南经济发展报告（2017）
著（编）者：张占仓 完世伟　2017年4月出版 / 估价：89.00元
PSN B-2010-157-4/8

河南蓝皮书
河南农业农村发展报告（2017）
著（编）者：吴海峰　2017年4月出版 / 估价：89.00元
PSN B-2015-445-8/8

河南蓝皮书
河南文化发展报告（2017）
著（编）者：卫绍生　2017年4月出版 / 估价：88.00元
PSN B-2008-106-2/8

河南商务蓝皮书
河南商务发展报告（2017）
著（编）者：焦锦淼 穆荣国　2017年6月出版 / 估价：88.00元
PSN B-2014-399-1/1

黑龙江蓝皮书
黑龙江经济发展报告（2017）
著（编）者：朱宇　2017年1月出版 / 定价：79.00元
PSN B-2011-190-2/2

黑龙江蓝皮书
黑龙江社会发展报告（2017）
著(编)者：谢宝禄　2017年1月出版 / 定价：79.00元
PSN B-2011-189-1/2

湖北文化蓝皮书
湖北文化发展报告（2017）
著(编)者：吴成国　2017年10月出版 / 估价：95.00元
PSN B-2016-567-1/1

湖南城市蓝皮书
区域城市群整合
著(编)者：童中贤 韩未名
2017年12月出版 / 估价：89.00元
PSN B-2006-064-1/1

湖南蓝皮书
2017年湖南产业发展报告
著(编)者：梁志峰　2017年5月出版 / 估价：128.00元
PSN B-2011-207-2/8

湖南蓝皮书
2017年湖南电子政务发展报告
著(编)者：梁志峰　2017年5月出版 / 估价：128.00元
PSN B-2014-394-6/8

湖南蓝皮书
2017年湖南经济展望
著(编)者：梁志峰　2017年5月出版 / 估价：128.00元
PSN B-2011-206-1/8

湖南蓝皮书
2017年湖南两型社会与生态文明发展报告
著(编)者：梁志峰　2017年5月出版 / 估价：128.00元
PSN B-2011-208-3/8

湖南蓝皮书
2017年湖南社会发展报告
著(编)者：梁志峰　2017年5月出版 / 估价：128.00元
PSN B-2014-393-5/8

湖南蓝皮书
2017年湖南县域经济社会发展报告
著(编)者：梁志峰　2017年5月出版 / 估价：128.00元
PSN B-2014-395-7/8

湖南蓝皮书
湖南城乡一体化发展报告（2017）
著(编)者：陈文胜 王文强 陆福兴 邝奕轩
2017年6月出版 / 估价：89.00元
PSN B-2015-477-8/8

湖南县域绿皮书
湖南县域发展报告 No.3
著(编)者：袁准 周小毛 黎仁寅
2017年3月出版 / 定价：79.00元
PSN G-2012-274-1/1

沪港蓝皮书
沪港发展报告（2017）
著(编)者：尤安山　2017年9月出版 / 估价：89.00元
PSN B-2013-362-1/1

吉林蓝皮书
2017年吉林经济社会形势分析与预测
著(编)者：邵汉明　2016年12月出版 / 定价：79.00元
PSN B-2013-319-1/1

吉林省城市竞争力蓝皮书
吉林省城市竞争力报告（2016~2017）
著(编)者：崔岳春 张磊　2016年12月出版 / 定价：79.00元
PSN B-2015-513-1/1

济源蓝皮书
济源经济社会发展报告（2017）
著(编)者：喻新安　2017年4月出版 / 估价：89.00元
PSN B-2014-387-1/1

健康城市蓝皮书
北京健康城市建设研究报告（2017）
著(编)者：王鸿春　2017年8月出版 / 估价：89.00元
PSN B-2015-460-1/2

江苏法治蓝皮书
江苏法治发展报告 No.6（2017）
著(编)者：蔡道通 龚廷泰　2017年8月出版 / 估价：98.00元
PSN B-2012-290-1/1

江西蓝皮书
江西经济社会发展报告（2017）
著(编)者：张勇 姜玮 梁勇　2017年10月出版 / 估价：89.00元
PSN B-2015-484-1/2

江西蓝皮书
江西设区市发展报告（2017）
著(编)者：姜玮 梁勇　2017年10月出版 / 估价：79.00元
PSN B-2016-517-2/2

江西文化蓝皮书
江西文化产业发展报告（2017）
著(编)者：张圣才 汪春翔
2017年10月出版 / 估价：128.00元
PSN B-2015-499-1/1

街道蓝皮书
北京街道发展报告No.2（白纸坊篇）
著(编)者：连玉明　2017年8月出版 / 估价：98.00元
PSN B-2016-544-7/15

街道蓝皮书
北京街道发展报告No.2（椿树篇）
著(编)者：连玉明　2017年8月出版 / 估价：98.00元
PSN B-2016-548-11/15

街道蓝皮书
北京街道发展报告No.2（大栅栏篇）
著(编)者：连玉明　2017年8月出版 / 估价：98.00元
PSN B-2016-552-15/15

街道蓝皮书
北京街道发展报告No.2（德胜篇）
著(编)者：连玉明　2017年8月出版 / 估价：98.00元
PSN B-2016-551-14/15

街道蓝皮书
北京街道发展报告No.2（广安门内篇）
著(编)者：连玉明　2017年8月出版 / 估价：98.00元
PSN B-2016-540-3/15

街道蓝皮书
北京街道发展报告No.2（广安门外篇）
著(编)者：连玉明　2017年8月出版 / 估价：98.00元
PSN B-2016-547-10/15

街道蓝皮书
北京街道发展报告No.2（金融街篇）
著(编)者：连玉明　2017年8月出版 / 估价：98.00元
PSN B-2016-538-1/15

街道蓝皮书
北京街道发展报告No.2（牛街篇）
著(编)者：连玉明　2017年8月出版 / 估价：98.00元
PSN B-2016-545-8/15

街道蓝皮书
北京街道发展报告No.2（什刹海篇）
著(编)者：连玉明　2017年8月出版 / 估价：98.00元
PSN B-2016-546-9/15

街道蓝皮书
北京街道发展报告No.2（陶然亭篇）
著(编)者：连玉明　2017年8月出版 / 估价：98.00元
PSN B-2016-542-5/15

街道蓝皮书
北京街道发展报告No.2（天桥篇）
著(编)者：连玉明　2017年8月出版 / 估价：98.00元
PSN B-2016-549-12/15

街道蓝皮书
北京街道发展报告No.2（西长安街篇）
著(编)者：连玉明　2017年8月出版 / 估价：98.00元
PSN B-2016-543-6/15

街道蓝皮书
北京街道发展报告No.2（新街口篇）
著(编)者：连玉明　2017年8月出版 / 估价：98.00元
PSN B-2016-541-4/15

街道蓝皮书
北京街道发展报告No.2（月坛篇）
著(编)者：连玉明　2017年8月出版 / 估价：98.00元
PSN B-2016-539-2/15

街道蓝皮书
北京街道发展报告No.2（展览路篇）
著(编)者：连玉明　2017年8月出版 / 估价：98.00元
PSN B-2016-550-13/15

经济特区蓝皮书
中国经济特区发展报告（2017）
著(编)者：陶一桃　2017年12月出版 / 估价：98.00元
PSN B-2009-139-1/1

辽宁蓝皮书
2017年辽宁经济社会形势分析与预测
著(编)者：曹晓峰　梁启东
2017年4月出版 / 估价：79.00元
PSN B-2006-053-1/1

洛阳蓝皮书
洛阳文化发展报告（2017）
著(编)者：刘福兴　陈启明　2017年7月出版 / 估价：89.00元
PSN B-2015-476-1/1

南京蓝皮书
南京文化发展报告（2017）
著(编)者：徐宁　2017年10月出版 / 估价：89.00元
PSN B-2014-439-1/1

南宁蓝皮书
南宁法治发展报告（2017）
著(编)者：杨维超　2017年12月出版 / 估价：79.00元
PSN B-2015-509-1/3

南宁蓝皮书
南宁经济发展报告（2017）
著(编)者：胡建华　2017年9月出版 / 估价：79.00元
PSN B-2016-570-2/3

南宁蓝皮书
南宁社会发展报告（2017）
著(编)者：胡建华　2017年9月出版 / 估价：79.00元
PSN B-2016-571-3/3

内蒙古蓝皮书
内蒙古反腐倡廉建设报告 No.2
著(编)者：张志华　无极　2017年12月出版 / 估价：79.00元
PSN B-2013-365-1/1

浦东新区蓝皮书
上海浦东经济发展报告（2017）
著(编)者：沈开艳　周奇　2017年2月出版 / 定价：79.00元
PSN B-2011-225-1/1

青海蓝皮书
2017年青海经济社会形势分析与预测
著(编)者：陈玮　2016年12月出版 / 定价：79.00元
PSN B-2012-275-1/1

人口与健康蓝皮书
深圳人口与健康发展报告（2017）
著(编)者：陆杰华　罗乐宣　苏杨
2017年11月出版 / 估价：89.00元
PSN B-2011-228-1/1

山东蓝皮书
山东经济形势分析与预测（2017）
著(编)者：李广杰　2017年7月出版 / 估价：89.00元
PSN B-2014-404-1/4

山东蓝皮书
山东社会形势分析与预测（2017）
著(编)者：张华　唐洲雁　2017年6月出版 / 估价：89.00元
PSN B-2014-405-2/4

山东蓝皮书
山东文化发展报告（2017）
著(编)者：涂可国　2017年11月出版 / 估价：98.00元
PSN B-2014-406-3/4

山西蓝皮书
山西资源型经济转型发展报告（2017）
著(编)者：李志强　2017年7月出版 / 估价：89.00元
PSN B-2011-197-1/1

陕西蓝皮书
陕西经济发展报告（2017）
著(编)者：任宗哲 白宽犁 裴成荣
2017年1月出版 / 定价：69.00元
PSN B-2009-135-1/5

陕西蓝皮书
陕西社会发展报告（2017）
著(编)者：任宗哲 白宽犁 牛昉
2017年1月出版 / 定价：69.00元
PSN B-2009-136-2/5

陕西蓝皮书
陕西文化发展报告（2017）
著(编)者：任宗哲 白宽犁 王长寿
2017年1月出版 / 定价：69.00元
PSN B-2009-137-3/5

上海蓝皮书
上海传媒发展报告（2017）
著(编)者：强荧 焦雨虹 2017年2月出版 / 定价：79.00元
PSN B-2012-295-5/7

上海蓝皮书
上海法治发展报告（2017）
著(编)者：叶青 2017年6月出版 / 估价：89.00元
PSN B-2012-296-6/7

上海蓝皮书
上海经济发展报告（2017）
著(编)者：沈开艳 2017年2月出版 / 定价：79.00元
PSN B-2006-057-1/7

上海蓝皮书
上海社会发展报告（2017）
著(编)者：杨雄 周海旺 2017年2月出版 / 定价：79.00元
PSN B-2006-058-2/7

上海蓝皮书
上海文化发展报告（2017）
著(编)者：荣跃明 2017年2月出版 / 定价：79.00元
PSN B-2006-059-3/7

上海蓝皮书
上海文学发展报告（2017）
著(编)者：陈圣来 2017年6月出版 / 估价：89.00元
PSN B-2012-297-7/7

上海蓝皮书
上海资源环境发展报告（2017）
著(编)者：周冯琦 汤庆合
2017年2月出版 / 定价：79.00元
PSN B-2006-060-4/7

社会建设蓝皮书
2017年北京社会建设分析报告
著(编)者：宋贵伦 冯虹 2017年10月出版 / 估价：89.00元
PSN B-2010-173-1/1

深圳蓝皮书
深圳法治发展报告（2017）
著(编)者：张骁儒 2017年6月出版 / 估价：89.00元
PSN B-2015-470-6/7

深圳蓝皮书
深圳经济发展报告（2017）
著(编)者：张骁儒 2017年7月出版 / 估价：89.00元
PSN B-2008-112-3/7

深圳蓝皮书
深圳劳动关系发展报告（2017）
著(编)者：汤庭芬 2017年6月出版 / 估价：89.00元
PSN B-2007-097-2/7

深圳蓝皮书
深圳社会建设与发展报告（2017）
著(编)者：张骁儒 陈东平 2017年7月出版 / 估价：89.00元
PSN B-2008-113-4/7

深圳蓝皮书
深圳文化发展报告(2017)
著(编)者：张骁儒 2017年7月出版 / 估价：89.00元
PSN B-2016-555-7/7

丝绸之路蓝皮书
丝绸之路经济带发展报告（2017）
著(编)者：任宗哲 白宽犁 谷孟宾
2017年1月出版 / 定价：75.00元
PSN B-2014-410-1/1

法治蓝皮书
四川依法治省年度报告 No.3（2017）
著(编)者：李林 杨天宗 田禾
2017年3月出版 / 定价：118.00元
PSN B-2015-447-1/1

四川蓝皮书
2017年四川经济形势分析与预测
著(编)者：杨钢 2017年1月出版 / 定价：98.00元
PSN B-2007-098-2/7

四川蓝皮书
四川城镇化发展报告（2017）
著(编)者：侯水平 陈炜 2017年4月出版 / 估价：85.00元
PSN B-2015-456-7/7

四川蓝皮书
四川法治发展报告（2017）
著(编)者：郑泰安 2017年4月出版 / 估价：89.00元
PSN B-2015-441-5/7

四川蓝皮书
四川企业社会责任研究报告（2016~2017）
著(编)者：侯水平 盛毅 翟刚
2017年4月出版 / 估价：89.00元
PSN B-2014-386-4/7

四川蓝皮书
四川社会发展报告（2017）
著(编)者：李羚 2017年5月出版 / 估价：89.00元
PSN B-2008-127-3/7

四川蓝皮书
四川生态建设报告（2017）
著(编)者：李晟之 2017年4月出版 / 估价：85.00元
PSN B-2015-455-6/7

四川蓝皮书
四川文化产业发展报告（2017）
著(编)者：向宝云 张立伟
2017年4月出版 / 估价：89.00元
PSN B-2006-074-1/7

体育蓝皮书
上海体育产业发展报告（2016～2017）
著(编)者：张林 黄海燕
2017年10月出版 / 估价：89.00元
PSN B-2015-454-4/4

体育蓝皮书
长三角地区体育产业发展报告（2016～2017）
著(编)者：张林 2017年4月出版 / 估价：89.00元
PSN B-2015-453-3/4

天津金融蓝皮书
天津金融发展报告（2017）
著(编)者：王爱俭 孔德昌
2017年12月出版 / 估价：98.00元
PSN B-2014-418-1/1

图们江区域合作蓝皮书
图们江区域合作发展报告（2017）
著(编)者：李铁 2017年6月出版 / 估价：98.00元
PSN B-2015-464-1/1

温州蓝皮书
2017年温州经济社会形势分析与预测
著(编)者：潘忠强 王春光 金浩
2017年4月出版 / 估价：89.00元
PSN B-2008-105-1/1

西咸新区蓝皮书
西咸新区发展报告（2016~2017）
著(编)者：李扬 王军 2017年6月出版 / 估价：89.00元
PSN B-2016-535-1/1

扬州蓝皮书
扬州经济社会发展报告（2017）
著(编)者：丁纯 2017年12月出版 / 估价：98.00元
PSN B-2011-191-1/1

长株潭城市群蓝皮书
长株潭城市群发展报告（2017）
著(编)者：张萍 2017年12月出版 / 估价：89.00元
PSN B-2008-109-1/1

中医文化蓝皮书
北京中医文化传播发展报告（2017）
著(编)者：毛嘉陵 2017年5月出版 / 估价：79.00元
PSN B-2015-468-1/2

珠三角流通蓝皮书
珠三角商圈发展研究报告（2017）
著(编)者：王先庆 林至颖
2017年7月出版 / 估价：98.00元
PSN B-2012-292-1/1

遵义蓝皮书
遵义发展报告（2017）
著(编)者：曾征 龚永育 雍思强
2017年12月出版 / 估价：89.00元
PSN B-2014-433-1/1

国际问题类

"一带一路"跨境通道蓝皮书
"一带一路"跨境通道建设研究报告（2017）
著(编)者：郭业洲 2017年8月出版 / 估价：89.00元
PSN B-2016-558-1/1

"一带一路"蓝皮书
"一带一路"建设发展报告（2017）
著(编)者：孔丹 李永全 2017年7月出版 / 估价：89.00元
PSN B-2016-553-1/1

阿拉伯黄皮书
阿拉伯发展报告（2016～2017）
著(编)者：罗林 2017年11月出版 / 估价：89.00元
PSN Y-2014-381-1/1

北部湾蓝皮书
泛北部湾合作发展报告（2017）
著(编)者：吕余生 2017年12月出版 / 估价：85.00元
PSN B-2008-114-1/1

大湄公河次区域蓝皮书
大湄公河次区域合作发展报告（2017）
著(编)者：刘稚 2017年8月出版 / 估价：89.00元
PSN B-2011-196-1/1

大洋洲蓝皮书
大洋洲发展报告（2017）
著(编)者：喻常森 2017年10月出版 / 估价：89.00元
PSN B-2013-341-1/1

德国蓝皮书
德国发展报告（2017）
著(编)者：郑春荣　2017年6月出版 / 估价：89.00元
PSN B-2012-278-1/1

东盟黄皮书
东盟发展报告（2017）
著(编)者：杨晓强　庄国土
2017年4月出版 / 估价：89.00元
PSN Y-2012-303-1/1

东南亚蓝皮书
东南亚地区发展报告（2016～2017）
著(编)者：厦门大学东南亚研究中心　王勤
2017年12月出版 / 估价：89.00元
PSN B-2012-240-1/1

俄罗斯黄皮书
俄罗斯发展报告（2017）
著(编)者：李永全　2017年7月出版 / 估价：89.00元
PSN Y-2006-061-1/1

非洲黄皮书
非洲发展报告No.19（2016～2017）
著(编)者：张宏明　2017年8月出版 / 估价：89.00元
PSN Y-2012-239-1/1

公共外交蓝皮书
中国公共外交发展报告（2017）
著(编)者：赵启正　雷蔚真
2017年4月出版 / 估价：89.00元
PSN B-2015-457-1/1

国际安全蓝皮书
中国国际安全研究报告(2017)
著(编)者：刘慧　2017年7月出版 / 估价：98.00元
PSN B-2016-522-1/1

国际形势黄皮书
全球政治与安全报告（2017）
著(编)者：张宇燕
2017年1月出版 / 定价：89.00元
PSN Y-2001-016-1/1

韩国蓝皮书
韩国发展报告（2017）
著(编)者：牛林杰　刘宝全
2017年11月出版 / 估价：89.00元
PSN B-2010-155-1/1

加拿大蓝皮书
加拿大发展报告（2017）
著(编)者：仲伟合　2017年9月出版 / 估价：89.00元
PSN B-2014-389-1/1

拉美黄皮书
拉丁美洲和加勒比发展报告（2016～2017）
著(编)者：吴白乙　2017年6月出版 / 估价：89.00元
PSN Y-1999-007-1/1

美国蓝皮书
美国研究报告（2017）
著(编)者：郑秉文　黄平　2017年6月出版 / 估价：89.00元
PSN B-2011-210-1/1

缅甸蓝皮书
缅甸国情报告（2017）
著(编)者：李晨阳　2017年12月出版 / 估价：86.00元
PSN B-2013-343-1/1

欧洲蓝皮书
欧洲发展报告（2016～2017）
著(编)者：黄平　周弘　江时学
2017年6月出版 / 估价：89.00元
PSN B-1999-009-1/1

葡语国家蓝皮书
葡语国家发展报告（2017）
著(编)者：王成安　张敏　2017年12月出版 / 估价：89.00元
PSN B-2015-503-1/2

葡语国家蓝皮书
中国与葡语国家关系发展报告·巴西（2017）
著(编)者：张曙光　2017年8月出版 / 估价：89.00元
PSN B-2016-564-2/2

日本经济蓝皮书
日本经济与中日经贸关系研究报告（2017）
著(编)者：张季风　2017年5月出版 / 估价：89.00元
PSN B-2008-102-1/1

日本蓝皮书
日本研究报告（2017）
著(编)者：杨伯江　2017年5月出版 / 估价：89.00元
PSN B-2002-020-1/1

上海合作组织黄皮书
上海合作组织发展报告（2017）
著(编)者：李进峰　吴宏伟　李少捷
2017年6月出版 / 估价：89.00元
PSN Y-2009-130-1/1

世界创新竞争力黄皮书
世界创新竞争力发展报告（2017）
著(编)者：李闽榕　李建平　赵新力
2017年4月出版 / 估价：148.00元
PSN Y-2013-318-1/1

泰国蓝皮书
泰国研究报告（2017）
著(编)者：庄国土　张禹东
2017年8月出版 / 估价：118.00元
PSN B-2016-557-1/1

土耳其蓝皮书
土耳其发展报告（2017）
著(编)者：郭长刚　刘义　2017年9月出版 / 估价：89.00元
PSN B-2014-412-1/1

亚太蓝皮书
亚太地区发展报告（2017）
著(编)者：李向阳　2017年4月出版 / 估价：89.00元
PSN B-2001-015-1/1

印度蓝皮书
印度国情报告（2017）
著(编)者：吕昭义　2017年12月出版 / 估价：89.00元
PSN B-2012-241-1/1

印度洋地区蓝皮书
印度洋地区发展报告（2017）
著(编)者：汪戎　　2017年6月出版 / 估价：89.00元
PSN B-2013-334-1/1

英国蓝皮书
英国发展报告（2016~2017）
著(编)者：王展鹏　　2017年11月出版 / 估价：89.00元
PSN B-2015-486-1/1

越南蓝皮书
越南国情报告（2017）
著(编)者：谢林城
2017年12月出版 / 估价：89.00元
PSN B-2006-056-1/1

以色列蓝皮书
以色列发展报告（2017）
著(编)者：张倩红　　2017年8月出版 / 估价：89.00元
PSN B-2015-483-1/1

伊朗蓝皮书
伊朗发展报告（2017）
著(编)者：冀开远　　2017年10月出版 / 估价：89.00元
PSN B-2016-575-1/1

中东黄皮书
中东发展报告 No.19（2016~2017）
著(编)者：杨光　　2017年10月出版 / 估价：89.00元
PSN Y-1998-004-1/1

中亚黄皮书
中亚国家发展报告（2017）
著(编)者：孙力 吴宏伟　　2017年7月出版 / 估价：98.00元
PSN Y-2012-238-1/1

　　皮书序列号是社会科学文献出版社专门为识别皮书、管理皮书而设计的编号。皮书序列号是出版皮书的许可证号，是区别皮书与其他图书的重要标志。

　　它由一个前缀和四部分构成。这四部分之间用连字符"-"连接。前缀和这四部分之间空半个汉字（见示例）。

《国际人才蓝皮书：中国留学发展报告》序列号示例

　　从示例中可以看出，《国际人才蓝皮书：中国留学发展报告》的首次出版年份是2012年，是社科文献出版社出版的第244个皮书品种，是"国际人才蓝皮书"系列的第2个品种（共4个品种）。

❖ 皮书起源 ❖

"皮书"起源于十七、十八世纪的英国,主要指官方或社会组织正式发表的重要文件或报告,多以"白皮书"命名。在中国,"皮书"这一概念被社会广泛接受,并被成功运作、发展成为一种全新的出版形态,则源于中国社会科学院社会科学文献出版社。

❖ 皮书定义 ❖

皮书是对中国与世界发展状况和热点问题进行年度监测,以专业的角度、专家的视野和实证研究方法,针对某一领域或区域现状与发展态势展开分析和预测,具备原创性、实证性、专业性、连续性、前沿性、时效性等特点的公开出版物,由一系列权威研究报告组成。

❖ 皮书作者 ❖

皮书系列的作者以中国社会科学院、著名高校、地方社会科学院的研究人员为主,多为国内一流研究机构的权威专家学者,他们的看法和观点代表了学界对中国与世界的现实和未来最高水平的解读与分析。

❖ 皮书荣誉 ❖

皮书系列已成为社会科学文献出版社的著名图书品牌和中国社会科学院的知名学术品牌。2016 年,皮书系列正式列入"十三五"国家重点出版规划项目;2012~2016 年,重点皮书列入中国社会科学院承担的国家哲学社会科学创新工程项目;2017 年,55 种院外皮书使用"中国社会科学院创新工程学术出版项目"标识。

中国皮书网
www.pishu.cn

发布皮书研创资讯，传播皮书精彩内容
引领皮书出版潮流，打造皮书服务平台

栏目设置

关于皮书：何谓皮书、皮书分类、皮书大事记、皮书荣誉、
　　　　　皮书出版第一人、皮书编辑部
最新资讯：通知公告、新闻动态、媒体聚焦、网站专题、视频直播、下载专区
皮书研创：皮书规范、皮书选题、皮书出版、皮书研究、研创团队
皮书评奖评价：指标体系、皮书评价、皮书评奖
互动专区：皮书说、皮书智库、皮书微博、数据库微博

所获荣誉

2008 年、2011 年，中国皮书网均在全国新闻出版业网站荣誉评选中获得"最具商业价值网站"称号；

2012 年，获得"出版业网站百强"称号。

网库合一

2014 年，中国皮书网与皮书数据库端口合一，实现资源共享。更多详情请登录www.pishu.cn。

权威报告·热点资讯·特色资源

皮书数据库
ANNUAL REPORT(YEARBOOK)
DATABASE

当代中国与世界发展高端智库平台

所获荣誉

- 2016年，入选"国家'十三五'电子出版物出版规划骨干工程"
- 2015年，荣获"搜索中国正能量 点赞2015""创新中国科技创新奖"
- 2013年，荣获"中国出版政府奖·网络出版物奖"提名奖
- 连续多年荣获中国数字出版博览会"数字出版·优秀品牌"奖

成为会员

通过网址www.pishu.com.cn或使用手机扫描二维码进入皮书数据库网站，进行手机号码验证或邮箱验证即可成为皮书数据库会员（建议通过手机号码快速验证注册）。

会员福利

- 使用手机号码首次注册会员可直接获得100元体验金，不需充值即可购买和查看数据库内容（仅限使用手机号码快速注册）。
- 已注册用户购书后可免费获赠100元皮书数据库充值卡。刮开充值卡涂层获取充值密码，登录并进入"会员中心"—"在线充值"—"充值卡充值"，充值成功后即可购买和查看数据库内容。

数据库服务热线：400-008-6695
数据库服务QQ：2475522410
数据库服务邮箱：database@ssap.cn

图书销售热线：010-59367070/7028
图书服务QQ：1265056568
图书服务邮箱：duzhe@ssap.cn

果时光倒流，她还是会做出同样的选择，因为她太热爱绘画了，任何事情都不能成为她追求自己绘画事业的障碍。也许对于 X 女士来说，绘画真的已经融入她的生命当中，我想终有一天，凭着对绘画的热爱与执着，她会收获属于自己的那一份成就。

虽然和大学时的男朋友分手了，但是他们之间仍然保持着联系，彼此还是无话不谈的好朋友。可是当我问到她有没有考虑过复合时，X 女士笑称自己现在是没脸回去见他的。一方面是因为前任男友现在在家乡发展得非常好，成了一名优秀的设计师，周围并不乏追求者，可能早已经有女朋友了。另一方面是因为自己的绘画事业还没有达到自己的预期，自己不是特别好意思回去找男方。

（三）"感觉我遇到一个渣男"

虽然 X 女士说自己刚刚和现男友分手，但是我没有从 X 女士身上看出一点失恋的样子。X 女士笑称自己是个乐天派，而且事情已经发生了，也没啥好伤心的。

第二任男友是在北京学习画画的时候认识的，他们师出同门，男朋友是她的师哥。两人可谓一见钟情，双方给彼此留下的第一印象都非常好。在认识的一年中，男方对 X 女士照顾得无微不至，让 X 女士有种回到家的感觉。相识一年多后，男方鼓起勇气向 X 女士表白，两人最终确定关系，并搬到一起共同生活。X 女士坦言，他们二人普遍被周围的同学和朋友看好，都觉得他们俩是非常配的一对，无论是在长相还是在绘画风格上都很般配，可谓郎才女貌。但是事与愿违，他们在交往半年后就突然分手了，之前一点迹象也没有，令周围的人都感到很惊讶。

X 女士笑称距离产生的不是美而是陌生感，当两个人真的近距离接触时，才发现对方身上还有一些自己平时看不到的地方。他们生活在一起后，X 女士发现男朋友身上逐渐显露的一些缺点令自己无法忍

受。她发现男朋友从小娇生惯养，一点儿苦也不能吃，动不动就对周围的事情牢骚满腹、抱怨不停，一点儿男子汉的担当也没有。此外，经过一段时间的交往 X 女士发现男朋友的父母对 X 的家庭很挑剔，男朋友的父母希望找一个比自家家庭条件还要好的儿媳。X 女士对此表示很不能理解，甚至比较鄙视男朋友父母的想法。在她看来，自己不挑男朋友的家庭就已经很不错了。最后，令 X 女士最不能容忍的是男朋友可能对自己不专一，背着自己和其他的女生交往。为此 X 女士还和男朋友大吵了一架，吵架期间男朋友竟然对自己还有轻微的拉扯动作，这令 X 女士更加恼火，X 女士笑称她仿佛看到了家暴的倾向。因此，X 女士果断与男朋友分手，并把男朋友的微信等联系方式都删除了，表示不再想和对方联系。甚至为了尽快摆脱前男友对自己造成的伤害，X 女士希望尽快再找一个男友，使自己能够尽快忘记上一段感情经历。

在聊到这段感情时，X 女士反复说自己的男朋友就是一个彻头彻尾的渣男，自己对他的所作所为都失望透顶。可见，这段感情给 X 女士带来的伤害还是很大的。可即便如此，X 女士在交谈过程中仍然显得很平静，就仿佛在诉说一件和自己毫不相干的事情一样。大多数人面对此类事情的时候都难免激动气愤，可是 X 女士表现的乐观令人惊讶，这是种与她年龄不相符的乐观。我想，也许早早独立生活的她已学会坦然面对一切。

三 "第二段感情经历教会我很多事情"

相对于第一段感情留下的美好回忆，第二段感情给 X 女士带来的更多的是伤害和教训。虽然 X 女士一直笑称自己是个坚强乐观的人，但是可以看出第二段感情对她的影响还是很大的，在一定程度上影响了她的恋爱观。

"以后我再找男朋友，他一定要有一双善良的眼睛"，"我的男朋友一定要有独立的人格，做事有理有据"，X女士逐条向我陈述着对未来男友的期许。可以看出，X女士对自己的另一半的要求更多是在人品上，她觉得一个人品好、"三观"正的人才是值得自己托付终身的人。由于自身家庭条件不错，X女士坦言她并不十分在乎外在的物质条件，如果双方真心相爱，即使没有房、车，他们在一起生活也会十分幸福。

虽然早已从第二段失败的感情经历中走了出来，但这段经历给她带来的教训是十分深刻的。"我现在突然发现，恋爱和结婚不仅仅是两个人的结合，更是两个家庭之间的结合与对话"。在选择另一半这件事上，家庭也是要考虑的非常重要的因素，在交谈中X女士反复强调了这一点。她认为，一个好的家庭教育出来的孩子一定不会太差。如果对方的父母是知书达理、有教养的人，比如老师、医生等，那么他们的子女受到的家庭教育一定非常好。和这样的人会比较容易相处，而且在双方家庭接触的过程中，也不会产生太多不愉快的事情。

当被问到是否还会再从艺术圈寻找自己的另一半时，X女士坚定地摇了摇头，表示否定。"艺术家都是比较自我的"，X女士对自己和艺术圈的人这样评价道。在她看来，两个比较自我的人相处会比较难，双方可能都不会做出妥协，因此往往一件小事就可能引发争吵。而这也是她从第二段感情经历中总结出的经验。"反正我以后不会在艺术圈里找自己的另一半了"，X女士微笑着表态。此外，她觉得艺术圈里的人多数收入不很稳定，可能作品卖出去了会有一笔收入，但是作品卖不出去的话生活就会很拮据，而她则希望自己的另一半收入比较稳定，这样她追求自己的绘画梦想时就没有什么后顾之忧。X女士半开玩笑地说，现在觉得金融圈的人比较适合做男朋友。

"以后，我可能会找一个南方的男朋友"。由于第二任男友是 XX 省①的，这使得 X 女士对北方男性的好感大大降低。在她看来，南方人可能比北方人更温柔、更体贴。而身为南方人的她，可能更适合找一个南方的男朋友，这样以后也可以回上海一起发展，而没必要非留在北京。

（一）"我始终认为自己是一名艺术家"

从 X 女士身上，总能看到一股强大的自信。在她看来，自己是一名搞绘画创作的艺术家，因此她始终认为她与普通大众是有很大区别的。而这也使得她看待许多社会问题的视角与观点与众不同。

"我觉得中国现在男女关系是很不平等的，甚至是病态的"。在 X 女士看来，中国社会中男女不平等的现象处处存在，其中在恋爱中的不平等最令她无法忍受。在她看来，许多男士在和女士交往中的动机都是不单纯的，都有种占便宜的打算，在她看来这种人就是赤裸裸的"渣男"。"如果一个男人打算义无反顾地和你结婚，那么说明他是爱你的"，"如果一个男人心甘情愿地为自己喜欢的女孩子花钱，那么他一定是爱她的"，X 女士向我阐述了数个她认为检验一个人是否真心的办法。

"我才不会因为省钱而假离婚去浪费自己宝贵的时间"。对于目前的假离婚买房，她觉得这样做的人首先是没钱，如果有钱的话他们是不会把时间浪费在这些事情上的，只有那些喜欢占小便宜的人才会这样做。X 女士笑称，她绝对不会做这种事情，她会努力使自己远离这种在她看来并不是很重要的事情上。在她看来，这些事情都是在浪费她的时间，她要做的是利用时间把自己的创作搞好，这在她看来才是最有价值的。

---

① 为保护被访者隐私，关于地域、学校、单位等个人信息一律用 XX 替代。

虽然 X 女士的有些观点比较特立独行，但是在某些事情上她又出奇的保守。X 女士对于时下比较流行的网恋十分反感，因为她觉得只有宅男才喜欢干这种事情，并且认为喜欢网恋的人肯定比较抠门，不愿意给女孩子花钱。有些网恋的人，可能动机也不是很单纯，因此她很反感甚至厌恶网恋。

"我始终觉得相亲是一件很 low 的事情"，X 女士如此表达自己对相亲的看法。在她看来，作为一名艺术家去参加相亲是一件很丢人的事情。虽然她也在父母安排下参加过几次相亲，但她都是瞒着周围的朋友偷偷去的。当我问为什么时，X 女士也没有给出什么理由，就是觉得很丢人。

"其实看着周围的朋友纷纷结婚，我也挺着急的"。X 女士坦言，周围的朋友结婚会对她产生很大的影响。当周围的朋友结婚拥有了自己的家庭后，他们和朋友相处的时间必然减少，而这使 X 女士有种受到冷落的感觉。

（二）"生活教会了我成长"

2013 年只身来到北京追求自己的绘画梦想，至今学习绘画五年，X 女士朝着自己的目标和梦想不断前进。X 女士觉得经过这么多年的历练，自己逐渐变得成熟，在对待婚恋问题上变得越来越理性，从上一次的感情经历中也吸取到了一定的经验与教训。X 女士坦言，生活会对你进行教育，而你也会在教育中不断成长。人也是有很多面的，她今天之所以这样乐观开朗，完全是生活对她的改变。

在整个交谈过程中，X 女士始终挂在嘴边的就是她的绘画梦想。就连她想象中的完美男朋友，也是因为欣赏她的作品而能够最终和她生活在一起。她对自己的绘画事业有着极为清晰的规划，有着远大的目标。在追寻自己绘画梦想的道路上，她脚踏实地、砥砺前行，希望终有一天她会实现自己的梦想。

B.9
"曾经沧海难为水"

——"北京青年婚恋状况调查"访谈之三

冉珊川[*]

一　被访者情况简介

Z 先生，山东人，单身，1987 年出生，2009 年毕业于山东财经学院，毕业后参加工作。为了与当时在北京做公务员的女友团聚，他定下了考研去北京的目标。2011 年，在第三次考研之后，Z 先生终于考入 XX[①] 学校 XX 专业，现在就职于某政府机关，成为普通公务员。

接到邀请后，Z 先生主动提出在学校接受访谈，并早早来到约好的地点。当看见我们走来时，Z 先生连忙掐灭手里的烟，并迎了上来。他个头不高，身材微胖，还有一点啤酒肚，但穿着简洁又考究：棕色的皮夹克下面是一件整洁的黑色毛衫，下半身是深色牛仔裤和一双干净的皮鞋，显得得体又利落。

出乎我们意料的是，一上来他便兴冲冲地问起了学校里有没有书店，并迫不及待地请我们带他过去。到了之后，他很快就找到了一些政治书籍并粗略地翻阅起来——"这些都和我的工作有关"。谈起工作，Z 先生仿佛打开了话匣子，滔滔不绝地向我们讲述着许许多多工作上的事宜。但是，他说，由于自己还是单身，所以工作之余，时间

---

　　[*]　冉珊川，对外经济贸易大学外语学院研究生。
　　[①]　为保护被访者隐私，关于地域、学校、单位等个人信息一律用 XX 替代。

还算充裕，"并不是太忙"。

而被问及保持单身的原因时，Z先生的脸上急遽掠过一丝羞怯的笑意。

"我之前是有个女朋友，但是没走到一起，现在分开了，还没再找。"

很快，我们便意识到，在Z先生的笑容之后，一定有一段无奈又辛酸的故事。他喝了一口咖啡，面露微笑，说道：

"你们是想知道一些什么呢？"

二　访谈主要内容

（一）朴素又执着的"爱情"

"我们是之前在本科阶段认识的。她比我大一岁，是学姐，比我高两届。她上大四的时候，我还在上大二。那时候我们俩就走到一起了。之后她考研，第一年没考上。"回忆起往事时，他脸上的笑容渐渐淡去，但也看不出苦涩和伤感，仿佛多年时光已将曾经的欢愉和痛苦一并抹去，只留下一点点淡淡的怀念。他随后说起，二人的相识得缘于一次偶遇。"（我们）不是一个专业的。就是一个学校的，偶尔碰见。是去我们学校机房上网的时候碰到的，然后就留了个号码。那是我大一的时候，她大三。"

很快他们便陷入热恋，像每对寻常情侣一样，经常是一聊就聊到深夜。"那种普通的诺基亚手机，也不能上网，我那时候发短信一个月能发两百多块钱。晚上就跟发微信似的，叽里呱啦跟她聊。但是微信不用考虑价格呀，那时候一条短信就是一毛。"

Z先生表示，女朋友和自己算是一见钟情，两人之间，总是有说不完的共同话题。在一段段忙碌又疲惫的日子里，清脆的短信铃声就

如同世界上最悦耳的音乐，小小屏幕上充满爱意的几行文字就是Z先生内心最大的慰藉。只是，两人年龄上的差距让这一段短暂而又甜蜜的时光戛然而止。很快，他的女友就面临着毕业后何去何从的难题。

"她（国考）第一年就没考上嘛，第二年的时候就考上了公务员，就来到北京了，但那时候我还没毕业呢。"Z先生的女友在毕业后来到北京，而他则认为，若想和女友相聚，唯一的办法就是考研了。"我就想着要来北京的话，还是要考研嘛。因为XX大学的本科学历在北京找工作也不是特别好找。"

事实上，他在本科毕业后已经找到一份还算不错的工作，但是为了能够实现"团圆梦"，Z先生毅然决然地踏上了复习考研的道路。"当时工作的时候就是白天上班晚上复习，为了两个人能在一起嘛。2011年就考到了北京××学校的××专业，那时候两人就团圆了。"

虽然说得轻松，但在Z先生话中，我们还是能读出那些年的艰苦和辛酸，仿佛能看见一个带着工作留下的无穷倦怠的身影趴伏在书桌前，却又怀着憧憬和希望挑灯夜读。正是这朴实的爱情力量，让他不断坚定着内心的信念。也许在Z先生眼里，为了爱情，或者说，为了他眼中的爱情，他所付出的一切都是值得的。

（二）当爱情遇见阻碍

令Z先生没有想到的是，尽管自己为了追寻爱情费尽力气，可最终还是没能和女友走到一起。双方家长的态度成了两人之间最大的障碍。"其实我们没能在一起，就是家里边父母不太同意，因为她比我要大，家里就没同意我俩在一起"，"她2008年来到北京，我是2014年毕业。她到2014年的时候已经工作6年了，家里面就会催她嘛，催她找对象"。除了年龄因素外，女友的父母对Z先生的工作也不看好。"我毕业的时候去的是一个央企。她家里边对企业都不是特别看好，觉得还是公务员比较靠谱。"

对女友父母固执的态度和尖锐的说辞，Z 先生一直耿耿于怀。他认为，他们并不了解他所在企业的优势和特点。"他们不了解，也不像咱们高校出来的都知道某央企挺厉害的。他们不知道，他们觉得就是一个企业，工资还那么低。他们不懂。"与此同时，女友父母还对男方提出必须有房的要求，对此，Z 先生也是无能为力。"她在这工作后，本身是国家公务员嘛，有福利分房。也不是分房，就是单位买了几栋楼，就低价卖给员工。她当时也买了。但是你想，当时我没有啊。对方家里面就提要求了。当时我在企业也没有这种福利，买房也比较麻烦。"Z 先生苦笑道，"我当时的工资，扣掉五险一金，2014年的时候是 2499 元，都不到两千五。"

总的说来，由于缺乏了解和沟通，女友的父母对 Z 先生的条件并不满意。因此，在两人还保持恋爱关系时，他们便打起新的算盘，给女儿介绍起了新男友。"（父母）一直在给她介绍，其实她也不同意。后来她家里边老说这个事，她就有些动摇了。后来就分开了几次，又和好了几次，分分合合。"

Z 先生悠长地叹了一口气。

而事实上，不仅是女方的父母对 Z 先生不中意，Z 先生的父母也反对两人在一起。说到这里的时候，Z 先生摇了摇头，仿佛极不情愿地在心底去寻找这些尘封的回忆。他顿了顿，继续说道："家里边的因素特别重要。她家里一反对就容易引起一种连锁反应，我家里边也反对。因为我家里边本身也不是特别赞同，但是我一直在做家里人的工作。"当被问及反对的原因时，Z 先生略带无奈地说道："我父亲在党政机关工作，所以相对她家条件好一点，也不仅是家庭条件什么的，还有她父母文化水平不高，不识字。"

但在 Z 先生的努力下，父母最终还是尊重他的意见，答应想法去解决房子的问题。为此，两家父母甚至还见过一面，可是结果却让 Z 先生大失所望，双方家长完全没有谈到一起。Z 先生的父母认为，未

来长远的发展是重点，房子的事可以慢慢解决；但女方父母的观点则完全相反。于是，Z先生意识到由于思维逻辑、文化程度的不同，两个家庭很难交流。"也不是说双方家庭谁嫌弃谁，就是在很多事上很难沟通"，"不光是她的家庭对我的家庭，我的家庭对她的家庭也没有特别多的好感"。

事已至此，Z先生也不再对感情有什么奢望，他所能做的就是痛定思痛，忘掉过去，整装待发以迎接下一份感情。回顾这段感情经历，他认为，恋人们提前与父母做好沟通是最重要的，"一定要提前得到父母的认可"。

（三）无奈的现状

可是，新的问题很快又接踵而至。"工作了，就跟学校不一样了，没有那么多时间和精力了，把精力都花在工作上了。"Z先生发现，工作之后完全和学生时代不同，很少有时间再去寻找合适的恋人，再去花费大量时间去经营一段感情。Z先生感慨，如今自己都是通过介绍、联谊活动、相亲等方式去间接地等待缘分的降临。可是似乎，他再也找不到能令他心动的恋情，"工作之后要遇到合适的还是挺难的"，"在相亲的时候都比较现实，不太像那种谈恋爱的感觉了，少了很多东西"。Z先生感慨，学生时代那种单纯又满怀激情的感情很难再找回来了。

当被问及有没有通过一些方式发展新的感情时，Z先生说："从2014年到现在都已经两年了，有发展过，但找不出那种感觉来。不知道是怎么回事，就是没有那种感觉，现在就没有找到特别合适的。"他感慨地表示，最后发展出来的都只是朋友。

可能错过的这一段感情太过刻骨铭心，Z先生对于未来的感情生活并没有太多的激情和畅想。这句"曾经沧海难为水，除却巫山不是云"或许就是他目前最好的写照。

Z 先生将自己未来的感情全寄托在"随缘"两个字上。但"随缘"究竟是对过去的超脱与淡然，是对现实的妥协和屈服，还是对未来的恐惧与逃避，可能 Z 先生自己也想不明白，或者是他不愿意去想。

（四）择偶观

我们发现 Z 先生在访谈过程中，经常提到"合适"、"合得来"的概念。他向我们解释道，他认为"合得来"，主要应该体现在"性格"和"价值观"两个层面，并说"两个人要有共同的理想"。在他看来，择偶时价值观的合适是最主要的，其次是性格和长相。至于物质方面，Z 先生则认为没那么重要："那（物质方面）我看得少，一般（女性）看男的话，物质方面看得多。男的好像是比较看重长相。"Z 先生认为，男性注重长相、女性注重物质是当今社会的主流，"不能说每个人都这样，大约 70% 吧"。随后他承认，自己的择偶观应该也部分地受到了出生地传统习俗的影响，因为"（在×地）男的相对于女生，担的事比较多一些，女的对家里多操心一些"。但他也否认了这种习俗，他认为"现在这个年代不是讲这个事的时候，女性都是比较独立的，经济上、人格上都是独立的"。

那么在 Z 先生的择偶观下具体会选择什么样的女生呢？我们问出了之后，他嘿嘿一笑，有一些不好意思地说道："什么样的，倒还没想过……具体地说，不单纯是一种类型。只要不是特别小气就行，我比较喜欢大大方方的。我说的大方，不单纯是钱的事，就是不扭捏不做作，很自然。""学历倒无所谓，也不是一点要求也没有，本科以上吧。在我看来，专科就有些低了。"

当然，Z 先生也很清楚，自己的择偶标准并不一定就是父母的择偶标准，自己的选择不一定能让父母满意。尤其是在之前跌宕起伏的感情经历之后，他更明白了父母支持的重要性。"父母和自己的择偶

标准，这两个标准的出发点是不一样的。我的出发点就是找一个能和我合得来、过一辈子的人。他们的出发点是找一个好的儿媳妇，就是这么回事。出发点不一样就导致这个角色的标准定位不一样。"但Z先生认为好在自己的父母还算很开明，会尊重自己的意愿。"但是我父母还是比较开明的。他们不会说强压着你。"

除了主观条件外，在择偶时还有很多客观条件要考虑。在谈到客观条件时，Z先生的语气就严肃了许多。他认为结婚时，房、车、户口都是必需的，而自己只拥有其中一项。可是，已经29岁的Z先生还有足够的时间等到买下房子和摇上车号吗？

Z先生无奈地说身边同龄的朋友大多已结婚，父母也会催促他办妥"终身大事"，甚至亲戚们都经常打他电话，让他抓紧娶妻。但是对此，Z先生也有着自己坚定的立场，他始终不愿意为结婚而结婚。他回到之前的话题上来，强调自己更想等到适合自己的那个人。"回到正题上，我的观念还是看两人的感情吧。真是为了取悦父母、为了抓紧时间，那也不合适。毕竟两人是要过一辈子，过到进坟墓为止"，"毕竟是两个人在一起过，之后也不打算跟父母同住"。

（五）寻找那个她

采访过程中，我们发现，Z先生是一个喜欢社交媒体的人。在受访期间，他总会时不时地刷刷朋友圈，浏览一下微博。于是我们便问到他对时下比较流行的网恋的看法和意见。

"起码两个人认识之后还是要见面吧。网聊只是加深交流的方式。直接通过网络确定关系，那样不合适。"至于通过"摇一摇"等功能认识的网友，他更是不敢信任，"我不会通过这种方式认识的。在学校里面还是好得多，环境单纯得多。不会像外面各种人都有，坏人都有。"

Z先生始终认为网络是一个平台，在上面展示的东西反映不了一个人的真实情况，只有在两人面对面的交谈和交往之后，才能真正知道两人究竟合不合适。而当被问到更愿意怎样认识异性的时候，Z 先生的回答与之前一样固执和"任性"："我更偏好自己去找。就是遇不到这样的人。"

出于这个原因，Z 先生参加了一些社会上或者单位的活动，甚至是某些网站举行的大型相亲会。但"不幸"的是，他依然没有遇到属于他的那个她。Z 先生苦笑着说："通过这些活动倒是认识到不少朋友。"

采访很快就进入了尾声。在道别之后，我们目送着 Z 先生在离开校园的道路上慢慢远去，他的背影和北京每一个行色匆匆的路人一样，仿佛挑着一个无形重担。

同大多数上班族一样，Z 先生过着早起晚归、两点一线的生活，都市早已将他的个性消磨殆尽。只是 Z 先生仍旧不愿意在感情上妥协，他像曾经的自己一样固执而坚定：为了爱情不惜付出几年光阴，依然在北京这座国际化大都市的茫茫人海中孤独守望。

B.10
婚姻是爱情的坟墓

—— "北京青年婚恋状况调查" 访谈之四

许雅丽*

一　被访者情况简介

X 先生, 1990 年出生于一个幸福的家庭, 父亲是医生, 母亲是护士, 有一个已经结婚的姐姐。2011 年, 从 XX① 大学毕业后, 他到政府机关工作, 在这里遇见了自己的前女友。两人很快坠入爱河, 不久女孩到外地读研, 这场异地恋持续了两年, 直到 2013 年女孩毕业在北京团聚。在相处的 5 年多里, 两人的爱情甜蜜而美好。但这美好的爱情, 在一间婚房面前, 显得那么苍白无力。今年上半年, X 先生和女友不得已结束多年的爱情, 而这爱情的终结者, 却是他们一心期盼的婚姻。

与 X 先生的初次会面是在一个社区的海巢青年汇, 他并不像我印象中的北京青年那样有高大的身材, 但是脾气温和, 开朗而且健谈。但他的语气里, 总是隐隐透出某种伤感。X 先生是个很细心的人, 记得约访之初, 他细心地找了一个离我比较近的地方, 让我不要太奔波, 顿时心里对 X 先生生出几分好感。在他身上你感觉不到很多世故圆滑的社会气息, 与他相处是舒适而自然的。开始闲聊时, X

---

* 许雅丽, 对外经济贸易大学国际经济贸易学院研究生。

① 为保护被访者隐私, 关于地域、学校、单位等个人信息一律用 XX 替代。

先生给我讲了一些他工作上的事情。他起初在某团委工作，负责一些社会服务活动，后来自己创业，为社区的老年人和年轻人提供各种活动，丰富大家的休闲生活。X 先生的工作做得有声有色，而工作之外，他正在努力和失恋的阴影做斗争，开始新的生活。

二　访谈主要内容

（一）美好单纯的相遇

"我 2011 年毕业，然后到机关工作，当时刚出学校对这个社会的认知还很单纯。当时的女朋友还也在读书，只是刚刚保研完所以过来这边实习，觉得我是个很阳光、爱笑，性格也不错的男孩子，我也对这个姑娘挺有好感的，两个人在朋友的撮合下慢慢就在一起了"，X 先生向我这样介绍她们俩的开始。"她是个特别好的女孩，虽然脾气不好，但是很会心疼人"，从他的眼神里我能看到想念和不舍还有错过的遗憾。

"2011 年毕业那时候，误打误撞就进了这个单位，因为自己本身是北京人，没有那么大的生存压力，可以挑一个自己比较喜欢的地方工作，在机关工作的时光还是很快乐的，后来慢慢地在这里收获了爱情还有事业。"X 先生娓娓道来，"那时候自己挺傻的，什么也不懂，总干傻事，但是工作比较卖力，也比较认真，领导们都还比较喜欢"，说到这些的时候能看出来 X 先生因为工作顺利而产生的欣慰感和满足感。"对于女朋友，我是金牛座比较慢热，刚开始没太多感觉，觉得还不错，后来才慢慢地越来越深，离不开了。"

（二）甜蜜的热恋期

"其实两个人在一起的时候挺好的，我对她也是无微不至，那时

候天冷我就给她买那种能把手伸进去的鼠标套，还有在寝室穿的那种大的棉拖鞋，怕她在宿舍冷，腊八节的时候，跑到她们学校买腊八粥给她送过去，她在XX上学说那边床特别硬，我就直接买了床垫给她送过去，在一起的时候一直都挺好的；我爸妈都是脾气特别好的人，在一起这几年，我们家不吃辣，但是她来了之后我妈每次炒菜都放辣椒，有的时候还炒两份，一份放辣椒一份不放辣椒，就是有些待遇只有她跟我姐在家才能享受。记得她去XX读研，那时候不让买站台票，就算是找朋友我也得把她送上车，她也感动得稀里哗啦的，那时候女朋友对我特别好，我俩一起出去玩，记得有一次去山西玩，她也先把我送到北京然后才回XX。异地的时候有时候周五晚上我下了班坐卧铺到XX，第二天早上去学校找她，然后周一坐5点的飞机飞回来上班。那时候也好请假。等毕业后两个人又甜甜蜜蜜过了两年。两年异地恋期间也遇到过其他女生，但是从来没有过别的心思，记得当时有个小姑娘家里特有钱，在北京的那时候她给我送饭都送到区政府门口了，但是我当时有女朋友了，对那些女孩都没动心过。"X先生聊到这些甜蜜的细节，整个人话多了许多，"我当时跟女朋友在一起就觉得特别舒服，也没想过会分开，有的时候我们两一起去国图看书，她看她的，我看我的，就挺舒服的，有的时候呢，两个人想一起出去就直接出去玩了，我写报告的时候女朋友给我的帮助也挺大的，她考虑得会更细致，有问题她一下子就给提出来改掉了"。听着X先生讲这些两人相处的细节，仿佛看到当时相处的甜蜜片段。

（三）撕心裂肺的分离

"女孩子是XX人，毕业以后来北京工作，户口的问题也解决了，我们俩房子也有车子也有，我一个月收入一万多块钱，她一个月七八千块钱，我觉得这样还不错。我人可能比较知足，但是去他们家提亲的时候，人家父母提出要求：希望我父母把房子过户一套给我们，写上我俩的名字，当时这事，我自己没觉得这是什么大事，但是人家觉得是大事，可能我自己为别人考虑的没有那么多吧，后来慢慢地两个人心理都开始产生变化，这个时候争吵变得越来越多，吵着吵着就分了，分的时候挺憷的。"

"那会经常想为什么两个人就分手了吗？"我问 X 先生。

"分手有很多的原因，从小的方面讲，比如说吃饭，她爱吃辣，我们家从来不吃辣椒，但是人家无辣不欢，后来在一起五年，把我的口味全弄变了。还有她比较爱玩、好动，我呢，是个不那么爱动的人，再说平时除了工作外也没那么多时间，好不容易休息一天，我还想在家休息一下；还有我是一个比较粘人的人，我们在一起的时候，有时候她回家我老爱跑去接，不管多远，不管多晚都去接，有时候没车我也跑很远去接，但是她老是觉得怎么成天老是这么粘人，老爱接，人家说我是因为爱开车才这样的；我这个人可能比较爱迁就她。她以前谈过一个，以前两人老爱冷战，所以我跟她谈恋爱虽然我也有脾气急的时候，但是每次吵完架我都哄，哄了 5 年，有的时候都是毫无原则的道歉。我也才谈了两个，没什么经验，刚开始的时候对人挺上心的，逢什么节日都买礼物之类的，但是后来慢慢的工作忙起来了，就顾不上了，而且觉得不那么重要了，但是人家挺重视的，这样慢慢地就出现了争吵；而且我呢比较轴，对于感情也是，有的时候她想去朋友那玩不回家，然后我就会说你该回家吧，然后人家就不高兴了，后来总是因为这个吵，还有很多类似的事情，然后就分了……"，停顿许久之后 X 先生又补充了一点，"而且我很爱攒钱，这点可能我女朋友也挺不认同的"。

"那除了你们自己之间的这些问题，有外界带来的压力之类的原因吗？"

"我觉得感情的事情只要掺杂物质上的东西，就很难办了，我也

是理解他们家的，因为她父母关系不是很好，长期处于一种战斗状态，所以她对于她父母的想法尤其是她妈的想法会在意得更多一些，其实我也特体谅她的，因为她闺女这么大老远地嫁过来，她害怕她闺女吃亏，得不到保障：什么都是你的，万一怎么着了，她闺女什么都没有怎么办？"

"到最后都很戏剧化了，跟演电视剧一样，她妈说'我们家什么都没要求，就把女儿嫁了，就这一个要求'。其实我们家把什么都出了，该给的彩礼都给了，房子出了，装修出了，买车钱出了，摇号呢是她的指标摇上的，我们家把这些都出了，但是她们家觉得我们什么都没干，后来呢，分手我也什么都没要，彩礼没要，车也给人家了，真的就像鸡飞蛋打了！而且对于过户我们觉得税太贵了，当时过户要十多万，然后我们还装修了房子之类的，我说咱有这点钱置办点家具怎么不好呢，但是那边说不通，说你们必须把这房子公证，公证之后房子归你们俩。后来我们还真去了，我带着我姐跟我爸妈开着车一起就去了公证处，当时那地方说我们做不了公证，我们只能让你爸立遗嘱，我爸当时蹭就出去了，扭头就走，不干，我能怎么办，我总不能逼着我爸在那立遗嘱吧，然后就回家了。""之后两个人就一直扯，大家都站在自己的立场，这事到最后，她妈还觉得我们这事没办好，这不行那不行，最后没辙了，该做的都做了，最后什么都没要就分了吧，实在没办法了。这问题就算现在搁置了以后还没完，就差不多是你想要的我给你了，该分还是要分。本来我爸是一个非常乐观的人，什么事都不放在心上，其实在父母心里可能房子就不是什么大事，但是对方一直这样要求，我们家的心里也会产生变化，会觉得两个人要在一起了，还这么一点信任都没有还怎么相处呢。女朋友也特单纯地把她妈的一些想法全告诉我，她妈说还想到时候过几年把这房子给卖了，卖的钱再买一套给我们俩付首付，然后我们俩再一起还贷款，我肯定心里就不舒服，我不经意地跟我妈抱怨了一下，最后就变成两家人开始一直扯。"两个人之间再美好的感情在遭遇这些现实问题的时候总是显得很脆弱，而且年纪轻轻的 X 先生和女朋友都没什么经验来处理这些问题。X 先生继续说，"不过还好最后损失不是很大，两个人的感情要是闹成这样了，感情堡垒再坚固也架不住物质的冲击，感情一直很好，也没经过什么大风大浪，经不起这般折腾。""其实仔细想想当时这个房子，按照现在的婚姻法，就算是去把这房子过户过来，写上我们的名字，如果我们俩要离婚了这房子还是我的，她拿不到一点。感情要是走到这一步，她比我还惨，什么都拿不到。"

X 先生看着自己的水杯继续说："我们俩要是不谈结婚可能也没什么事情，后来谈到结婚，两个人有很多问题搞不定，她爸她妈我搞不定，她妈还想着以后跟她爸关系不好过来跟我们住。""那时候一些北京人可能会说跟你结婚别人不就是冲你房子来的嘛，我妈也可能会多想一点，我说：（她）不是别人，不会惦记你这个，但突然就来这么一件事情，让我在父母那里还怎么说呢，然后家里还有一姐姐，容易在前面添油加醋。这些事情慢慢地造成了两个人、两个家庭之间的嫌隙，慢慢地就不信任了。对于这些现实无奈的事情，似乎只有妥协和接受才能让大家都好受点，能更好地保护自己。刚分手的时候，她的一些衣服什么的还在我们家，处理的时候我不能看，一看就受不了，让我妈把这些衣服该寄回去寄回去，不要的就捐了，那会儿想那些事特别的难受，那段时间跟戒毒一样。"对失恋带来的伤痛，这时候 X 先生可能更多的是劫后余生的淡然。"感觉像电视剧一样挺扯的，以前觉得自己还挺幸运的，该干什么的时候都在干什么，差不多该结婚了，结果到现在呢，身边的朋友都结婚了，我突然就分手了。可能以前太顺了，该上学上学，该上班上班，大家都在拼搏的时候，我刚好有这么个机会出来创业，收入呢，跟同龄人比起来中等偏上，家里虽然不是很好，但也不是太坏，父母这方面也没什么压力，结果

该结婚的时候就出事了。"讲到这些的时候能看出来 X 先生心里的羡慕和遗憾。

X 先生说"这件事情对他来讲真的挺大的",即使坐在他对面，我也能感觉到无奈和遗憾痛苦似乎就像一块伤疤一样刻在了 X 先生心里。

"缘分这个东西就是很神奇的，可能我跟她之间的缘分就是尽了，真的就没办法了，缘分你强求不来，命里有时终须有，命里无时你强求不得，可能下一秒真爱来的时候你挡都挡不住，等待缘分吧"，被感情灼伤之后，X 先生慢慢学着宽慰自己。

（四）静静期待未来

一个多小时过去了，我小心翼翼地问 X 先生："那父母现在有催着结婚吗？"

"我父母不催吧，因为 5 年的时间都已经习惯这么一个人，突然这个人不在了，我父母也没适应过来，也不愿意去说这个事情，再加上分开的那段时间非常的痛苦，父母看到了也心疼，所以也不会这么催促我。其实我觉得谈恋爱挺难的，哪那么容易碰到一个你喜欢，然后她也刚好喜欢你的，然后两个人还能在一起，谈好长时间，都觉得很适合、能聊到一起，最后还能走到一起的，人生还这么长哪那么容易啊！而且我觉得两个人在一起要有一些共同的目标，不管这些目标是什么，当你一点点地达到的时候，会比较有成就感，还是得有个目标，把日子当日子过就总是要出问题的。"

"那再去找女朋友会有一些什么标准呢？"

"找比较踏实的女孩子吧，因为我这个人比较粘人，比如两个人可以一块去做点事情，一块出去玩玩，找个有情调的餐厅吃点饭啊，如果要学习两个人能一块看看书、一起学习，我觉得这样就挺好的，特别的舒服。但如果我女朋友没事天天在外面晃，跑个夜店什么我肯定就受不了，因为我自己不去。至于形象方面，女孩子不化妆、朴朴素素的就挺好的。"

"对于物质我没什么要求，女孩子要跟你人生观、价值观一致。学历方面至少要本科吧，要求不是那么多，要是我找一北京女孩也可能不会遇到这么多的问题，因为北京人都有房子，可能就不会有这么多的麻烦事。而且我觉得再找女朋友可能还是会找一个北方的吧，因为他们家吃辣椒吃得太厉害了，真受不了，可能希望口味差距不要那么大吧。"

"经过上一段恋情您想避开一些什么吗？"

"我妈说再找还是看看人家的家庭吧，不要别人家里都打得不可开交了，我们这时候还插进来，自己都没收拾好呢，再来一个家庭都会出问题的。谈了这么多年，如果再找可能会有一些底线，要是彼此差别太大、一些爱好实在不能共融、一些无原则的吵架太多，可能该分还是分吧，不能再这么拖了。我是无所谓的，可能我 30 岁才结婚我妈也不会催我，但是对女孩儿不好。打个比方就像以前的女朋友那么爱旅游，但是我没时间，人家会不高兴，我一般也就跟着单位出去，很少自己出去，但是人家可能更喜欢多一些惊喜。还得有一个真正理解你的人，两人在一起的时候可以泼冷水但是别撤凳子，有什么问题你可以指出来，说你接受不了，但是你不能成天让人下不来台。现在通过前一段感情，我也慢慢地去整理一些思路，更多地换位思考，不是你一味迁就就能解决问题的，要更多地去考虑对方的需求吧，可能得到的要比你一味迁就得到的更多。比如我之前的女朋友是 XX 人，急脾气一点，要是出现什么问题，女朋友的话横着就来了，两个人吵着吵着就会非常伤感情。"能看得出来经过这一段刻骨铭心的感情，X 先生对于感情似乎比以前稍微谨慎和实际了，很多事情我们无法去评判它的对与错，但是不管怎样，希望X 先生能都按照他的这些标准，找到一个女孩子陪他一起开开心心

过日子。

"在事业方面，其实每个人想法不一样，我肯定不是大富大贵的人，可以平平常常过日子，我会上进，但也不是那种玩命上进的人，我会把我自己的事情做好，我有自己的方向。我能给她什么保证呢？我肯定不是那种特别花心会出轨的人，因为我的感情经历也比较单纯。如果你非要一个特高的生活水平，我可能也没办法保证，未来的事情我不知道，我会想未来，但我也会一步一步走，最后能不能得到我不知道，谋事在人、成事在天，有些时候还是要讲究一点天命的，有些候你去强求可能结果也不会好。"

"有想过要相亲吗？"

"现在还不着急，不过就算我不着急，大姐们会非常关心这些事情，现在也受不了这些大姐的冲击，也没跟别人讲这些事情。将来也不排除相亲的形式，但觉得相亲挺扯的，你哪能在那么短的时间内就选定一个人，这个是碰运气，两个人要第一眼看着还不错，才有继续去交往的欲望，但是在那种情景下，聊几分钟，一般也看不出来什么，就是目的性太强，为了相亲而相亲，可能考虑物质上的因素会比感情上的因素更多。"讲完所有的这些之后，X 先生长长地舒了一口气。

三　访谈小结

X 先生的故事结束了，而我还沉浸在他的故事里。X 先生的经历，是我们这一代年轻人可能也会遭遇的。虽然心中明白，但"知道了很多道理，却依然过不好这一生"，除了惋惜和理解外，我们无能为力。人生有些事情，没有答案；已经过去的，无法再回头，我们只好向前走。值得欣慰的是，X 先生正在慢慢走出失恋的阴影，恢复从前的阳光开朗。走出小店的时候，阳光明媚，X 先生挥挥手和我说声再会，笑容灿烂，眼神有一瞬间明朗真诚，不见忧郁。爱情是脆弱而美好的，两个人的风花雪月，经不起柴米油盐的日渐消磨，更受不了现实赤裸的博弈。我真心希望，他的下一段爱情能在婚姻的柴米油盐中收获圆满。

B . 11
婚姻这杆秤

——"北京青年婚恋状况调查"访谈之五

梁晨曦*

一 被访者情况简介

L女士，32 岁，北京人，任职于某企业，现已婚并育有一儿一女，先生也在同一行业工作，目前为某企业的中层，两人在 XX① 大学读硕士时相恋，毕业 4 年后于 2012 年成婚，在 4 年的婚后生活中，面对工作、育儿各方面的压力，夫妻之间有过坎坷与波折，经过双方不断调适，现在生活逐渐稳定。

一开始短信联系 L 女士时，还抱着一些忐忑的心情，因为了解到在该类企业工作年底会比较忙，所以也做好了被拒绝的打算。出乎意料的是她很痛快地回复了我，"我只有中午一小时的时间，因为晚上要加班还要回家带娃"。这让我有些喜出望外，同时也期待着与她的会面。

第一次见到 L 女士时，她高挑的身材、干练的短发、简单的穿搭和我想象中带着精致妆容的 HR 姐姐形象略有些差别，稍稍带有些许岁月痕迹的面容让我觉得这是一个有故事的女人。

---

* 梁晨曦，对外经济贸易大学国际经济贸易学院研究生。

① 为保护被访者隐私，关于地域、学校、单位等个人信息一律用 XX 替代。

二 访谈主要内容

（一）"孩子是我的延续"

一个母亲对于育儿总有说不完的话题，所以当我提起是否有宝宝时，L女士很乐于向我分享孩子的情况，"已经有两个宝宝了，哥哥和妹妹"，又一次出乎我的意料，在我看来，在北京，像L女士这个年纪，夫妻双方都在XX系统下工作，能有两个孩子应该还在少数。我一脸羡慕的神情说："一儿一女，好美满！"她答道："对于你这样未婚的小孩儿听上去儿女双全很幸福，等到你真有时就会发现拉扯两个孩子太累了，真的很辛苦。"

"我们在刚结婚不久就有了第一个孩子，因为当时工作正处在瓶颈期，没有很大的突破，就想在30岁之前将生育的事解决掉，趁着父母还年轻，能帮忙带一下，所以29岁时生了哥哥，然后一直有要二胎的打算，刚好2014年单独政策放开后意外有了妹妹，但其实也没想那么快，毕竟老大才20个月，两个孩子相差比较小，可能对哥哥有些不公平。其实我们对于老大的心理建设一直在进行，之前他的嫉妒心理很重，一是因为早产，二是没有吃过母乳，没有母婴之间的亲密接触，安全感本来就差，后来又有了妹妹，对老大的关心更少，导致哥哥在九月份刚上幼儿园时经历了很长的适应期，他会一直哭着想要爸爸妈妈，以为把他送到幼儿园爸爸妈妈就不要他了，我就利用老二的哺乳假，每天提前下班去接他，就为了给他这种'妈妈每天送你上幼儿园，然后第一个来接你'兑现承诺的感觉，能让孩子重新建立对妈妈的依赖，现在孩子刚刚开始享受幼儿园生活，所以说我们用了将近一年的时间来修复亲子关系。"说到这，L女士微妙的表情变化让我感觉到她对哥哥深深的愧疚。

"妹妹现在谁在带呢？"

"妹妹是姥姥姥爷帮忙带，其实怀孕以后就开始和爸爸妈妈一起住，毕竟离得近，照顾会比较方便。但是老人和年轻人在一些生活习惯和理念方面还是有挺大差别，生了老二以后我们出来租了个大点的房子，早上他们过来照看孩子，等我晚上下班爸妈就回家。"

"现在孩子小会很累心，等长大后应该会好很多吧？"

"比起孕期和分娩的痛苦，对孩子的教育是持续的过程，看到周围同事孩子上各种课外班，老师布置各种作业，需要家长来配合完成，想想也会觉得好可怕——我这还要双份儿，人家万圣节刻个南瓜，我这得刻俩。不过看到两个孩子，还是觉得很幸福，从来也没后悔过。工作其实也都是浮云，可能当时带来一些成就感，过去了就过去了，但孩子才是真正的延续。当了妈妈后，事业心几乎没有了，重心更倾向于家庭。"

（二）产后抑郁

谈到两个宝宝出生前后夫妻感情的变化，L 女士向我倾诉："第一个因为孩子早产，所以大家更 focus 他，彼此关心少很多，两个人不自然地就远了，心里也知道夫妻关系维护重于亲子关系，但对孩子就是很玻璃心。第二个孩子出生后，主要在自我认知方面出现了问题，突然感觉自己在供求市场上处于非常劣势的地位，开玩笑地说，如果离婚的话，带着一个孩子不会负担很重，但是现在俩孩子，自己养会很困难，但是再婚又很麻烦。"听到这，我愈发感到疑惑，如果说婚姻幸福美满的话不会轻易说出离婚的假设，既然想到过走这一步的可能，我猜测 L 女士和丈夫的婚姻应该遭遇了危机。

"而且自己已经过了三十的坎儿，心里落差比较大，老公并没有什么变化，他也陪孩子玩，也爱孩子，但对孩子没有妈妈那么走心，更多是体力上的累，不会像我那样劳神。而且在生老二前我正处于事业上升期，但是因为妹妹的意外来临打乱了工作计划，有两个孩子之后短时间内很难有更多的精力去工作，工作就是能应付就应付的状态。当时觉得自己事业被中断，人也老了很多，社交也仅限于和孩子妈妈们，很少有朋友聚会，但是我先生好像并没有因此受到什么影响，该出差出差，该聚会聚会，这更会让我对老公有一种想法，就是凭什么你轻轻松松就有了两个孩子，并没有付出什么，而我不光自己辛苦，爸妈也跟着很操劳。这让我心理很不平衡，总有一种不安全感，觉得自己各方面一无是处，老想找茬吵架，也发生过很多的争执。尤其刚生下老二的两三天，自己情绪非常低落，也有看到刚出生婴儿的喜悦，但是更多的是焦虑。"

"是产后抑郁吗？"我小心翼翼地问道。

"是产后抑郁，生理激素水平是一方面，但后来也有去寻求心理医生的帮助，调适自己这种心情，医生从原生家庭、父母的婚姻状态、父母对我童年的影响来剖析，不仅仅是产后抑郁，更多是掺杂了本身夫妻关系中存在的问题。其实也源于孕晚期我俩一次比较大的爆发。当时我刚刚从管理岗位上退下来，有次翻他手机时在他社交软件上发现有与异性暧昧的互动，虽然没有到很严重的地步，但是已经有这方面的倾向。我也承认自己比较敏感，对先生管制比较多，他可能想找寻一个突破口，尽管并没有实质的出轨行为，但是这些足以让我愤怒，因为对于婚姻来讲，忠诚非常重要，尤其是在怀孕这种特殊时期，我当时是想要离婚的，但是考虑到一个孩子还没出生，一个还那么小，如果离婚，带两个孩子，经济考虑之外，精力上也顾不过来，但是不离婚，对先生的信任已经濒临崩塌。大概有半年多的时间，我们两个人都是处于说不清的状态，当着父母孩子的面还在维持着两个人的关系，这对哥哥的成长极为不利，孩子那么小就开始察觉父母这种关系的异常。后来我俩也是经过比较漫长的治疗和修复，差不多有一年的时间，才重新对他再有好感，逐渐恢复夫妻之间的这种信任，

但是已经经不起再一次的打击或是背叛，如果再有类似这种发生，我不会选择原谅。"

看L女士当时的气色、状态还是挺好的，人也很健谈，很难想象她如何度过孕期这种心理创伤和产后抑郁的摧残。她接着说道："缺乏有效沟通很容易导致出轨行为，我先生面临的工作压力很大，他们单位属于狼性文化的公司，领导比较aggressive，对他的要求特别高，经常要求加班，请假带孩子看病也很难，可能他领导还没有孩子，很难体会有两个孩子的难处，相比我这边工作还算宽松，领导也能体谅。在修复过程中，我俩也一起做过心理调适，包括我的产后抑郁，经过心理治疗已经康复差不多，可能现在偶尔也会陷入这种情绪，这时会通过和先生聊天、交流来缓解。但是我俩现在能交流的时间太短了，下班赶紧吃饭甚至顾不上吃饭，经常就是我吃饭的时候两个孩子都跑过来粘我身上，先生加完班后也要赶紧帮着照看孩子，给他们洗澡，把孩子哄睡也都累瘫了，我俩每天能谈到自己的时间可能就是送哥哥上学后在公交上七八分钟，然后就是白天通过微信交流，或是孩子睡得早，两个人在半清醒状态时再聊聊。所以他现在也在考虑跳槽，换一个相对轻松一点的工作环境，可能对家庭、对我们夫妻关系的维护会更好一些。"

（三）门当户对

L女士婚后这几年的遭遇有些令人心疼，让人有很大的触动。一个曾经乐观、生活无忧无虑的北京女孩心理遭受的波折与落差确实很难承受。两个人恋爱阶段的浓情蜜意与婚后生活琐事和各种关系的协调处理迥然不同，当初对爱情最美好的憧憬在婚后也许都是幻影，恋爱中的情侣更多飘在虚幻的甜蜜世界，结婚以后两个人需要双脚落地携手并进。而对于L女士夫妇来说，可能双方背负的已经超出原本的预期。谈话过程中注意到两个人的家庭背景悬殊，L女士提到自己上的小学是当前号称北京市最贵的小学，而先生则是在 XX 老家一个小村庄的学校上小学。关于两个人如何走到一起，L 女士也很大方地向我分享了他们这段经历。

"我们是在硕士快结束时确立的关系，当时情况也挺复杂，其实他在 XX 老家有本科时相恋的女朋友，按照当地的风俗，虽然没有结婚证和结婚仪式，也算订过婚。因为他来北京读硕士，不管是和女友的异地因素，还是两个人的沟通方面都出现了问题，积怨也比较深，两个人也就不欢而散，当时我们两个宿舍在一起，玩的时间比较多，发现两个人价值观各方面都合得来，也就自然而然在一起了。"

"当时我周围很多人都不看好这段婚姻，包括我的朋友、领导也劝过，刚毕业很多事都还想不明白，周围同事中有更合适的。最大的反对意见还是来自我的父母，就像很多北京父母一样，他们并不能接受男方家是外地而且是农村，因为觉得基本的物质条件都不能保障，但是我认为两个人比较聊得来，他很懂女孩的心思，知道你想要什么，而且一般外地出来打拼的孩子都比较上进，我觉得你也应该发现了北京男孩、女孩很少读研究生，大家条件都比较好，在本科毕业时不管是家里还是自己都能找到合适的工作，就不想再去深造。一些北京男孩就是比较爱玩，心智成熟比较晚，不踏实、不稳定，更多的是'妈宝男'那种，所以就我自己而言，还是倾向外地男孩儿。当时和父母闹得很不愉快，但是他们也拗不过我，最后还是妥协了，不过即便两个人已经结婚而且有了孩子，我感觉他们虽然表面上表现客气，就算我先生也一直在努力，但是他们心底对这个女婿还是不够认可。"

"所以一般来说北京父母还是希望自己的孩子找个北京人吧？"

"差不多吧，比如我舅舅家的女儿现在 27 岁，舅舅舅妈就倾向女儿找北京本地人，毕竟知根知底，更门当户对，哪个父母希望自己宝贝女儿嫁个外地而且家庭条件不好的呢。而且不光父母这样想，一般来说北京小孩儿自己也比较倾向找北京本地人，比如我在给周围的

北京朋友介绍外地女孩时，就算这些外地女孩都很优秀，各方面条件也不错，但他们会有一种抗拒的心理存在，觉得和外地孩子还是有地域的差异，缺少共同的语言和共鸣。"

"说到门当户对的话，其实听起来您与先生在家庭条件上差别还是相差大的。"

"我们除了学历和工作相当外，在经济条件上确实不是门当户对，而且家庭环境差别很大，比如我先生老家那边重男轻女很严重，典型的男尊女卑，婆婆和奶奶那么大年纪了在大家庭吃饭时都不会上桌，只是搬个小板凳在角落里吃，北京的父母哪愿意自己的女儿受这种苦。不过人脱离这些家庭条件后，后天的努力也是很重要的，先天的这些家庭条件确实不是门当户对，后天的努力可以有一定的弥补作用，但是有些鸿沟再怎么弥补也弥补不了，比如原生家庭的一些影响，这些在我们的血液中已经根深蒂固，很难改变。之前婆婆来北京住了一星期，不光我们之间，还有父母们之间的一些想法、消费观、教育理念差别都很大，虽然知道要孝敬老人，但是一些观念的差异会让相处变得很别扭，老人一生几十年的想法，也很难让她改变。"

谈到婚房的问题，L女士透露当时买房的首付主要由她们家承担，确实当时先生工作不久而且家里也难以拿出那么多钱，包括现在他们刚刚买的东城区的学区房的首付也是由自己父母支持的，"我生完妹妹以后，精力有限，就从管理岗转到了普通员工岗，收入当然会受影响，月供就先生负担多一些，当然我并没有纠结父母一直对我们经济上的支持，毕竟要是在意这些，当时就不会找他了，都是想在一起有一个更好的未来、更好的生活，也没有说被占了便宜、吃亏什么的想法。"针对二套房限购政策引发的假离婚现象，L女士表示有自己的底线，为了避税十几二十万会很不值当，但她也说周围的确有同事为了买学区房先离婚再复婚的例子，只是自己不会这样做。

三 访谈小结

L女士的故事讲到这里，惋惜她不幸的同时，还是欣慰他们走过了那段昏暗的时光。在外人看来，夫妻双方高学历，又是行业精英，事业有成，在北京有自己的房子可以安身立命，而且育有一儿一女，四口之家理应生活幸福美满，很多人无法企及，谁又能想到两个人曾经走到婚姻的边缘？

在北京这样的城市，能活得好，的确不易，很多人为了让家人过更好的生活，日复一日地加班，身体和心理都备受压力，尤其在孩子出生后，有效沟通的缺乏更是让两个人的心渐行渐远。

L女士的丈夫经过自己努力考取顶尖学府，毕业后奋力打拼到金字塔的中层位置，两个人能力、学历都无可挑剔，但一些潜在的意识却是自小在耳濡目染、潜移默化中形成的，这不是通过后天努力就能改变得了的，这甚至可能成为两个人无法跨越的鸿沟，如果在恋爱时更多地沉浸在你侬我侬的甜蜜当中，没有足够的碰撞将其激化，那么等到婚后面对各种复杂的关系和琐碎的生活时，隐匿的矛盾就会爆发。

婚姻不是恋爱，门当户对不容忽视，因为这关系到利益的平衡，爱情固然重要，但若只有爱情，长久的不平衡会逐渐消磨彼此的情分。婚姻的这杆秤，需要不断地维持平衡。

我们应该庆幸的是，L女士和她的丈夫在婚姻这杆秤倾斜时，能够以足够的理智尝试去修复这段感情，不管是通过心理辅助的手段还是通过两个人慢慢沟通，终于重新建立起对对方的信任，恢复四口之家和睦的生活也算平衡了秤的两端。

但在北京，有多少像L女士这样的家庭最终没能再度平衡这杆秤，而无奈走到了婚姻的尽头呢？

B.12
京二代的婚姻路
——"北京青年婚恋状况调查"访谈之六

胡可可*

一 被访者情况简介

2016 年的寒冬，身着黑色大衣的 Q 女士利落地推开了咖啡馆的门。刚满 30 周岁的她现于北京某高校的团委就职。她是第二代北京人，中学时期随父母从 XX① 迁居北京。Q 女士的家庭状况很好，父母都是高级知识分子，母亲为北京一所知名高校的博导。她笑着调侃自己说，"我是我家里学历最低的人"。

也因为优秀的自身和家庭条件，Q 女士一直对结婚对象有很高的期待。这种高期待使得 Q 女士花了很多时间才找到自己的 Mr. Right。2017 年 1 月份，Q 女士在中间人的介绍下相亲认识了现在的老公。随着感情渐渐加深，也在 Q 女士父母的大力支持下，相识半年之后两个人就携手进入婚姻生活。

二 访谈主要内容

（一）恋爱和结婚不是一回事

快言快语的 Q 女士的恋爱经验并不单薄，"我几乎没有空窗期

---

* 胡可可，对外经济贸易大学国际经济研究院研究生。
① 为保护被访者隐私，关于地域、学校、单位等个人信息一律用 XX 替代。

的"。大学时期收获了第一段青涩而短暂的感情，读研期间交往的男朋友也曾一起走过五年的时间。在这段长达五年的感情结束后，Q 女士在感情方面变得更加成熟，挑选结婚对象时更加理性；也开始认同父母帮她挑选结婚对象的眼光。这都为她后来找到 Mr. Right 埋下了伏笔。

"读研期间，假期我回到北京，无事可做报了一个兴趣班，认识了他。当时他已经工作了，我还在读书。"这段恋情几乎从头到尾都是异地恋，男友在北京工作的时候 Q 女士在 XX 读书，等 Q 女士回到北京确定工作之后男友却考上家乡的公务员离开了北京。

异地直接、间接地把这段感情推向了死角。"在我还在读书的时候异地恋还没什么的，但是等我工作之后还异地恋就不太合适了。其实我回到北京之后，他一直给我要来北京的承诺。只是这个来北京的承诺到最后也没有实现。"也正是因为双方长久异地，Q 女士的父母对这段感情一直持保留态度，认为"存在隐患"。父母的不甚支持、异地导致感情慢慢淡薄一起葬送了这段感情。

我表达了对这段感情未能结果的遗憾，但 Q 女士看起来并不是很在意的样子，更多地在感慨自己当时太单纯以至于没认清楚这个人不是对的人，错付了大把美好青春。"当时真的很单纯，眼里只能看到他的好。现在工作了也结婚了再回头看，他也没有那么好。"

（二）水到渠成，我们结婚啦

在结束了这段恋情之后，Q 女士在工作时期参加过不少次朋友同事介绍的相亲，也参加过两次商业性质的相亲会。谈到这两次相亲会，Q 女士说，"我参加后有两个感受，第一，我不会再参加了，因为根本没有跟我匹配的男孩。如果男孩很优秀，他用得着去这种地方吗？"Q 女士拿身边一位优质的男性朋友举例，笑着说道，"因为给他介绍的人实在太多了，我这位朋友在后来开始拿一些稍显奇怪的条

件来筛选相亲对象。"Q女士顺势谈到了男性在婚姻市场的优势地位，"男孩一般找比自己条件差一些的，那范围不要太广。女孩想找比自己高或者跟自己差不多的，可挑选的范围很窄的。"

"第二是发现自己面临的情况很严峻呀，参加相亲会的女孩子都很漂亮、条件都很好，所以参加后自己就有点着急了。从那之后，亲戚朋友介绍的相亲我就经常参加了，之前都不怎么上心的。有时候工作太忙，甚至也会在一个地方错开时间约两个人见面。"Q女士回忆起当时的情形也觉得有些好笑。虽然Q女士没能从相亲会上找到合适的对象，但是相亲会增强了她的危机感，督促她更积极地参加相亲，最终在相亲中觅得有缘人。

当我询问Q女士与爱人的相识过程时，Q女士语调轻快了很多。"说起现在的老公也是很有缘分，我们是通过别人的介绍认识的。但是这个介绍过程也挺有趣，最开始是别人给我介绍了一个对象，但是我跟他吃过一次饭之后觉得气场不合。但是对方对我印象很好，回去之后他就跟他爸妈说了说对我的印象。过了一两月之后我们不再联系，他爸爸觉得有些可惜，就私下联系了我，希望了解下原因。我就很委婉解释了是因为没有感觉。在这次和他爸爸的接触中，我也给他爸爸留下不错的印象，他爸爸觉得我说话和素质很不错。今年年初的时候啊，他爸爸突然给我发微信，问我交到男朋友没，我就如实说还没有。他爸爸就把自己小学同学的儿子介绍给我了，这个人就是我现在的老公。"

因缘际会Q女士认识了现在的爱人A先生。A先生是XX人，本硕就读于XX大学，是我国XX单位的中高层干部，同时是XX大学的非全日制在读博士。

A先生年纪长了Q女士五六岁。当我问到是不是双方迫于年纪的压力所以在相识半年后迅速结婚时，Q女士说倒也不是。"一方面是水到渠成，另一方面是因为当时我们走了'上层路线'。我们认识没多久的时候父母跟我说，你也别自己瞎看了，你把他带到家里吃顿饭，我们来把把关。一般情况都是认识很久了、谈婚论嫁了才会提到见家长，我们不同，认识没多久就见了家长，所以我说我们走了'上层路线'。这顿饭之后，我的父母对这个人非常认可。"基于父母的肯定，Q女士跟A先生感情发展迅速，半年后就携手进入婚姻生活。可以看出，父母的支持可能不会让两个人互生欢喜，却能让一对情侣更安心地走入婚姻殿堂。在笔者另一位就职于党政机关的被访者的经历中，父母态度的重要性以完全相反的方式展现：正是女方父母的坚决反对，使得经历过若干年爱情长跑的一对恋人就此分离。

我对Q女士婚后的生活充满好奇。夫妻双方都是在北京站稳脚跟的社会精英，各自在自己的领域小有成就。我暗自揣测他们都是忙碌的，但是没想到夫妻双方这么忙碌，忙碌到结婚三个月后才真正住在一起。"我们7月份领的证，但9月份才办酒席。结婚后对方一直在出差，10月份还去了趟美国，直到10月份下旬才回国。到这个时候我们才开始住在一起。"

我问Q女士，双方工作太过繁忙是否会对婚姻生活有负面影响？Q女士想了想告诉我，这刚住在一起一个多月，还没有太大的感受。不过我想，领证几个月后才真正一起生活，已经是这个问题的答案了吧。

（三）养孩子的最大问题是学区房

刚刚结婚四个月余，两人自然还没有小孩。Q女士说自己已经打算要小孩了。当我问到在北京养孩子面临的最大问题时，Q女士给了我一个意料之中的答案：学区房。因为北京教育资源分布不均，各个城区的教育资源差别明显，众所周知的事实是西城、海淀的教育资源远远好于其他区。我的另一位就职于北京某高校的受访者用数据向我

详细说明了教育资源分布差异之大，可见父母们对学区房的关注和了解。为了给孩子更好的中小学教育资源，很多家长为学区房绞尽脑汁。

Q女士和A先生还没有共同的房产。A先生婚前在XX区有一套房子，但距离Q女士的工作地点较远，现在两人一起住在Q女士父母在XX区的空置房子里。因为考虑到住在父母房子里的一些不便，两人最近正打算在现在居住的小区附近租房。而之所以选择租房而非买房正是出于学区房的考量。

在学区房问题上，Q女士一方面看见了教育资源的重要性，另一方面也表示要在能力范围内行事。"买不买学区房跟父母教育观有关系。有的父母认为必须要上最好的小学，就会砸锅卖铁去西城买个房子。我就觉得，怎么着小孩都能活下来，我就不相信在朝阳上学就没法长大成人、没法为社会做贡献了。但话又说回来，教育环境很重要，圈子也很重要。总之吧，你什么样的水平就去做什么样的事情，什么样的经济能力就让孩子去上什么样的学校。如果你的经济条件没有那么好，还非得让孩子上最好的小学，只会让自己承受太大的压力，孩子也不会太舒服。"

除了学区房的压力外，Q女士还提到照顾小孩的压力。Q女士决定以后要亲自照顾孩子，而不是撒手给父母。这种意识是她在团委负责大学生心理教育工作过程中渐渐形成的。不过在北京，职业女性几乎不可能只靠自己照顾小孩子。上幼儿园之前片刻不离的守候、入学之后下午放学时间早都是职业女性不可能跨越的障碍。"如果小孩子不是父母带的话，心理很难形成安全感。孩子是要自己带，同时还得有人来帮你。否则的话太难了。因为小孩子前三年不上学需要有人照看，上了小学之后下午三点半就放学了，你也没有时间去接送。所以基本在北京有孩子的都有老人帮忙带。"而作为第二代北京人，Q女士的父母自然可以出自己的一份力。

（四）闲谈北京人

接着父母是北京人的话茬继续聊，我问 Q 女士有没有感觉自己和同龄的外地人在生活质量上有一些差异。Q 女士给了肯定的答复，"这个肯定是的，比如说第一代来北京打拼的同事，工作会非常努力，更在乎荣誉和上升的机会。但像我还有很多北京的孩子来说，这都无所谓嘛，这事儿我干好了就行，也没有求什么，状态可能是不一样的。但是大家互相也都能理解。"

Q 女士除了认为北京人在职场上的心态更为平和外，还提到自己结婚较晚也跟自己是北京人有关。"说实在话，要不是我父母在北京，估计早就跟男朋友结婚了。我还没结婚的时候，下班回到家也不孤单呀，每天回家家里有人在呀，没觉得一定要找一个人给自己做伴。若家不在北京、你还一个人住的话呢，可能下班了回到出租屋会很孤单，就想要找人做伴。这种时候，如果有人陪着你，可能很快就结婚了。"

北京本地的男生在婚姻市场也更有优势。"北京本地男生觉得自己挺强的，首先他作为北京人有一种优越感；其次家里在北京有房有车呀，确实经济实力都不错。我身边的北京本地人，尤其是老北京一般都会有第二套房。但是除去这些外在条件看北京男生，其实挺多男孩条件挺一般的，学历一般，能力也一般。"在 Q 女士的描述中，我们可以看到北京男生拥有更为坚实的物质基础。其实，不仅仅是北京男生在婚姻市场上更有优势，我在 Q 女士身上也看见了北京人身份带来的余裕。之前谈到 A 先生婚前拥有的那套房产时，Q 女士说自己没有要求在先生婚前房产上加自己的名字，"即使离婚了，我照样可以养活自己，照样有地方住呀。"这种大气想必不仅仅跟 Q 女士的个性有关，也跟自己是北京人有脱不开的关系。

不过 Q 女士也说："当然婚前把你名字加到房产证上跟没有加到

房产证上，感觉肯定不一样。但是很多事情都是博弈，我这种人是绝对不愿意低头的，绝对不会张嘴说在房产证上加我名字这种话。在物质方面，你肯定希望对方有一定的付出。而且这套房子肯定不仅仅是他自己能力挣来的呀，肯定还有父母出钱。这样事情就更加复杂。现在这社会谁相信谁呢，又不是初恋男友、青梅竹马的。"说到这里，我感受到了感情基础在婚姻生活中的重要性，但放眼现在的社会，又有多少人是在牢固的感情基础上结婚的呢？

（五）门当户对很重要

我还请教了 Q 女士对门当户对与"假离婚"的看法。Q 女士说，"门当户对很重要的。门当户对会体现在生活的各个方面，如果门不当户不对，在两个人相处中会产生很多让人无语和无奈的状况，可能沟通起来会比较困难，生活中经常会有一些摩擦和矛盾。给你举个例子吧，我一女性朋友是官二代，她老公是很普通的家庭。有一次，男方的一远房亲戚的车违章了，要罚款一百块钱。这个亲戚就给她爸爸打电话，让她爸爸处理这件事情。但是这件事她爸爸真正处理起来，是需要托好几层关系才能达成的。她爸爸说，还不如我帮他出这一百块钱呢。还好这女孩心比较大，能装得下，不然哪儿受得了呀。"

随着时代改变，门当户对这个词语的含义必然也有不同的含义，"以前的门当户对就是说，你是大户人家我也是大户人家，很简单。现在社会变化很快，文化很多元。我理解的现在的门当户对是指双方的父母、家庭水平的相近，因为什么样的父母会培养出什么样的孩子来嘛。如果家庭文化相近，那这两家孩子的价值观也会趋近的，结婚之后沟通会比较简单一些。不过即使家庭不门当户对，如果两个人之间价值观没什么差别也可以在一起，但是这种可能性也是蛮低的。"

我追问在两个家庭哪些方面相似才能叫门当户对，Q 女士说"两个家庭的价值观要相近吧，比如撒贝宁谈跟章子怡分手的时候不就说，彼此精神上不门当户对。其次物质上也要相近。比如说，你一方父母都有医疗保险、有保障，而对方父母什么都没有，这个事情对于工薪阶层是需要考虑的。"

在北京、上海等一二线城市，政府陆续出台了一些二套房限贷政策以打击炒作房产的行为，但是出现了一些意外的现象，最令人感慨的就是屡次见诸报端的"假离婚"现象。为了少付一些二套房首付，有些夫妻办理了离婚手续。我询问 Q 女士知道这种现象吗，Q 女士显得并不奇怪，"我身边就有人这样做呀，北京现在的房价之下，大家都不舍得卖自己的房子的，所以想要买二套房就可能会采取假离婚这种方式。夫妻敢不敢假离婚得看感情的牢固程度，如果双方感情不够牢固的话，这对夫妻是不见得敢这样做的。而且敢假离婚的夫妻大多是有孩子的人，这样的家庭结构比较稳固，更经得起挑战。一般出于现实理由、正经过日子的夫妻假离婚之后一般都会复合回来的。"我问 Q 女士有没有可能也这样做，她没有否认有这样做的可能性，"我觉得如果家庭稳固，出发点也是为了孩子，我可能会采纳这种做法。但是一般情况下我不会这样做。"

（六）这里是北京，这里不一样

"婚恋问题在北京这种一线城市真的是很尖锐的问题，你们做这个调研真的很有必要。北京这个地方特别大，贫富差距特别大，有特别富的，也有特别穷的，买不起房子的也是真的就买不起房子。而在二三线城市可能没有这么大的差距，大家一般都能买得起房子。这就决定了北京没有房子的人在找对象的时候变得功利跟现实，感情的因素会往后放。当然感情也非常重要，但是这没有办法、被迫的嘛。"Q 女士还提到工作之后交往的一个男朋友，"长得很帅，但是他经济条件不行，如果真的结婚的话我们要一起还贷款，以后甚至可能要住在六环呀。跟他交往之后，我觉得自己变成熟了、变得更现实了。现

实就是会逼迫你做出这样的选择。而且结婚跟做男女朋友真的是两件不同的事情，男女朋友可能就是两情相悦，但是结婚呢你得考虑多种因素的。"这是 Q 女士第二次提到恋爱和结婚的差异，在婚姻对象选择上 Q 女士是高要求的，是谨慎理智的。Q 女士在一次次的恋爱尝试中看清楚了物质的重要性，也在结婚后看到了感情的重要性。不知世间哪有两全法？

但是当我问 Q 女士，想在北京结婚的话，没有户口房车可行吗？Q 女士说没什么是不可以的，物质是要追求的，但是要建立在对方人品好的基础上。"挑选结婚对象的标准里面，最重要的还是人品。如果你真心觉得这个人是你可以托付的，就跟着你的心走。其他物质上的东西倒是其次，能用钱解决的问题都不是问题。要在人品的基础上再去追求有房有车。所以一定要分清楚本末，不要一味去追求房啊车啊，否则找了一个人品有问题的人你会后悔一生。"

北京是一个大城市，有形形色色的人，有稀奇古怪的事。房价的压力、生活的压力可能会迫使年轻人们在挑选结婚对象的时候更多地考虑现实的因素，但是理性冷静如 Q 女士也还是看重人品、价值观这些更形而上的因素的。生活的幸福感不仅取决于房子的面积，更取决于你朝夕相处的这个人是不是你的 Mr. Right。

B.13
参考文献

[1] 〔波〕齐格蒙特·鲍曼：《个体化社会》，范祥涛译，上海三联书店，2002。

[2] 崔小璐：《高知大龄未婚女性的婚恋问题浅析》，《西北人口》2011年第5期。

[3] 陈友华：《近年来中国人口初婚情况的基本估计》，《人口与计划生育》1999年第5期。

[4] 〔德〕乌尔里希·贝克、伊丽莎白·贝克-格恩斯海姆：《个体化》，北京大学出版社，2011。

[5] 方旭东：《过度单身：一项时间社会学的探索》，《中国青年研究》2016年第10期。

[6] 〔法〕高宣扬：《布迪厄的社会理论》，同济大学出版社，2004。

[7] 〔法〕埃米尔·涂尔干：《社会分工论》，渠敬东译，生活·读书·新知三联书店，2000。

[8] 胡小武：《城市性：都市"剩人社会"与新相亲时代的来临》，《中国青年研究》2010年第9期。

[9] 郭志刚、邓国胜：《婚姻市场理论研究——兼论中国生育率下降过程中的婚姻市场》，《中国人口科学》1995年第3期。

[10] 郭志刚、段成荣：《北京市人口平均初婚年龄的研究》，《南京人口管理干部学院学报》1999年第2期。

[11] 高旭繁、陆洛：《夫妻传统型/现代性的契合与婚姻适应之关联》，《本土心理学研究》2006年第25期。

[12] 风笑天：《城市在职青年的婚姻期望与婚姻实践》，《青年研究》2006年第2期。

[13] 风笑天：《谁和谁结婚：大城市青年的婚配模式及其理论解释》，《广西民族大学学报（哲学社会科学版）》2014年第4期。

[14] 姜全保、李晓敏、Marcus W. Feldman：《中国婚姻挤压问题研究》，《中国人口科学》2013年第5期。

[15] 李强：《关于中产阶级和中间阶层》，《中国人民大学学报》2001年第2期。

[14] 李煜：《婚姻的教育匹配：50年来的变迁》，《中国人口科学》2008年第3期。

[16] 李煜：《婚姻匹配的变迁：社会开放性的视角》，《社会学研究》2011年第4期。

[17] 李煜、徐安琪：《择偶模式和性别偏好研究——西方理论和本土经验资料的解释》，《青年研究》2004年第10期。

[18] 李煜、陆新超：《择偶配对的同质性与变迁——自致性与先赋性的匹配》，《青年研究》2008年第6期。

[19] 李煜、徐安琪：《婚姻市场中的青年择偶》，上海社会科学院出版社，2004。

[20] 李后建：《门当户对的婚姻会更幸福吗？——基于婚姻匹配结构与主观幸福感的实证研究》，《人口与发展》2013年第2期。

[21] 陆益龙：《"门当户对"的婚姻会更稳吗？——匹配结构与离婚风险的实证分析》，《人口研究》2009年第2期。

[22] 刘昊：《高校扩招对我国初婚年龄的影响——基于普查数据的分析》，《人口与经济》2016年第1期。

[23] 刘爽、蔡圣晗：《谁被"剩"下了？——对我国"大龄未婚"问题的再思考》，《青年研究》2015年第4期。

[24]〔美〕加里·S.贝克尔：《人类行为的经济分析》，王业宇、陈琪译，上海三联书店、上海人民出版社，2002。

[25] 马妍：《传统观念与个人理性的碰撞：80后知识精英婚恋观研究》，《青年研究》2012年第5期。

［26］潘丽群、李静、踪家峰：《教育同质性婚配与家庭收入不平等》，《中国工业经济》2015 年第 8 期。

［27］秦海霞：《婚姻与纵向社会流动——上海市民的婚姻观念》，《社会》2003 年第 10 期。

［28］齐亚强、牛建林：《新中国成立以来我国婚姻匹配模式的变迁》，《社会学研究》2012 年第 1 期。

［29］沈涛、李先勇、袁方城：《武汉青年婚恋交友状况调查报告》，《中国青年研究》2012 年第 3 期。

［30］宋健、范文婷：《高等教育对青年初婚的影响及性别差异》，《青年研究》2017 年第 1 期。

［31］吴鲁平：《当代中国青年婚恋、家庭与性观念的变动特点与未来趋势》，《青年研究》1999 年。

［32］王沛、贺雯主编《社会认知心理学》，北京师范大学出版社，2015。

［33］王鹏、吴愈晓：《初婚年龄的影响因素分析——基于 CGSS 2006 的研究》，《社会》2013 年第 3 期。

［34］王仲：《结婚年龄之制约性条件研究——平均初婚年龄为什么推迟了》，《西北人口》2010 年第 1 期。

［35］徐安琪：《择偶标准：五十年变迁及其原因分析》，《社会学研究》2000 年第 6 期。

［36］杨筠、傅耀华：《我国婚姻挤压与人口安全问题研究：视角与范式》，《天府新论》2015 年第 1 期。

［37］杨善华：《城市青年的婚姻观念》，《青年研究》1988 年第 4 期。

［38］於嘉、谢宇：《我国居民初婚前同居状况及影响因素分析》，《人口研究》2017 年第 2 期。

［39］张溢：《教育是否妨碍了女性的婚姻》，博士学位论文，清华大学，2012。

［40］张翼：《中国阶层内婚制的延续》，《中国人口科学》2003 年第 4 期。

［41］张阅：《齐美尔城市社会学思想述评及其现代意义》，硕士学位论文，

华中师范大学，2013。

［42］张巍：《大都市单身青年"婚恋焦虑"现象调查及成因分析》，《当代青年研究》2014年第6期。

［43］〔美〕贾雷德·戴蒙德著，丽贝·卡斯黛夫奥夫改写，《第三种黑猩猩：人类的身世和未来》，金阳译，中信出版集团，2016。

［44］〔美〕乔恩·威特著《社会学的邀请》，林聚任等译，北京大学出版社，2014。

［45］〔美〕艾力克·克里南伯格著《单身社会》，沈开喜译，上海文艺出版社，2015。

［46］Bauman Z. , *In search of Politics*, Polity Press, 1999.

［47］Bourdieu P. , Nice R. Distinction, *A Social Critique of the Judgement of Taste*, Harvard University Press, 2005.

［48］Bachrach, C. , Hindin, M. , & Thomson, E. , "The Changing Shape of Ties That Bind: An Overview and Synthesis", In L. J Waite, C. Bachrach, M. Hindin, E. Thomson & A. Thornton (Eds.), *The Ties That Bind: Perspective on Marriage and Cohabitation*. Hawthorne, NY: Aldine De Gruyter, 2000.

［49］Becker, G. S. , "A Theory of Marriage: Part I", *Journal of Political Economy*, Vol. 81, No. 4, 1973.

［50］Emirbayer M, Mische A, "What is Agency?", *American Journal of Sociology*, Vol. 103, No. 4, 1998.

［51］Giddens A, *The Constitution of Society: Outline of the Theory of Structuration*, Univ of California Press, 1984.

［52］Marcus, H. R, and Kitayama, S. , "Culture, Self, and the Reality of the Social", *Psychological Inquiry*, Vol. 14, No. 3 – 4, 2003.

［53］Hardy. J, Pomeau. Y. & Pazzis, O. D. , "Time Evolution of a Two-dimensional Model System. I. Invariant States and Time Correlation Functions", *Journal of Mathematical Physics*, Vol. 14, No. 12, 1973.

［54］Oppenheimer Valerie K. , "A Theory of Marriage Timing", *American Journal of Sociology*, Vol. 94, No. 3, 1988.

［55］Sewell W. H. , "A Theory of Structure: Duality, Agency, and Transformation", *American Journal of Sociology*, Vol. 98, No. 1, 1992.

［56］Van de Kaa D. J. , "Europe's Second Demographic Transition", *Population Bulletin*, Vol. 42, No. 1, 1987.

Abstract

This book is the third one of *Blue Book of Youth*. It concerns about love and marriage of youths from China's major cities, tries to analyze reasons, status quo, trends and solutions of problems in youths' love and marriage through presenting youths' views and behaviors, in order to make suggestions for related government, departments and groups so that it can play the role of a think tank as a blue book.

Getting married is one of the most important missions for youths during the process of being socialized and the watershed between a man from his original family to a new one. Since the reform and opening up, youths' standards, ways, views and situations of choosing partners differ with the transformation of China's social structure, development of economy society and Chinese social and family values changing. Youths from China's major cities have been being busy in choosing partners, and problems of dating and marrying have become two hot social issues. Besides, theoretical and practical workers also become more concerned about issues of youths choosing partners and marrying.

People born in 1980s and 1990s in contemporary era are generations under transformation of society, economy and culture, thus making their views and status of love and marriage distinctive from their parents. Apart from this, families also need to transform in aspects of miniaturizing family size, shipping family structure to nuclear ones, and changing family center from parent-child to conjugal relation. Therefore, youths in transformation process need support from partners apart from their parents, friends when facing pressure from jobs and life. As individuals independent on the society, youths also have needs to rely on love relationship except instinctive blood relation. However, as sex ratio loses balance and marriageable ages differentiate, problems of dating and marrying have become issues from personal concerns to social ones. If groups that have these concerns become larger to a certain size, their results will influence residents' safety and social stability exceeding range of personal concerns.

For major cities like Beijing, love and marriage problems of Beijing's youths are more prominent and typical for its high frequency of population migration, large size of population, complexity of it and distinctive youth groups comparing with medium and small cities.

In order to understand situation about Beijing's youths, the research group led by professor Lian Si from University of Business and Economics started a study in 2016, using methods of discussion by focus groups, questionnaire survey, interviews, etc. Questionnaires are issued among youths in different fields and levels according to the principle of scientific sampling based on various dimensions and question designs rooted in references study and focus groups. Respondents are mainly youths from 20 to 36 years old who have lived in Beijing for more than half year and have received further education than junior college, and information about population, family, views of love and marriage and residence status are surveyed. Respondents are divided into four groups: those without partners and being single, people with partners but unmarried, married people and divorced single people, and a total of 5965 questionnaires are useful in this survey. Meanwhile, some typical young respondents are chosen to participate in interviews in order to enrich quantitative data contents.

The book is divided into three parts based on empirical data from the research: the general report that discusses and concludes Beijing's youths' behaviors and views of love and marriage issues on the whole, the subjects that analyse formation mechanism and status of youths' problems of love and marriage combining with demography and sociology based on empirical analysis, and interviews that present relevant problems from the perceptual

dimension by means of assembling data from typical interview cases.

The first part is a general report. Youths' views and behaviors about love and marriage and their problems are analyzed from the macro level. Marriage panorama of Beijing youths are studied from aspects of statue and characteristics, views of love and marriage, and states and behaviors, based on which a conclusion is made on distinctive characteristics in the process of youths' dating and marrying. As last, this report makes suggestions that positive marriage values shall be proposed, more and more communication among people should be made, dating activities that respect youths can be held, marriage market like match-making website should be standardized.

There are five articles in the second part. The article— "Structure and Agency: Love and Marriage of Youth in the System" finds that youths in Beijing share almost the same social and economic factors such as education, careers and incomes within Beijing system from the view of interaction between structure and subjects within Beijing system, among which structural factors like registered residence houses and cars and preferences in choosing partners play important roles in deciding whether young people in love relation can get married although they are not the determinants.

The article— "Where Does a Love Relation Go? —*The Viewsand Behaviors on Properly-matched Marriage of the Youthin Major Cities*", analyzes views of marriage between families of equal social rank by youths in major cities and reality and finds that contemporary youths pay much attention to marriage between families of equal social rank, but they have different understanding from the parental generation from more aspects, the reason for which is mainly that the contemporary generation receive further education; marriage matching among youths show high homogeneity on matter in congenital conditions such as birthplaces and registered residence or in acquired conditions such as education background and careers. What's more, homogeneity is clearer when it comes to congenital conditions than acquired conditions. It is commonly acknowledged that youths at the same social level share similar values, therefore, that they pursue for the same values does not contradict with the fact that they pursue for matching in material level.

Based on the frame of "reflexive life-ego culture-life trajectory conflicts" from Beck's theory of individualization, the article— "The Analysis of the Spouse Choice from the Perspective of 'Self-culture'" studies views of Beijing single youths in choosing partners and causes taking their ego construction in reflexive life as the starting point. It is found that under ego culture, difficulty for single youths is mainly shown in dialogue and contradiction between their goal to construct individual system and more social duties on them, such as different standards of spouse selection, contradiction between dreams and the reality and between keen interests and action delay.

"The Time Distance from Love to Marriage" talks about time and factors during the process among couples in Beijing from dating to getting married according data from researches. The results show that youths in Beijing choose to get married after dating for about 28. 82 months (2. 4 years), and that males who receive further education wait longer before getting married. Besides, time distance from dating to marriage gets much shorter when both males and females choose to get into love relations in way of blind dates.

"The Marriage Pressure of Youth in Major Cities and Gender Difference" finds that about 57. 95% single youths in Beijing bear mental marriage pressure and there is no much difference between males and females. However, as for male youths who have received further education, more incomes lessen their pressure, and less incomes, as time passes by, increase marriage pressure; besides, family characteristics influence males' pressure, especially those from rural farming families. Compared with females who receive lower level of education, graduate females are more likely to feel marriage pressure, and it increases as age increases. for females, major pressure are from their parents.

The third part includes six interviews which are "My Ridiculous Marriage", "View of Love and Marriage Issues by Artists", " 'There is Nothing New under the Sun' ", "Marriage is the Tomb of Love", "Marriage is a Balance", and "Marriage of the Second Generation of Beijing" chosen from tens of interviews held by the research group. They are absolute presentation of qualitative data in this survey that reflect views of love of marriage of youths from major cities. The intention of interviews is that experiences and opinions about Beijing youths on love and marriage can be shown as truly as possible, so as to provide fresher and qualitative materials for marriage studies.

Keywords: Beijing Youth; Behaviors of Love and Marriage; Views of Love and Marriage

Contents

I   General Report

Abstract: This report mainly talks about love and marriage issues of young people from Beijing based on data from "the research on situation of love and marriage issues of young people from Beijing" made in 2016. This report also divides Beijing's young people youth into four groups: those without partners and being single, people with partners but unmarried, married people and divorced single people at the same time, analyzes their states of love and marriage and concludes characteristics shown by Beijing's young people in the process of love and marriage. It is concluded in the research that youths in different stages of love relations show different characteristics, among which pressure on single ones is heaviest, and the reason is that although young people value non-material factors more considering marriage, houses and registered residence still play important roles in choosing a partner. In the end, taking the conclusion of the mentioned research into consideration, this report makes suggestions that

positive marriage values shall be proposed, more and more communication among people should be made, dating activities that respect youths can be held, marriage market like match-making website should be standardized.

Keywords: Youths From Beijing; Love and Marriage Issues; Views of Love and Marriage

II   Subjects

B. 2   Structure and Agency: Love and Marriage of

Youth in the System   *Zhang Yang* / 070

Abstract: The issue of love and marriage of youth has aroused broad attentions from the state and the society in China. This study analyzes behind reasons of this issue from a classic sociological perspective: structure and agency. Taking use of the recent "Love and Marriage Survey of Beijing Youth" in 2016, this study found that there is a high homogeneity among Beijing youth working in the system in socioeconomic status (education attainment, occupation, and income). Registered residence status and ownership of properties are not significant factors determining whether Beijing youth are in romantic relationships or not. However, those two factors are crucial factors for marriage status. In terms of mate preference, there are similarities and dissimilarities among three groups of youth: single, unmarried but in a romantic relationship, married. The heterogeneity in mate preference plays an important role in love and marriage status. To resolve the issue of love and marriage of youth in Beijing, we need solutions from boththe agency and structure perspectives.

Keywords: Youth in System Unit; Love and Marriage Issues; Structure and Agency

B. 3　Where Does a Love Relation Go?

　　—The Viewsand Behaviors on Properly-matched

　　Marriage of the Youth in Major Cities　*Zhou Yuxiang* / 086

Abstract: According to the data of the "Love and Marriage Survey of Beijing Youth", this paper analyzes the views and behaviors on properly-matched marriage of the Youth, and finds that: the youth considered that properly-matched marriage was important, however, their understanding of the properly-matched marriage was more diversified than previous generation or the traditional society, and they pursuit the values match of couples, and views were different between different young groups; education was one of the most important factors changing the youth's attitudes; Unmarried couples and married couples both showed a high homogeneity in the place of birth, registered residence and other pre-emptive conditions or in educational background, occupation and other self-consistency conditions, and pre-emptive conditions homogeneity was higher than homogeneity on self-consistency conditions. The youth from similarclass were more likely to have similar values of life, so pursuing value homogeneity in views and pursuing status matching in marriage behaviors was not contradictory. These conclusions gave us some inspiration to improve the effectiveness of blind date activities of the single youth.

Keywords: The Youth; Properly-matched Marriage; Martial Match

B. 4　The Analysis of the Spouse Choice from the Perspective

　　of "Self-culture"　　　　　　　　　*Zhou Yuan* / 110

Abstract: On the basis of Baker's theory of individualization,

235

stemming from Beck's theory of individuality in "self-culture, self-reflexive, life-trajectory-conflict" conceptual framework, thus analyzes the self-structure rituals embodied by single youth elective view. The research process takes part of the young singles in Beijing as the research object, whose logical starting point is self-construction under the single "self-reflexive" life. After analyzing the trait of mate choice under the "self-culture", the author attempt to find out the reasons in the life trajectory conflict of post −90s in the view of spouse choice.

Keywords: Post − 90s Single; Spouse Choice; Self-reflexive Life; Self-Culture; Life-Trajectory-Conflict

B. 5   The Time Distance from Love to Marriage

Qi Jing ∕ 129

Abstract: Using data from "Love and Marriage Survey of Beijing Youth" in 2016, this paper analyzed the time distance from love to marriage of Beijing youth and its influencing factors. Descriptive results showed that, from love to marriage, the Beijing youth experience 28. 82 months (2. 4 years) on average. Regression analysis results showed that the higher education level of the young men tend to love longer. The men who have better family economic strength than their couple have short premarital love period, which is good for them to get married. Through blind date to get married, both men and women have a short premarital love period. The article focus on the time distance from love to the marriage, which can help us better understanding the latest situation of the current youth marriage patterns and the latest changes in the development of marriage and family.

Abstract: Based on data of the " Love and Marriage Survey of
Beijing Youth" in 2016, nearly 57. 95 percent of Beijing's unmarried youth
bear the pressure of marriage, and there is no significant gender difference.
For young men who have received higher education, income does affect
the perception of marriage pressure, but there is a spill-time effect, that is,
when the age increases, low-income will increase the pressure. In addition,
family characteristics will also affect the Beijing youth's marriage pressure,
which means for young men who come from rural farming families, the
pressure is significantly greater. Women also bear great pressure of
marriage. Women with graduate education, are more likely to feel the
pressure of marriage, and the extend increases significantly with age. like
men, women's greatest marriage stress comes from their parents, followed
by their own.

Ⅲ   Interviews

❖ 皮书起源 ❖

"皮书"起源于十七、十八世纪的英国，主要指官方或社会组织正式发表的重要文件或报告，多以"白皮书"命名。在中国，"皮书"这一概念被社会广泛接受，并被成功运作、发展成为一种全新的出版形态，则源于中国社会科学院社会科学文献出版社。

❖ 皮书定义 ❖

皮书是对中国与世界发展状况和热点问题进行年度监测，以专业的角度、专家的视野和实证研究方法，针对某一领域或区域现状与发展态势展开分析和预测，具备原创性、实证性、专业性、连续性、前沿性、时效性等特点的公开出版物，由一系列权威研究报告组成。

❖ 皮书作者 ❖

皮书系列的作者以中国社会科学院、著名高校、地方社会科学院的研究人员为主，多为国内一流研究机构的权威专家学者，他们的看法和观点代表了学界对中国与世界的现实和未来最高水平的解读与分析。

❖ 皮书荣誉 ❖

皮书系列已成为社会科学文献出版社的著名图书品牌和中国社会科学院的知名学术品牌。2016 年，皮书系列正式列入"十三五"国家重点出版规划项目；2012~2016 年，重点皮书列入中国社会科学院承担的国家哲学社会科学创新工程项目；2017 年，55 种院外皮书使用"中国社会科学院创新工程学术出版项目"标识。

权威报告·热点资讯·特色资源

皮书数据库
ANNUAL REPORT(YEARBOOK)
DATABASE

当代中国与世界发展高端智库平台

所获荣誉

- 2016年，入选"国家'十三五'电子出版物出版规划骨干工程"
- 2015年，荣获"搜索中国正能量 点赞2015""创新中国科技创新奖"
- 2013年，荣获"中国出版政府奖·网络出版物奖"提名奖
- 连续多年荣获中国数字出版博览会"数字出版·优秀品牌"奖

成为会员

通过网址www.pishu.com.cn或使用手机扫描二维码进入皮书数据库网站，进行手机号码验证或邮箱验证即可成为皮书数据库会员（建议通过手机号码快速验证注册）。

会员福利

- 使用手机号码首次注册会员可直接获得100元体验金，不需充值即可购买和查看数据库内容（仅限使用手机号码快速注册）。
- 已注册用户购书后可免费获赠100元皮书数据库充值卡。刮开充值卡涂层获取充值密码，登录并进入"会员中心"—"在线充值"—"充值卡充值"，充值成功后即可购买和查看数据库内容。

社会科学文献出版社 皮书系列
SOCIAL SCIENCES ACADEMIC PRESS (CHINA)

卡号：917142538211

密码：

数据库服务热线：400-008-6695
数据库服务QQ：2475522410
数据库服务邮箱：database@ssap.cn
图书销售热线：010-59367070/7028
图书服务QQ：1265056568
图书服务邮箱：duzhe@ssap.cn

S 子库介绍
ub-Database Introduction

中国经济发展数据库

涵盖宏观经济、农业经济、工业经济、产业经济、财政金融、交通旅游、商业贸易、劳动经济、企业经济、房地产经济、城市经济、区域经济等领域，为用户实时了解经济运行态势、把握经济发展规律、洞察经济形势、做出经济决策提供参考和依据。

中国社会发展数据库

全面整合国内外有关中国社会发展的统计数据、深度分析报告、专家解读和热点资讯构建而成的专业学术数据库。涉及宗教、社会、人口、政治、外交、法律、文化、教育、体育、文学艺术、医药卫生、资源环境等多个领域。

中国行业发展数据库

以中国国民经济行业分类为依据，跟踪分析国民经济各行业市场运行状况和政策导向，提供行业发展最前沿的资讯，为用户投资、从业及各种经济决策提供理论基础和实践指导。内容涵盖农业，能源与矿产业，交通运输业，制造业，金融业，房地产业，租赁和商务服务业，科学研究，环境和公共设施管理，居民服务业，教育，卫生和社会保障，文化、体育和娱乐业等100余个行业。

中国区域发展数据库

对特定区域内的经济、社会、文化、法治、资源环境等领域的现状与发展情况进行分析和预测。涵盖中部、西部、东北、西北等地区，长三角、珠三角、黄三角、京津冀、环渤海、合肥经济圈、长株潭城市群、关中一天水经济区、海峡经济区等区域经济体和城市圈，北京、上海、浙江、河南、陕西等34个省份及中国台湾地区。

中国文化传媒数据库

包括文化事业、文化产业、宗教、群众文化、图书馆事业、博物馆事业、档案事业、语言文字、文学、历史地理、新闻传播、广播电视、出版事业、艺术、电影、娱乐等多个子库。

世界经济与国际关系数据库

以皮书系列中涉及世界经济与国际关系的研究成果为基础，全面整合国内外有关世界经济与国际关系的统计数据、深度分析报告、专家解读和热点资讯构建而成的专业学术数据库。包括世界经济、国际政治、世界文化与科技、全球性问题、国际组织与国际法、区域研究等多个子库。

法 律 声 明

"皮书系列"（含蓝皮书、绿皮书、黄皮书）之品牌由社会科学文献出版社最早使用并持续至今，现已被中国图书市场所熟知。"皮书系列"的LOGO（）与"经济蓝皮书""社会蓝皮书"均已在中华人民共和国国家工商行政管理总局商标局登记注册。"皮书系列"图书的注册商标专用权及封面设计、版式设计的著作权均为社会科学文献出版社所有。未经社会科学文献出版社书面授权许可，任何使用与"皮书系列"图书注册商标、封面设计、版式设计相同或者近似的文字、图形或其组合的行为均系侵权行为。

经作者授权，本书的专有出版权及信息网络传播权为社会科学文献出版社享有。未经社会科学文献出版社书面授权许可，任何就本书内容的复制、发行或以数字形式进行网络传播的行为均系侵权行为。

社会科学文献出版社将通过法律途径追究上述侵权行为的法律责任，维护自身合法权益。

欢迎社会各界人士对侵犯社会科学文献出版社上述权利的侵权行为进行举报。电话：010-59367121，电子邮箱：fawubu@ssap.cn。

社会科学文献出版社

青年蓝皮书
BLUE BOOK OF YOUTH

- 本书是青年蓝皮书的第三部年度报告，旨在关注当代中国大城市的青年婚恋问题，全景展现当代中国青年的婚恋观和婚恋行为，试图从多个角度剖析青年婚恋问题的成因、现状、趋势及解决途径，尝试为相关政府部门和群团组织的工作提供决策参考，发挥蓝皮书的智库作用。

- 人口流动、人口异质和人口密度所催生的城市孤独、焦虑、冷漠、匿名性、陌生性等大城市病，让青年难以获得满意的婚恋机会。而物质主义生活观和享乐主义消费观的出现，使当代青年择偶观发生"异变"。高生活成本、高竞争压力形成了大都市"相亲鄙视链"，中国"剩人社会"及新相亲时代已经来临。

- 2017年4月，中共中央、国务院在《中长期青年发展规划（2016~2025年）》中提出要切实服务青年婚恋交友，支持开展健康的青年交友交流活动，重点做好大龄未婚青年等群体的婚姻服务工作。青年的婚恋问题已经上升到国家层面。本书的编著力求客观、权威、通俗，兼具学术型、实务性和资讯性，既适合政府部门和学术机构研究参考，也适合一般读者阅读。

智库成果出版与传播平台

PSN B-2013-333-1/1

ISBN 978-7-5201-1588-9

"皮书说"微信

出版社官方微信

中国皮书网

内赠数据库充值卡

定价：69.00元